임파워먼트 리더십

Unleashed

The Unapologetic Leader's Guide to Empowering
Everyone Around You

by Frances Frei, Anne Morriss

UNLEASHED

임파워먼트 리더십

조직을 지속적으로
성장시키는 리더는 무엇이 다른가

**프랜시스 프라이
앤 모리스** 지음

김정아 옮김

히커리출판

알렉과 벤에게.

너희의 장점을 마음껏 펼치기를,

그런 너희가 다른 사람을 해방하는

신성한 기쁨을 맛보게 되기를.

기억하라.
당신이 자유롭다면 다른 이를 해방해야 하고,
당신이 힘이 있다면 다른 이에게 힘을 실어주어야 한다.
그것이 진정 당신이 해야 할 일이다.

−토니 모리슨, 《월간 오프라》 중에서

차례

1부 구성원과 함께할 때 필요한 리더십

2부 조직을 떠난 뒤에도 유효한 리더십

전략이란 무엇인가? | 못하기를 자처하는 리더 | 수익보다 (훨씬 더) 큰 가치 창출하기 | 공급자 고려하기 | 태스크래빗의 전략적 변신 | 전략에 작용하는 중력에 저항하기 | 웨지를 찾아라 | 전략을 말로 전달하라 | CEO의 낡은 양복

문화란 무엇인가? | 우리 회사도 혹시? | 라이엇게임즈의 영혼을 찾아서 | 문화를 바꾸려면 전략이 필요하다 | 직함에 '문화' 집어넣기

1장

리더는
주인공이 아니다

//////////////////////

리더십을 다룬 책은 무수히 많고 훌륭한 결과물을 찾기도 어렵지 않다. 인간은 지난 수천 년 동안 끊임없이 위대한 리더십을 이야기했다. 위대한 리더십에 얽힌 갖가지 이야기와 비밀스러운 힘은 우리에게 항상 중요한 관심사였다(이 내용은 나중에 더 자세히 다룰 것이다). 그런데 왜 굳이 이 책을 또 읽어야 할까? 주변을 둘러보자. 리더십 모델은 많지만 우리가 당면한 문제들을 감당하기엔 전부 역부족이다. 구성원들이 조직에 대한 신뢰를 회복하는 것부터 조직 안팎에서 잠재력을 펼치는 것까지, 전통적인 리더십으로는 지금 이상을 해내기가 어려워 보인다. 물론 오늘날 리더십 마라톤에 뛰어드는 사람들 역시 초반에는 전통적인 리더십에 기대곤 한다. 그러나 그렇게 해서는 결승선에 도달해서 영향력을 펼치기 전에 추진력을 잃기 십상이다.*

안타깝지만, 문제는 지금껏 리더가 주인공이었다는 데 있다. 리더의 재능 혹은 약점, 리더의 확신 혹은 불확신, 리더가 영웅처럼 용기와 직감을 발휘하는 순간과 리더가 신망을 잃기까지의 과정이 우리는 리더십의 전부라고 생각했다. 뛰어난 스토리텔링을 포함해 온갖 그럴듯한 이유로, 전통적인 리더십 서사에서는 비전 있고 전략에 강하며 구성원을 결집할 줄 아는 리더가 가장 중요한 사람이었다.

그러나 이 책에서는 조금 다른 방향을 제시하려고 한다. 먼저 리더가 주인공이 아니라는 점을 이야기하려고 한다. 리더십에서 가장 중요한 것은 구성원에게 힘을 실어주고 그들이 온전히 잠재력을 펼치도록 효과적으로 돕는 것이다. 리더를 꿈꾸고 있다면 무엇보다 시선을 바깥으로 돌려야 한다. 우선 이 점을 짚어보기로 하자.

다음 질문들에 관해 생각해보자. 당신의 팀원들이나 동료들은 당신이 함께 있을 때 일을 더 잘해내는가? 그럴 때 더 열심히 생산적으로 일하는가? 더 적극적으로 혁신을 꿈꾸며 현명한 모험을 시도하는가? 어떤 답을 생각하든 지금 당장 대답할 필요는 없다. 이렇게 질문할 때 가장 자주 나오는 대답은 "가끔 그렇다"이다. 가장 노련한 리더들조차 예외가 아님을 우리는 자주 관찰했다. 아무리 배경 좋고 오래 일

---

* 서툰 감은 있지만 운동을 사용한 우리의 첫 번째 비유다!

한 리더라 해도 구성원이 왕성하게 능력을 펼칠 만큼 좋은 환경을 항상 능숙하게 만들 수는 없다. 누구도 성공을 완벽하게 제어할 수는 없기 때문이다. 다만 이제부터는 우리가 당신을 도울 것이다. 성공 확률을 조금이라도 높이도록.

누가 리더십을 가르치는가?

저자인 우리는 학자이자 작가, 코치이자 컴퍼니빌더com-pany builder*로, 낙관적인 눈으로 세상을 바라보며 행동을 독려하는 사람들이다(최상의 상태에서 일을 가장 잘해낼 때 그렇다는 말이다). 우리 두 사람은 감사하게도 전 세계에서 가장 영향력 있는 조직들(우버Uber, 위워크WeWork, 라이엇게임스Riot Games)에서 변화의 주체로 일해왔다. 전 세계에서 가장 큰 영감을 주는 비즈니스 리더들과 일하기도 했다. SAP의 제니퍼 모건Jennifer Morgan과, 월마트Walmart의 더그 맥밀런Doug McMillon과, 보조마 세인트 존Bozoma Saint John과는 그가 몸담은 모든 기업에서 함께했다. 그러나 우리의 핵심 정체성은 교육자다. 리더십에 관한 책을 쓰려고 한 것도 그래서였다. 지금까지 많은 변화를 시도하면서 우리가 배운 것들이 리더를 꿈꾸는 모든 사람에게 유용한 자원이 될 수 있다고 믿는다. 모두가 버거워할 정도로 크고 복잡한 어려움을 겪는 지금은 더욱 그럴

---

* [옮긴이] 창업을 돕는 사람 또는 기업.

것이다. 우리 둘은 현재와 미래 세대의 리더들에게 가장 큰 의무감을 느낀다. 기꺼이 자신을 바쳐 더 나은 세상을 만들고자 힘쓰는 이들을 돕고 싶다.

우리는 둘 다 아주 어린 나이에 리더십이라는 개념에 매료됐다. 프랜시스가 처음 흥미를 느낀 분야는 스포츠였다. 선수는 코치의 도움으로 잠재력을 발휘하고, 선수들은 서로 힘을 주고받으며 경기장 안팎에서 기량을 높였다. 경기에 참여한 모든 이가 경쟁의 기쁨과 아픔 속에서 고양되는 듯했다. 희한하게 앤은 리더십에 빠지면서 미국 독립혁명에 집착하기 시작했다. 여리디여린 아홉 살 아이는 그 부작용인지 수시로 민병대 복장을 하고 나타났다. 한밤중에 몽유병 증세를 보이며 폴 리비어Paul Revere*가 말 타는 장면을 흉내 내기도 했다.** 여느 아이들과는 사뭇 다른 모습이었다.

스포츠에서든 미국 독립혁명에서든, 어린 시절 우리는 주로 숨 막히게 놀랍고 시적이기까지 한 리더들의 '행동'에 빠져들었다. 골대를 향해 눈부시게 질주하며 팀을 승리로 이끌던 마이클 조던Michael Jordan의 탁월한 경기력과, 새로운 국가를 최고의 나라로 빚어낼 원칙에 따라 법정에서 적군을

---

* [옮긴이] 미국 독립전쟁 당시 민병대 장교로 활동하며 식민지 저항 운동에 참여했다. 영국 군대의 진군을 알리는 전령으로 활약하며 민간인과 민병대를 고무했으며, 이 일로 미국은 독립전쟁의 첫 번째 전투인 렉싱턴-콩코드 전투에서 승리를 거뒀다.

** 휘청휘청, 그러나 분노에 이글거리는 눈으로 "영국군이 몰려온다!"라고 소리치며 형제들을 깨운 일도 있었다.

변호한 존 애덤스John Adams의 뚝심 있는 의지에 열광했다. 이들은 자신보다 큰 것을 이루기 위해 인간적 한계에 도전장을 내미는 듯했다. 누구든 이들을 눈여겨본 뒤에는 더 큰 가능성을 느꼈다. 심지어 수 세기 후에 태어난 어린 소녀들에게도 이들의 이야기는 희망이 됐다. 커다란 삶을 꿈꾼다는 것이 무엇인지 알지도 못한 채 그저 휘둥그레진 눈으로 놀란 입을 다물지 못했던 우리 두 꼬맹이에게도 말이다.

가능성은 희박해 보였지만, 우리에게 리더가 된다는 것은 곧 "마이클 조던처럼 되는 것"이었다. 그러나 직접 운동을 시작하고 각자 소소하게나마 전에는 해보지 않았던 일들을 시도하며 깨달았다. 리더가 된다는 것은 생각보다 골치 아픈 일이었다(모양새도 별로였다). 중요한 건 한 사람이 공중에 날아올랐다는 사실만이 아니었다. 그만큼, 아니 그것과 비교할 수 없을 만큼 중요한 것은 경기에 참여한 나머지 사람들이 그 순간에 무엇을 하고 있는가였다.

조직에 관해 공부하고 직접 조직을 만들어가면서 알게 됐다. 어릴 적 마음을 빼앗겼던 이야기에서와 달리 일상의 리더들은 훨씬 더 조용하고 덜 극적인 일을 하고 있었다. 기대에 못 미치는 직원과 솔직한 이야기를 주고받을 때가 그랬고, 스스로 준비되지 않았다고 생각하는 사람에게 기회를 주기로 할 때가 그랬다. 이런 일은 상사의 사무실을 향해 걸어가는 긴 복도에서도 일어났다. 어느 각도에서 가능성을 따져봐도 이 전략은 안 될 것 같다고 말해야 하는 순간도 그런 때였다. 리더로 일하면서는 위험을 감수해야 할 때가 아주 많았다. 물론 한밤중에 차를 (아주 빨리) 몰아야 하거나 경기 종료 신호와 동시에 점프슛을 하는 정도면 충분한 때도 있었다. 그러나 그런 일을 잘해내더라도 환호를 듣기는 쉽지 않았다.

리더십에 관한 새로운 정의

우리 두 사람은 평생 리더와 조직을 개선하는 일을 해왔다. 이런 경험 속에서 리더십에 관해 알게 된 중요하고도 직관적인 원리가 있다. "리더가 정말로 해야 할 일은 리더 자신과는 특별한 관계가 없다"는 것이다. 사무실 맨 앞에 서서 연설을 늘어놓는 사람은 리더십 이야기의 핵심이 아니다. 그 사람이 존경의 대상인지, 두려움의 대상인지, 그 사람이 얼마나 똑똑해 보이는지, 그 사람의 경쟁자가 얼마나 큰 권력을 쥐는지는 중요한 문제가 아니다. 그런 것들은 리더십 영역의 어디쯤에서는 문제가 될 수 있겠지만, 핵심에서 볼 때는 부차적인 문제일 뿐이다. 다시 말하지만, 리더는 주인공이 아니다. 정말 중요한 문제는 "구성원이 자유롭게 역량을 펼치도록 리더가 얼마나 효과적으로 돕고 있는가"이다. 그것이 전부다. 이것이야말로 훌륭한 리더십의 비결이다.

우리는 리더십의 실체를 정의할 때 이렇게 말한다. "리더십이란 리더가 자리에 있음으로써 구성원들에게 힘을 실어 주는 것, 그리고 자리에 없을 때도 그 영향이 이어지게 하는 것이다."[1] 리더가 할 일은 주변 사람들이 점점 더 효율성을 높여가기 알맞은 환경을 마련하고, 그들이 자신의 역량과 강점을 온전히 깨닫도록 도와주는 것이다. 리더가 물리적으로 그들과 같은 공간에 있을 때만이 아니다. 다른 공간에 있거나 심지어 조직에서 완전히 자리를 옮긴 뒤에도 그가 만든 영향력은 계속되어야 한다(리더십에 관해 이보다 깔끔한 테스트는 없을 것이다).

리더로서 권한이 커질수록 이 방향을 유지하는 것은 더욱더 중요해진다. 태스크래빗TaskRabbit의 최고경영자Chief Executive Officer(CEO) 스테이시 브라운-필폿Stacy Brown-Philpot(브라운-필폿에 관해서는 나중에 더 자세히 이야기할 것이다)은 열네 명이 일하는 팀을 이끌다가 1000여 명의 직원을 관리하게 되자 리더십에 관한 접근법에 변화가 필요함을 깨달았다.[2] 잠시 맥락을 설명하자면, 당시 구글에서 일하던 브라운-필폿은 전략에 강한 결과 지향적 리더로 유명했다. 그는 셰릴 샌드버그Sheryl Sandberg가 담당하는 조직에서 가장 높은 자리를 향해 고속 승진을 하던 중 잠시 블랙구글러네트워크Black Googler Network의 출범을 추진하게 됐다. 구글에 전문직 흑인의 숫자가 너무 적다는 사실을 파악하고 샌드버그를 찾아갔다가 떠맡은 일이었다. 관심과 노력을 기울여 흑인 직원을 채용하고 그들이 회사에 남도록 지원하면서 서로 관계를 맺게 한다면 분명 상황은 달라질 것이었다. 샌드버그는 브라운-필폿에게 그 일을 맡기며 이렇게 말했다. "당신이 적임자예요. 이 일을 맡을 사람을 기다리고 있었다면, 바로 당신이 그 사람이에요."[3]

업계 사람들의 말에 따르면 브라운-필폿은 이미 록스타였다. 그러나 팀의 부하 직원들과 함께 회의실을 걸어 나올 때면 몹시 좌절감을 느꼈다. 자신이 하고 싶은 일을 "열 가지"쯤 적어서 의제로 제시했는데 겨우 한 가지만 통과됐을 때는 리더로서 소통에 실패한 탓인 것 같았다. 그러다 목적을 새로운 틀에서 바라보자 돌파구가 보였다. "회의의 주인공이 내가 아니라는 사실을 배워야 해, 스테이시. 회의의 주인공은 팀원들이야."[4] 그는 그 뒤로 초점을 옮겼다고 했다. 이제 중요한 것은 내가 리더로서 성공하려면 어떻게 해야 할까가 아니라 팀원들이 성공하려면 어떻게 해야 할까였다. 브라운-필폿은 이렇게 생각의 틀을 바꾼 뒤 결국 IT 업계에서 가장 높은 자리를 꿰찼다. 유색인종 여성을 찾아보기 힘든 자리였다.

이 관점에서 본다면, 리더에게 중요한 것은 주어진 시간 동안 최고경영진이 무엇을 하는가가 아니라 그 시간 동안 '회사의 나머지 사람들이 무엇을 하는가'일 것이다. 리더는 자신의 책상을 넘어온 결정보다 회사의 담장조차 넘지 못하는 문제를 더 진지하게 돌봐야 한다. 또한 권력과 의사 결정권을 의식적으로 나눠주되 결과는 전적으로 자신이 책임져야 한다. 판단을 내리는 데 하루를 바치는 것은 구성원들이 할 일이다. 그때 리더는 그들이 그 일을 잘해내도록, 즉 조직의 비전과 가치, 전략을 선택에 잘 담아내도록 돕는 일을 맡아야 한다. ("리더가 핵심을 자처하고 있음을 알리는 열 가지 신호"를 보라.)

다시 말해, 리더의 사명은 조직의 모든 구성원이 직급과 관계없이 큰 성공을 목표로 싸워보도록 기회를 마련해주는 것이다. 지금까지는 이 말이 거의 옳았다고 치자. 그러나 이제는 확실히 옳다. 왜냐하면 지금 우리는 과거 그 어느 때보다 훨씬 크고, 바꾸기 어려우며, 끔찍하게 복잡한 문제를 겪고 있기 때문이다. 오늘날의 리더는 거울을 들여다보며 자기 얼굴을 확인하는 데 쓰는 시간을 줄여야 한다. 그리고 구성원이 양말 한 짝이라도 제대로 신을 수 있게 돕는 데 쓸 시간을 훨씬 더 늘려야 한다.

리더가 핵심을 자처하고 있음을 알리는 열 가지 신호

리더는 구성원의 필요를 충족하고 그들이 능력과 잠재력을 펼치도록 돕는 존재다. 구성원들에게서 신호가 보이면 리더는 신속하고 전략적으로 대처해야 한다. 그러나 언제나 리더가 중심이라면 이 일은 불가능해진다. 다음은 리더가 스스로 조직의 걸림돌이 되고 있음을 알리는 몇 가지 경고 신호다.

1. 구성원들이 겪는 일은 대부분 나와 동떨어진 것들이다. 구성원들에게 힘을 실어주려면 우선 그들의 생각과 느낌, 행동에 호기심을 가져야 한다. 리더가 주로 자기 경험에만 집중한다면 리더로서 정서적 준비가 한참 더 필요하다는 뜻이다.

2. 질문을 많이 하지 않는다. 구성원에게 묻거나 묻고 싶은 질문의 개수는 그 사람에 대한 관심을 측정할 수 있는 지표다. 좀처럼 질문할 생각이 들지 않는다면 리더가 자기 머릿속에만 갇혀 있다는 뜻이다. 그러나 다행히 이 문제는 쉬운 행동 요법으로 해결할 수 있다(궁금해하는 마음으로 다가가면 된다!). 더욱이 이 행동 요법에는 보상도 내재한다. 사람은 알아갈수록 더 관심이 생기기 때문이다.

3. 나를 어떻게 생각하는지 외에는 구성원에게 관심이 없다. 사람은 누구나 다른 사람이 나를 어떻게 생각하는지 궁금해한다. 그러나 그것에만 집중한 나머지 그 사람이 생각하는 다른 문제들은 전혀 관심 밖이라면 상황이 달라진다. 리더는 자신과 관계없는 내용이라도 구성원의 생각에 진지한 관심을 보여야 한다. 그럴 수 없다면 그 리더는 그 사람을 이끌 권리를 아직 확보하지 못한 셈이다.

4. 끊임없이 자신의 약점과 한계, 불완전함을 곱씹는다. 내면의 비판자가 너무 큰 목소리를 내고 있다면 리더로 기능하는 데 큰 걸림돌이 될 수 있다. 아리아나 허핑턴Arianna Huffington의 권고대로 머릿속에 사는 불쾌한 녀석은 몰아내야 한다. 내면의 비판자는 미심쩍은 정보를 바탕으로 나에 대해 부정적인 이야기를 반복할 뿐이다.

5. 재능 있는 사람을 보면 기분이 안 좋다. 리더가 리더십을 효과적으로 발휘할 때 주변 사람들의 강점과 잠재력은 리더의 가장 큰 자산이 된다. 재능 있는 사람을 볼 때 일단 열등감부터 느낀다면 한동안은 리더의 자리에서 거리를 둘 필요가 있다. 먼저 자신을 돌보는 데 힘쓰기 바란다(인스타그램을 멀리하자!).

6. 위기가 계속된다. 인간의 삶에는 즉각적이고 확고하게 자신에게 관심을 쏟아야 하는 순간이 셀 수 없이 많다. 이러한 순간을 "위기"라고 한다. 한 달, 한 해, 그리고 평생 얼마나 많은 위기를 겪게 되는가에 관해 정해진 선은 없다. 그러나 동료들보다 훨씬 더 많은 위기를 겪고 있다면, 그들을 이끌 리더로 적합하지 않을 가능성이 크다.

7. 미래가 비관적으로 느껴진다. 리더십은 내일은 오늘보다 나아질 수 있다는 생각을 토대로 한다. 그렇게 낭만적인 생각을 하기가 어렵고, 그런 생각은 무지개나 유니콘처럼 터무니없는 것으로만 보인다면, 다른 일을 찾아보기

바란다. 절망은 리더십의 반대말이다.

8. 현실이 지루하다. 꾸준히 리더십을 갈고 닦으면 세상은 마법 같은 장소가 된다. 이런 환경에서는 많은 것이 발전하고 많은 사람이 자유롭게 역량을 발휘할 수 있다. 그러나 주변의 무한한 가능성에 대해 경이로움을 느낀 지 오래라면 적신호로 여겨야 한다.

9. 가장 지배적으로 느끼는 감정은 무관심과 무기력이다. 혹시 지금껏 무관심과 무기력을 솔직한 감정으로만 받아들여 왔는가? 그러나 리더는 주변에 영향력을 행사하기 위해 적극적으로 힘과 능력을 써야 하는 사람이다. 리더의 중요한 자질 중 하나는 자신이 가진 힘을 아는 것이다. 그래야 구성원에게 그들이 가진 힘을 알려줄 수 있다. 어떤 이유에서든 그렇게 하는 것이 내키지 않는다면 리더의 역할을 성공적으로 해내기 어려울 것이다.

10. 쇼의 주인공은 나다. 이 말이 곧 리더가 세상을 대하는 태도라면 이는 리더로서 해야 할 일을 제대로 하지 못하고 있다는 뜻이다. 어떤 말이 더 필요할까? 진정한 리더십에 굶주린 사람들은 결국 다른 리더를 찾아 채널을 돌릴 수밖에 없다.

리더십의 축

우리가 "리더가 핵심임을 자처하고 있음을 알리는 신호"

를 언급할 때마다 리더들은 대부분 그중 적어도 몇 가지를 자신과 연결 짓는다. 그러나 분명히 말하지만, 그 신호들 속에 자기 모습이 있다고 해서 리더로서 자격이 없다는 뜻은 아니다(누구나 한 번쯤은 쇼의 주인공이 되어보지 않았던가). 열 가지 신호 안에 내 모습이 있었다는 것은, 구성원에게 힘을 실어주기 위해 지금부터 깊이 방법을 고민한다면 앞으로 더 나은 리더가 될 수 있다는 뜻이기도 하다.

이 말의 의미가 잘 드러난 예로 리드 호프먼Reid Hoffman이 하는 일을 살펴보자. 링크드인LinkedIn의 공동 창립자이자 이사회 의장인 호프먼은 전 세계에서 가장 성공한 기업가 중 하나다. 그리고 우리가 본 리더들 가운데 임파워먼트 리더십empowerment leadership을 가장 잘 구현하는 인물 중 하나이기도 하다. 호프먼은 링크드인을 설립하기 전에 페이팔PayPal 설립을 도왔고, 이제는 다수의 플랫폼에서 자신의 자본과 지혜, 그리고 낙관주의라는 전염성 강한 브랜드를 공유한다. 호프먼은 이를 이렇게 말했다. "리더는 자신의 영화는 꺼두고 주변에서 돌아가는 다른 영화를 전부 눈여겨봐야 합니다."[5]

영화로 리더십을 설명한 이 말이 정말 마음에 든다. 사실 리더십의 성공 여부를 판단할 때 가장 깊이 생각할 질문은 내가 리더로서 어떤 성과를 냈는가(내가 잘해냈는가?)가 아니라 다른 이들이 어떤 성과를 냈는가(구성원들이 잘해냈는가?)다. 그림 1-1은 '주변 사람들이 꾸준히 성과를 향상하도록 돕는다'는 리더의 사명을 시각화한 것이다.

당신은 리더로서 어떤 곡선을 만들고 있는가? 직접 한번 그려보기 바란다. 지금까지 거친 팀 가운데 성과를 확인할 만큼(3개월 이상) 시간을 보낸 곳들을 떠올려보자. 당신이 리더가 된 뒤 구성원들의 성과 곡선은 어떤 모양이 되었는가? 올라갔는가, 내려갔는가? 대체로 그림 1-1의 곡선과 비슷한 모양이 그려진다면, 구성원들이 성공하기 좋은 환경을 조성했을 가능성이 크다. 그러나 선이 가로축과 평행을 이루거나 아래로 내려가는 형태라면, 혹은 기대했던 것만큼 올라가지 못했다면, 리더나 팀원으로서 내린 선택을 돌이켜봐야 한다. 크든 작든 당신이 어떤 일을 했다면 팀의 성과가 더 나아질 수 있었을까?

이런 식의 사고를 시도하는 목적은 이제부터는 내가 아닌 다른 이들의 경험을 근본적으로 책임지기 위해서다. 임파워먼트 리더십을 실천하기 위해 가장 핵심적으로 결정할 문제는 '과연 이 책임을 받아들일 것인가'다. 물론 성과에 영향을 미치는 요인 중에는 리더와 관계가 없는 것도 있다. 리더의 손에서 벗어난 외부의 요인들 말이다(경쟁자가 이웃으로 이사를 온다거나 하는). 리더는 구성원이 성과를 낼 만한 환경을 만들어야 한다. 그렇게까지 해야 할까 싶은 생각도 들겠지만, 리더가 그 일을 할 수 있는가에 따라 모든 것이 달라짐을 알아야 한다. 이렇게 큰 책임이 필요하다는 사실이 불

그림 1-1

리더십 성과 곡선

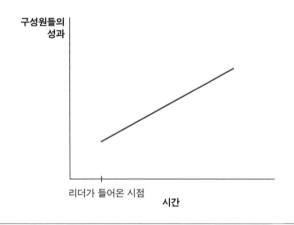

편하게 느껴지거나 불합리하게 보인다고 해도 걱정할 필요 없다. 그렇게 생각하는 것이 오히려 정상이다.

당신이 리더로서 무엇을 더했더라면 주변 사람들이 자유롭게 능력을 발휘할 수 있었을까? 앞으로 각 장을 다루며 여러 차례 이야기하겠지만, 직접 답을 적으면 좋은 생각이 더 활발하게 떠오를 것이다. 지금까지 수천 명의 경영진과 이 활동을 해보았는데, 적을 말이 없다는 사람은 한번도 보지 못했다. 누구나 어떤 이유로든 리더로서 영향력을 발휘할 기회를 놓친 경험이 있기 때문이다. 사람들은 보통 여기까지 오면 흥미로운 질문을 떠올린다. 왜 그랬을까? 구성원과 팀, 혹은 조직에 온전히 힘을 실어줄 기회가 있었는데 어째서 놓치고 말았을까?

이때 가장 많이 나오는 대답은 어떤 식이든 리더가 중심이었기 때문이라는 것이다. 그럴 때 리더는 바깥이 아닌 안으로 시선을 돌리면서, 팀의 바람과 두려움이 아닌 리더 자신의 바람과 두려움에 에너지를 쏟았을 것이다. 호프먼식으로 말하면, 그때 리더는 자신의 영화를 끄는 법을 알지 못했던 것이다.

예를 들어보자. 리더가 되겠다는 결정이 너무 주제넘고 위험한 일로 보였다는 사람들이 있다. 무언가를 개선하기 위해 능력을 발휘하려면 용기가 필요하고, 현재 상태를 바꾸려면 비용이 들거나 입지가 달라질 수도 있다. 리더십을 발휘할 기회를 앞두고 항상 주저하는 경향이 있다면 충분히 시간을 들여 그 패턴에 관해 생각해봐야 한다. 그럴 때 리더의 발목을 잡은 것은 무엇이었는가?

사실 우리는 그 답의 구체적인 내용에는 전혀 관심이 없다. 모두 나름의 이유가 있을 것이고, 짐작건대 전부 합리성에 근거해 오래 고민한 뒤 내린 선택일 것이다. 우리가 정말 중요하게 생각하는 점은 이러한 선택을 통해 무엇을 얻고 또 잃게 되는가, 그리고 리더의 영향력을 가로막는 걸림돌이 있다면 어떻게 제거할 것인가다. 그러나 사람은 누구나 안정을 우선시하곤 한다. 안정이 확보되면 놀랍게 하루를 무사히 살아갈 수 있고, 인간으로서 겪는 많은 일 가운데 안전하게 살아남기도 유리하다. 하지만 리더가 되고 싶다면 결국 어느 정도는 안정을 포기해야만 한다. 최소한 잠시라도 말이다.

호프먼의 말을 따르기 바란다. 리더로서 이야기를 만들어가는 동안은 구성원들을 영웅으로 세우는 모험을 시도해보자. 때로는 자신을 보호하는 것도 옳은 선택일 수 있지만, 사람은 개인적인 위험과 보상을 따지는 문제에 있어 미덥지 못할 때가 많다. 지난 경험을 돌이켜보건대 사람은 대부분 스스로 생각하는 것보다 훨씬 더 큰 위험을 감당할 수 있다. 그리고 리더십은 삶에 기대 이상의 의미를 가져다주곤 한다. 울타리 너머를 날아가는 불안감을 감수하면, 그 대가로 상상하지 못한 넓은 세상을 여행할 수 있다.

리더는 구성원에게 자유를 주는 것을 가장 근본적인 책임으로 삼아야 한다. 구성원들이 최대한 효과적으로 역량을 발휘하도록 돕는 것이 리더가 할 일이라는 의미다. 구성원이 탁월한 능력을 자랑한다는 것은 리더의 우월성이 위협받게 됐다는 뜻이 아니다. 그들의 능력은 리더의 성공을 입증하는 가장 확실한 잣대이며, 리더는 그들의 능력을 발판 삼아 혼자서 가능했던 것보다 훨씬 더 빨리, 그리고 멀리 갈 수 있다. 임파워먼트 리더십은 이렇게 한 사람의 영향력을 다른 사람의 영향력으로 확장할 수 있다.

임파워먼트 리더십

우리 둘은 이 모든 것이 신뢰에서 비롯된다고 믿는다. 2장에서 깊이 다루겠지만, 신뢰하는 환경이 마련될 때 구성원들은 리더를 따라갈 수 있다. 이런 환경을 만드는 것은 구성원들이 리더를 리더로 믿어주기 전에 리더가 미리 해두어야 할 일이다. 점차 더 큰 범위에서 구성원들에게 영향을 미칠 권한을 확보하려면 먼저 이 단계를 마무리해야 한다.

이 점은 간단히 그림 1-2와 같이 나타낼 수 있으며, 이 그림은 이 책의 큰 틀이기도 하다. 원의 중앙은 근본적인 신뢰(2장)를 뜻하며, 바깥으로 갈수록 더 많은 사람에게 힘을 실어주고자 할 때 필요한 방법이 나타난다. 힘을 실어줄 대상은 개인(3장 사랑)으로 시작해서 팀(4장 소속감), 조직(5장 전략)을 거쳐 그 너머(6장 문화)로까지 확대된다. 이것이 바로 '임파워먼트 리더십'에 관한 우리의 견해다. 우리의 이야기는 이 틀을 바탕으로 전개될 것이다.

다시 말해, 신뢰를 쌓을 수 있게 됐다는 전제 아래 리더가 맨 처음 할 일은 주변 사람들이 성공하고 발전할 환경을 만드는 것이다. 이런 환경을 만들고 싶다면 높은 기준을 세우고, 동시에 그 기준에 깊이 헌신하는 모습을 보여야 한다. 절대 사소하지 않은 이 과제는 '사랑'이라고 한다. 사랑에 관해서는 3장에서 자세히 살펴볼 것이다. 그러나 팀이 성공하고 발전할 환경을 구축하려면 그것만으로는 부족하다. 갖가

그림 1-2

임파워먼트 리더십의 범위

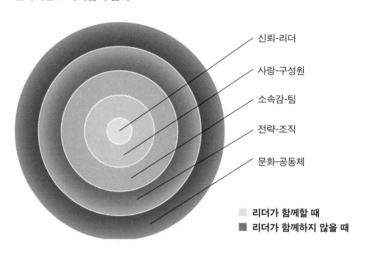

신뢰-리더

사랑-구성원

소속감-팀

전략-조직

문화-공동체

■ 리더가 함께할 때
■ 리더가 함께하지 않을 때

지 차이를 가진 사람들이 모인 팀(대부분의 팀이 그렇다)을 이
끌려면 그 차이들을 인정하며 모두가 고유한 역량과 시각을
바탕으로 팀에 이바지할 길을 보장해야 한다. 이것이 소속
감의 본질이며, 이 주제는 4장에서 다룰 것이다.

'임파워먼트 리더십'의 핵심 경쟁력인 신뢰, 사랑, 소속감
을 완전히 자기 것으로 만든다는 것은 대단한 성취다. 그러
나 이러한 덕목을 실천하려면 구성원들과 함께 있어야 하며
(적어도 오래 자리를 비우지는 말아야 하며) 그럴 때 리더가 지닌
영향력의 범위는 리더가 직접 영향을 미칠 수 있는 사람들
로만 한정된다. 가장 성공적인 리더는 직접 영향권에 들지

않는 사람들에게까지 영향을 미친다. 그리고 자신이 함께하지 않을 때 일어나는 일로 성공이 판가름 난다는 사실을 누구보다 잘 안다. 그렇다면 이제 과녁 바깥쪽 원들이 뜻하는 '전략'과 '문화'로 넘어갈 차례다. 전략과 문화는 눈에 보이지는 않지만, 조직의 형태를 결정짓고 리더가 함께하든 함께하지 않든, 구성원들에게 힘을 실어주는 원동력으로 작용한다. 한 조직의 리더가 되고 싶다면 올바른 전략과 문화를 수립하기 위해 아낌없이 시간을 투자해야 한다.

금융 서비스 회사 스트라이프Stripe의 유능한 최고운영책임자Chief Operating Officer(COO) 클레어 휴스 존슨Claire Hughes Johnson은 이 접근법을 잘 구현하는 리더다. 워낙 일을 잘하는 그는 직원 회의의 진행 방법을 다룬 격의 없는 프레젠테이션으로도 유명하다. 존슨은 신입 사원을 교육할 때마다 개인이 '힘을 더해준다'는 것의 의미를 짚으며 리더가 함께하지 않는 상황을 언급한다. "당신은 팀장과 함께 일하게 될 겁니다. 팀장은 중요하죠. 하지만 온종일 당신과 붙어 있진 않을 거예요. 업무 시간에 무엇을 할 것인가는 당신의 선택입니다. 당신이 갖는 영향력은 당신의 결정에서 비롯되는 겁니다."[6] 5장과 6장에서 이야기하겠지만, 그러한 결정을 가장 크게 좌우하는 것이 바로 전략과 문화다.

통제는 줄이고 지휘는 늘리고
-임파워먼트 리더십 실천하기

미국 합참의장을 지낸 마틴 뎀프시Martin Dempsey 대장은 군 복무 시절(이 주제를 이야기하기에는 의외의 환경 아닌가?) 구성원을 중심에 두는 쪽으로 태도를 바꿔야 함을 깨달았다. 미군은 2000년대 초반에 리더십 모델을 재정비하기 시작했다. 미군이 "테러와의 전쟁" 속에서 설 자리를 잃기 시작할(적어도 설 자리를 충분히 확보하지는 못한) 무렵이었다. 익숙한 적이 줄줄이 늘어서 있다가 피차일반인 자국의 이익을 수호한다는 이유로 뻔하디뻔한 일을 터뜨리던 시대는 가고 없었다. 국경은 이제 무의미했다. 무서운 속도로 돌아가는 체스 게임처럼 전 세계에서 시시각각 위험이 펼쳐졌고, 문자 메시지 하나가 전송될 시간에 위험의 수위가 치솟았다. 전쟁의 안개가 더욱더 짙어진 상황이었다.

미군은 이렇게 혼란스러운 현실에서 10년간 작전을 수행한 뒤, 이제 그 시간을 통해 배운 것들을 이야기할 수 있었다. 무엇보다 급하게 다뤄야 할 주제는 리더십이었다. 2012년, 뎀프시 대장은 예측하기 어려운 새로운 환경에 필요한 리더십을 주제로 선언문을 작성했다.[7] 그는 이 문서를 통해 리더의 임무는 권력을 강화하는 것이 아님을 역설했다. 이제 리더는 지휘 계통을 통틀어 신중하게 권력을 분산하는 데 힘을 더 쏟아야 한다는 것이었다.

대장이 생각하는 리더십에서는 근본적으로 하급 병사들의 성과가 핵심을 차지했다. 그는 군의 모든 구성원이 점차 더 큰 지휘권을 갖는 환경을 만들어야 한다고 했다. 이 새로운 틀 안에서 군의 리더들은 병사들에게 '무엇'을 생각할지를 가르치지 않았다. 맥락과 상황이 시시각각 끊임없이 달라지는 현대전에서는 앞을 가늠할 수 없을 때가 많다. 이제 중요한 것은 그럴 때 '어떻게' 생각하고 결정해야 하는가였다. 뎀프시는 미군의 자국 방어력이 크나큰 위기에 처했다고 말하며, 자신의 철학을 "임무형 통솔mission command"이라고 명명했다.

뎀프시가 제시한 비전의 토대는 19세기 프로이센군의 원수였던 대大 헬무트 폰 몰트케Helmuth von Moltke의 탁월한 아이디어와 독일군의 "임무형 지휘auftragstaktik"* 체계였다. 몰트케가 생각하기에 혼란스럽고 불확실한 작전 상황에서 승리할 유일한 방법은 공격의 주도권을 확보하는 것, 그리고 계급을 떠나 모든 구성원이 자율적으로 움직이며 독창성을 발휘하게 하는 것이었다. 프로이센군은 이 모델에 따라 장군부터 하급 사관까지 모든 구성원이 고강

* [옮긴이] 영어권에서는 mission command로 번역된다. 여기서는 둘을 구분하기 위해 용어를 다르게 했을 뿐 임무형 통솔과 임무형 지휘는 근본적으로 같은 말이다.

도 지휘권 분산 훈련을 받았다. 그리고 몰트케의 지휘 아래 프로이센-프랑스 전쟁에서 순식간에 놀라운 승리를 거두었다. 뎀프시는 권력 분산형 군대를 꿈꾼 몰트케의 비전을 따르기로 했다. 이렇게 마련된 원칙에서는 서로 신뢰하고, 자유롭게 행동하며, 계급과 관계없이 모든 군인이 배우처럼 비판적이고 창의적으로 사고해야 함을 강조했다. 전 세계에서 전례 없이 빠르게 위협의 형태가 달라지고 그 수위도 높아지고 있었다. 그럴 때 리더가 책임질 가장 중요한 일은 모든 구성원이 각자 주도적으로 성과를 내게 하는 것이라고 뎀프시는 주장했다. 즉 이제 군의 핵심은 장군들이 아니었다.

임무형 통솔은 리더십이 나아갈 새로운 길만이 아니라, 리더십을 '바라볼' 새로운 길 또한 제시한다. 임무형 통솔 모델에 따르면 리더는 조직에 신뢰의 토대를 마련하고, 전략을 제시해야 한다. 그래야 리더가 현장의 결정에서 편안하게 물러설 수 있다. 이러한 태도에서 가장 중요한 것은 리더가 함께하는 동안 구성원들에게 자유를 부여함으로써 리더가 함께하지 않는 곳에서도 그들이 뛰어난 능력을 발휘하는 것이다.

우리는 군 복무 중 중대장을 지냈고 훈장도 받았던 에밀리 헤넌버그Emily Hannenberg에게 임무형 통솔이 미군에서 실제로 어떻게 적용되었는지 물었다. 그는 군에서 복무한 10년 동안 새퍼리더코스Sapper Leader Course를 졸업하는 등 눈부신 경험을 했다고 한다. 새퍼리더코스는 레인저 스쿨Ranger School에 버금가는 고난도 전투 공학 리더십 개발 프로그램으로, 군 내부에서는 둘 중 어느 쪽이 더 어려운 가를 놓고 설왕설래가 벌어지기도 한다. 헤넌버그는 미군 역사상 이 프로그램을 성공적으로 이수한 100명 남짓한 여성 중 한 명이다.

헤넌버그는 자신도 동료들도 모두 임무형 통솔 체계에 "모든 것을 걸었다all in"고 한다. 부대의 적응력과 역량이 개선되는 모습을 눈으로 확인한 덕분이었다. 그는 2014년에 군사 과학 교수로 선발되어 MIT에서 신입 장교들에게 이 새로운 리더십 모델을 훈련하기도 했다. 헤넌버그는 임무형 통솔을 통해 얻은 것을 설명하며 이 모델 덕분에 인간의 잠재력에 대한 접근성이 매우 높아졌다는 사실을 강조했다. "사람들은 자신의 영향권에서 리더십 훈련을 받은 뒤, 리더가 되기 전에는 절대 불가능하다고 생각했던 것들을 이제 해낼 수 있음을 깨닫습니다." 새로운 모델 안에서 그가 함께했던 이들은 어떤 문제를 만나도 승인을 기다리지 않았다고 했다. 그들은 상황에 벌어지면 곧바로 능력을 발휘했다. 스스로 움직여도 이길 수 있다면 승인을 기다리며 시간을 허비할 필요가 없기 때문이었다.

능력을 발휘할 자유를 보장받을 때 생기는 정서적 힘의 중요성은 아무리 강조해도 지나치지 않다. 아주 오래전의 흐릿한 기억일지라도 그런 힘을 얻었던 순간을 떠올릴 수 있을 것이다. 선생님이나 코치, 친구가 우리 안에서 더 나은 점을 보았다고 말해주었을 때의 느낌은 정말 잊기 어렵다. 나를 있는 그대로 보아주는 것만도 드문 일인데, 거기에 그치지 않고 내 가능성까지 내 일부로 인정해준다면 얼마나 짜릿한 일인가. 리사 스키트 테이텀Lisa Skeete Tatum은 인력 양성을 전문으로 하는 혁신 회사 랜딧Landit의 설립자다. 랜딧은 여성과 유색인이 각자 꿈꾸는 미래의 모습에 집중하며 가능성으로 가치를 평가받는 공간을 마련했다. 랜딧을 거친 사람들은 코치와 함께한 한 시간이 "삶을 바꿔놨다"고 말하곤 한다.

우리와 함께 일했던 어느 여성 최고경영자는 경영대학원 시절 은사 중 한 명을 떠올리며 그 멋진 순간을 구체적으로 이야기했다. 강의가 끝난 뒤에 간단한 질문을 했는데 은사가 이렇게 말문을 열었다고 했다. "언젠가 학생이 최고경영자가 되면……" 당시 그는 학비를 지원해준 컨설팅 회사로 돌아가서 중간 직급까지만 올라가면 더 바랄 것이 없다고 생각했다. 자신이 한 회사의 수장이 될 만큼 대범한 사람이 되리라고는 상상조차 하지 못했다. 수십 년 전 그 순간을 이야기하며 그는 그날 입었던 셔츠와 카펫에 비치던 조명까지 아주 세세한 것들을 기억해냈다. 은사의 말에 빨려 들어가던 그 몇 초 동안은 자신을 둘러싼 온갖 소음이 하나도 들리지 않았다고 했다. 그가 다른 존재로 거듭나기 시작한 순간이었다. 그때부터 그는 "세상에서 진짜 자기 자리를 차지하고 싶었다"고 했다.

여기서 정말 흥분되는 사실은, 사람은 모두 다른 사람의 삶에 가능성의 에너지를 퍼뜨릴 수 있다는 것이다. 이 사명을 받아들이기로 할 때 일어나는 마법이 잘 드러난 기분 좋은 예가 있다. 〈퀴어아이Queer Eye〉는 어마어마한 성공을 거둔 텔레비전 예능 프로그램이다. 재능있는 라이프 스타일 전문가 다섯 명(게이 넷, 젠더퀴어 하나)이 진행하는 이 프로그램에서는 현실의 '영웅'인 참가자들의 삶이 공개된다. 참가자들은 다섯 전문가의 도움을 받아 옷, 머리, 인테리어, 식습관, 그리고 직장이나 가정에서의 관계에서도 큰 변화를 맞는다.

이 모든 것이 프로그램에 재미를 더하는 요소다. 물론 쉽게 말하기 어려웠을 개인적인 이야기들과 '비포-애프터before-after'도 빼놓을 수 없다. 그러나 변화를 일으키는 핵심은 따로 있다. 누구나 할 수 있는 그 일은, 사람이 가진 더 나은 모습을 꿋꿋하게 믿어주는 것이다. 에피소드가 끝나갈 무렵이 되면 각 참가자의 달라진 점이 눈에 띈다. 이제는 이들 역시 자기 안에 숨 쉬는 더 나은 모습을 의심 없이 믿고 있다.

내 머릿속을 벗어나기

흔히들 직관적으로 생각하는 것과 달리, 소외된 집단을 대변하는 사람은 자신과 성향이 '다른' 사람들을 지지하기가 더 어려울 수 있다. 우리가 텔레비전 프로그램 〈퀴어아이〉를 좋아하는 것도 바로 그런 이유에서다. 이 프로그램의 진행자들은 퀴어 정체성을 가진 사람이 드물고 때로는 환영받지 못하는 곳에서 마법을 일으킨다. 환경이 그렇다면 자리에서 물러나 자기방어적이 되기가 쉬운 법인데, 이 프로그램에서는 전혀 다른 일이 벌어진다. 진행자 다섯 사람은 자신을 있는 그대로 내보이며 정서적으로 관대하다. 다른 이에게 자유를 선사하기 위해 자신이 가진 것을 모두 쏟아붓는다. '나는 누구인가'를 의심하는 사람이 있을 때, 아직도 세상은 그런 질문이 적절한지 의문을 제기한다. 그럴 때 소수를 대변하는 리더들은 자신의 경계 너머를 바라보기가 상대적으로 쉽지 않다. 저자인 우리는 관습의 틀에서 벗어난 칸에 성별을 표시하는 사람들로서(우리 두 사람은 부부다) 경계에 갇혀 스스로 걸림돌이 됨으로써 비싼 대가를 치른 적이 있다.

우리 둘은 리더의 자리에서 우리를 감추고 보호하려는 바람에 어김없이 기회를 놓쳤다. 특히 우리보다 나이가 많은 동료들과 공식적인 회의를 해야 할 때면 포용하는 리더가 되는 것이 더욱 쉽지 않았다. 사실 그 자리에 서는 어려움을 극복하기까지는 여러 해가 걸렸다. 이런 자리는 가르치고 배우고, 깊이 존경하는 동료들을 이끌고, 또 그들에게 배우는 기회가 될 수 있었지만, 그런 관점으로 보고 접근한 적은 많지 않았다. 이런 자리에 갈 때면 마치 잔뜩 긴장해서 빳빳하게 가시를 세운 고슴도치가 된 것 같았다. 가시 밑에 있는 연약한 속살을 보호해야 해서 때로는 소심하게, 때로는 뻔뻔하게 행동했다. 그러고 나면 리더로서 영향력을 미칠 기회는 줄어들어 있었다.

리더가 자신을 보호하기 위해 사용하는 많은 기술에는 이렇게 모순이 존재한다. 이런 전략은 역효과를 내기도 하고, 그토록 공들여 쌓아온 이해력을 무너뜨리기도 한다. 그럴 때 사람들은 리더로 보여야 한다는 생각에 사로잡혀 자신의 모습을 축소하고 평면적인 것들만 보여주려고 한다. 진정한 리더십을 실천하고자 할 때 필요한 모습은 감춰버리고, 인간의 온전한 속성에 다가갈 통로도 끊어버린다. 다른 사람의 판단으로부터 자신을 지키는 편을 택함으로써 나와 같은 사람이 더 나은 사람이 되도록 돕는다는 리더십의 핵심 명제에서는 결국 완전히 멀어지고 마는 것이다.

우리 역시 이 일을 하는 동안 다른 사람이 나를 어떻게 생각하는지를 살피는 데 너무 많은 시간을 썼다. 사람들이 레즈비언 정체성을 꺼리는 건 아닌지, 프랜시스는 의견을 강하게 주장하는 편이고 앤은 감정이 격해지면 목소리가 떨리곤 하는데, 그런 것을 거슬리게 생각하는 건 아닌지 늘 걱정이었다. 물론 그런 것들 때문에 우리를 적대시하는 사람들도 있기는 했다. 그러나 분명히 말하지만 대부분은 그런 점들을 알아차리지 못했고 신경 쓰지도 않았다. 포장하지 않은 있는 그대로의 우리와 소통하기를 더 좋아하기도 했다. 무엇보다 우리는 리더를 꿈꾸면서 잘못된 질문을 하고 있었다. 정말 필요한 질문은 '이 사람들이 나를 어떻게 생각할까?'가 아니라 '이 사람들이 더 발전하도록 도와주려면 내가 무엇을 해야 할까?'였을 것이다. 임파워먼트 리더십을 펼치고 싶다면 먼저 관점을 바꿔야 한다.

다른 사람 뒤에 숨거나, 바라는 지위와 명예를 포기하라는 말이 아니다. 세상에서는 리더인 척하는 것과 진짜 리더가 되는 것이 헷갈릴 때가 많으므로 이 둘은 다르다는 사실을 이야기하려는 것이다. 리더가 되고자 한다면 당연히 나를 높이는 데만 집중해서는 안 된다. 이제 주변 사람을 보호하고 성장시키며 그들이 능력을 발휘하게 하는 것으로 초점을 옮겨야 한다. 그렇게 할 때 당당한 리더십을 펼칠 수 있다. 쇼에 등장하는 스타가 아닌, 쇼를 책임지는 지휘자나 감독을 생각해보자. 리더가 할 일은 나 아닌 다른 사람들을 주인공으로 세워 오스카상을 받을 만한 영화를 만드는 것이다.

가끔은 나를 먼저 돌보는 것도 괜찮지 않을까?

간단히 답을 말하자면, 그래도 괜찮다. 리더십은 남을 자유롭게 하는 일이지만, 그렇다고 해서 나의 회복과 발전에 무심해도 된다는 뜻은 아니다. 나에게 집중해야 할 좋은 이유는 많고 많다. '분별력을 유지하는 것'도 그중 하나일 것이다. 리더의 관점을 '유지'하려면, 즉 구성원들이 역량을 발휘하도록 돕기 위해 그들에게 공감하고 헌신하고 집중하려면, 정기적으로 리더인 상태에서 벗어나는 시간을 냄으로써만 확보되는 에너지가 필요할 수 있다. 지금보다 더 나은 리더가 되려면 새로운 리더십 플랫폼을 확보하고 주변 사람들에게 신뢰받을 기술을 익히는 시간도 필요하다. 다음 장에서 더 깊이 이야기하겠지만, 구성원들이 기꺼이 따르고 싶어 하는 리더가 되려면 적어도 '나는 지금 내가 하는 일을 알고 있다'는 확신도 줄 수 있어야 한다. 이런 일을 모두 해내려면 새로운 기술을 익혀야 한다.

이 점이 잘 드러나는 예가 있다. 우리는 의료 서비스 기업의 창립자와 일한 적이 있다. 이 사람은 어릴 적에 연극을 하며 느꼈던 단순한 즐거움을 되찾고 싶어서 즉흥극 동호회에 들어갔다. 열정적인 기업가에 세 아이의 아버지이기도 한 제이슨(가명)은 사무실 밖에서 대안적인 공간을 찾는 데 목말라 있었다. 일상의 업무에서는 쓰지 않는 창의력을 마음껏 발산할 곳이 필요했다. 사실 그 무렵 회사가 성장 단계에 접어들면서, 그는 여기저기서 터지는 운영상의 문제들을 해결하느라 눈코 뜰 새가 없었다. 혁신에 집중하던 초창기에 비해 도무지 신이 나지 않았다. 그런데 즉흥극은 재미있기도 했고 효과적인 소통에도 도움이 됐다. 제이슨은 즉흥극을 경험하면서 회사에 더 집중하게 됐고, 직원들이 하는 말을 더 공감하며 들을 힘이 생겼다. 회사와 동떨어진 곳에서 보내는 이 시간 동안 엄청난 활력을 충전했고, 그러면서 일상의 업무 능력도 끌어올렸다.

제이슨은 즉흥극 덕분에 더 훌륭한 리더가 됐지만, 무대에서 동료 연기자들과 '예스앤드yes and ……'*를 하면서까지 리더 역할을 한 건 아니다. 업무와 동호회 활동을 구분하는 것은 간단하지만 무척 중요한 일이다. 그러나 정해진 시간 동안 생각과 의견을 주고받는 것을 일상으로 여기는 문화에서 일해온 탓에 둘의 경계는 흐려지기가 쉽다. 제이슨은 즉흥극을 통해 전문가로 성장하며 한 인간으로서 회복을 경험했지만, 리더로서의 영향력은 무대에서 내려와 다시 직원들에게 힘을 실어주는 일을 시작하면서

---

* 즉흥극의 핵심 원칙. 상대 배우가 만들어 낸 상황을 그대로 받아들인 뒤 그 상황을 바탕으로 설득력 있는 다음 장면을 만들어가는 것을 말한다.

부터 발휘되었다.

우리가 경험하기로, 사람들은 보통 내가 발전하거나 남의 발전을 돕거나 둘 중 하나를 선택한다. 동시에 두 가지를 다 하기는 쉽지 않다. 그럴 때는 이 차이를 의식적으로 구분하고 사무실 밖에서 성장을 도모하라고 권하고 싶다. 맞다. 휴가를 쓰고(부디!) 업무가 끝나면 경영 수업도 듣자. 아팔레치안트레일로 등산도 가고 좋은 자기계발서도 읽자(정말 필요한 일이다!). 그런 뒤 언제든 업무에 복귀해서 리더의 자리로 돌아가면 된다.

지금 시작하자

리더십의 축을 마련했다면 다음으로 할 일은 당신이 리더로서 돕고자 하는 사람들을 온전한 모습으로 바라보는 것이다. 이때는 그 사람이 앞으로 펼칠 수 있는 능력도 놓치면 안 된다. 구성원의 더 나은 모습을 상상할 수 있는 리더만이 구성원이 자유롭게 역량을 발휘하도록 도와줄 수 있다. 누군가의 성장 가능성을 확신하지 못하는데 그의 리더가 되어줄 수는 없는 일이다. 그러나 용케 그 외에 다른 일들을 하는 것은 가능하다. 가령 리더는 확신 없이도 누군가를 감독, 관리, 지배, 설득할 수 있고, 그 사람을 참아줄 수도 있다. 그 사람과 어려움을 헤쳐가며 그동안 해야 할 일을 지시할 수도 있다. 이런 접근법을 권하지는 않지만, 리더들은 분명 사람에 대한 확신 없이도 이 모든 일을 다 할 수 있다. 실제로 오늘날 고용주와 고용인의 기본적인 역학 관계에서는 이런 일이 무수히 일어난다.

리더는, 사람은 상황에 맞게 달라질 수 있고 그 과정을 겪으며 서로 중요한 역할을 해줄 수 있다는 생각을 전제로 움직여야 한다. 그러려면 구성원에게서 아직 드러나지 않은 잠재력을 확신하며 그 확신을 당사자에게 알려줄 방법을 찾아야 한다. 즉 이 아름다운 깨달음을 혼자만 알고 있어서는 안 된다.

내가 당신에게서 이러이러한 점을 보았다고 이야기해주는 방법은 셀 수 없이 많다. 그중에 진정성 있는 신호를 보낼 방법이 있다면 그것으로 실험을 해보자. 예를 들어 회의에서 팀원이 한 일을 집중 조명하거나, 아직 조언할 권한이 없는 사람에게서 조언을 구하면 어떨까? 모든 디지털 기기를 내려놓고 상대에게 온전히 집중하는 것도 좋다. 온 세상이 디지털 기기의 방해에 물든 지금, 이보다 더 강력한 몸짓은 없을 것이다. 리더가 특히 강하게 확신을 표현할 방법이 또 하나 있다. 얼마 전 기회를 놓쳤던 사람에게 똑같은 기회를 다시 주는 것이다. 때로 누군가를 믿어준다는 것은 더듬더듬 힘겹게 나아가며 그 과정에서 배워 가도록 여지를 준다는 의미일 때도 있다.

직접 말해주는 방법도 권할 만하다. 눈앞에 상대를 앉

히고 지금껏 관찰한 그 사람의 강점을 말해주자. 이때는 최대한 진지하고 구체적이어야 한다. 날짜와 시간, 구체적인 상황을 언급하며 상대가 한 일이 나와 다른 사람들에게 미친 긍정적인 영향을 이야기하자. 효과적으로 피드백을 전하는 방법에 관해서는 앞으로 더 자세히 다룰 것이다. 다만, 이 방법이 보기보다 훨씬 더 효과가 크다는 점만은 잠깐 짚고 넘어가야겠다. 대부분의 조직에는 부정적인 자극을 통해 개선을 꾀하는 문화가 있다. 하지만 이는 정적 강화positive reinforcement*보다 현저하게 효과가 떨어진다는 점을 잊지 말자.

리더들에게 이 기술을 가르칠 때 우리가 가장 애용하는 방법 한 가지는 '사절'이 되어 구성원이 얼마나 끝내주는 사람인지를 알려주게 하는 것이다. 방법은 이렇다. 직원 가운데 크든 작든 재능이 엿보이는 사람을 한 명 고른다. 그 사람에 관해 알게 된 점을 일러줄 진술한 방법을 찾는다. 가령, "가만 봤더니 당신이 오늘 이 일을 참 잘하더라(리더가 되는 데 가산점으로 작용할 것이다), 만일 그 재능을 더 자주 발휘한다면 내일은 이런 모습이 돼 있을 것이다"라고 말해주는 것이다. 가까운 사람부터 시작해서 점점 범위를 넓혀보자.

목표는 리더로서 다른 사람을 중심에 두는 습관을 들이는 것이다. 그러면 자기 생각과 경험에 자석처럼 끌려가는

---

* [옮긴이] 어떤 행동이 일어난 직후에 강화물을 제공함으로써 그 행동의 빈도나 확률을 높이는 방법을 말한다.

대신 이끌고자 하는 사람의 잠재력에 집중할 수 있다. 그 과정에서 생각지 못했던 기쁨을 누리기 바란다. 사랑하는 사람, 동료, 그리고 전에는 잘 알지 못했지만 재능을 짚어내는 과정에서 알게 된 사람 등 여러 다양한 사람과 이야기해보자. 외양으로나 관점과 성격으로나 나와 비슷한 사람은 물론 비슷하지 않은 사람과도 이런 대화를 시작해보자.

그런데 이때 빠트려서는 안 될 사람이 있다. 아무 근거 없이 전성기는 끝났다고 확신하는 사람도 반드시 한 명 이상 만나보기를 권한다. 몇 년, 몇십 년 전에 이미 절정을 지나왔다고 생각하는 사람 말이다. 그러다 보면 알게 되겠지만, 사람들은 자신이 더는 성장할 수 없는 것으로 비칠 때, 따라서 인간으로서 더 발전할 수 없다는 잘못된 시선을 느낄 때 공격적인 반응을 고수한다. 우리의 경험에 비추어, 숙련된 전문가들을 대할 때일수록 앞으로도 계속 성장할 능력이 있음을 짚어주면 훨씬 더 긍정적인 효과가 나타난다.

당당한 리더

지금의 나와 가능성을 이룬 앞으로의 나 사이에 놓인 간극을 메우려면 어마어마한 에너지가 필요하다. 2017년, 갤럽Gallup은 미국의 직장들에 관해 조사한 뒤 70퍼센트 가까운 직장인이 업무에 몰입하지 못한다는 사실을 파악했다.[8] 이 숫자가 무엇을 의미하는지 대략 방향만이라도 짚어보기로 하자. 이 많은 사람이 업무에 열중하지 못한다는 사실은 대부분의 사람들이 대부분의 업무 시간 동안 대부분의 역량을 묻어둔 채 겉돌고 있음을 의미한다. 이렇게 큰 기회비용 손실이 또 있을까. 리더가 리더십의 중심에서 물러날 때, 구성원들은 그들을 둘러싼 조직에 더욱더 온전히 몰입할 권한이 생긴다. 그러면 그들은 자유롭게 능력을 발휘하며 절대 불가능하게 보였던 것들을 이룰 수 있다. 그러나 이러한 리더십이 아니라면 지금까지의 상황을 반복하는 수밖에 없다.

이런 혁신을 이루려면 리더십에 대한 사고방식을 바꿔야 한다. 폴 리비어는 매사추세츠 시골 지역을 누비며 영예를 얻었지만, 그가 리더십 역사에서 진정한 전환점을 이룬 것은 그다음의 일이다. 그가 고무한 많은 남자와 여자들이 렉싱턴과 콩코드 거리로 쏟아져나왔고, 그들은 자신들의 운명을 스스로 결정지었다.* 그들의 용기는 또 다른 사람들에게도 영향을 미쳤음을 우리는 안다. 흑인 참정권을 외치며 앨라배마 셀마를 행진한 수백 명, 개개인의 각성을 외치며 간디의 뒤를 따른 수천 명, 그리고 "미투MeToo"와 "흑인의 목숨도 소중하다Black Lives Matter"를 외치며 보편적 존엄권을 주장한 전 세계 수백만 명이 모두 그 용기로 이어진 사람들이다.

당신은 무엇을 중심에 두고 리더십 이야기를 풀어가겠는가? 그동안 비축하고 보호했던 힘인가? 아니면 주변 사람들을 자유롭게 할 목적으로 그 힘을 사용해 이뤄낸 더 많은 것들인가? 우리는 당당하게 후자를 핵심으로 선택하는 것에 관해 이야기할 것이다. 가장 효과적으로 일하는 리더는 무엇을 말하고 행동하고 느끼는지, 무한한 가능성을 탐색하는 리더십이란 무엇을 말하는지를 짚어나갈 것이다. 이러한 리더십은 모든 구성원에게 힘을 실어줄 목적으로 오래전부터 이어진 진정성 있는 기법을 존중하는 데서부터 시작된다. 이렇게 관점을 바꿨다면 모든 것을 해낼 실질적인 방법을 찾아야 한다. 임파워먼트 리더십의 첫 단추에 해당하는 2장에서 그 이야기를 시작하려고 한다. 우리는 다른 사람에게 힘을 실어주는 일의 시작은 신뢰라고 믿는다.

---

* 앤은 민병대 복장을 좋아한 첫 번째 여자가 아니었다. 렉싱턴-콩코드 전투의 여전사 프루던스 커밍스 라이트Prudence Cummings Wright는 소규모 무장 민병대의 리더였다. 이 부대는 남자로 변장한 자칭 '민병대 여군들'로 구성돼 있었다.

- ✓ 당신이 이 책을 읽는 이유는 무엇인가? 리더십을 더 나은 리더십을 위해 시간과 에너지를 들이는 것은 왜 가치 있는 일인가?

- ✓ 리더인 당신이 함께 있을 때 구성원들의 성과는 어떻게 달라지는가? 패턴이 관찰된다면 적어보자.

- ✓ 리더인 당신은 자신과 자신의 필요 사항, 구성원과 구성원의 필요 사항을 생각하는 데 각각 얼마나 많은 시간을 쏟고 있는가?

- ✓ 당신은 언제 구성원들에게 확실하게 힘을 실어주는가? 그 일이 쉬웠던 때와 어려웠던 때는 언제였는가?

- ✓ 다른 사람을 자유롭게 하는 일을 성공적으로 해내면 당신의 입지는 어떻게 달라지는가? 그럴 때는 어디에 초점을 두고 에너지와 능력을 쓰게 되는가?

1부

구성원과 함께할 때
필요한 리더십

리더는 구성원과 함께할 때뿐 아니라 함께하지 않을 때도 구성원에게 힘을 더해주는 사람이어야 한다. 지금부터 이 틀을 토대로 리더십을 이야기하려고 한다. '리더가 함께할 때'를 다루는 1부에서는 리더가 사무실 안에 있을 때, 즉 구성원이 리더의 직접적인 영향력(문자 메시지 포함) 안에 있을 때 리더가 얻게 되는 기회를 살펴볼 것이다.

임파워먼트 리더십의 시작점은 '신뢰'다. 2장에서는 신뢰의 토대를 쌓고 유지하는 방법을 이야기한다. 3장에서는 구성원들이 안정적으로 성장할 환경을 만들고자 할 때 쓸 검증된 틀을 소개한다. 다른 사람의 성공을 돕기로 했던 마음이 시들해지고, 지극히 정성을 쏟던 사람에 대해 기대치를 낮추게 되는 것은 지극히 이해할 만한 인간적인 일이다. 이런 성향에 관해서도 함께 이야기해보자. 더불어 이러한 본능을 과감히 물리치고 주변 모든 사람의 발전을 도울 방법 역시 짚어볼 것이다.

리더는 겉모습만이 아니라 생각하고 말하는 방식이 다른 사람들까지도 능력을 발휘하도록 도와야 한다. 그런 의미에서 진심으로 포용하는 리더십에 관해서도 다뤄볼 것이다. 4장에서는 팀의 다양한 사람들이 역량을 발휘하게 할 방법을 이야기한다. 특히 차이에도 '불구하고'가 아니라 차이 '덕분에' 더 뛰어난 팀으로 거듭날 방법을 찾아볼 것이다. 더불어 다양성이라는 주제를 놓고 잡음이 커지는 현상을 이해할 틀을 제시할 생각이다. 우리 둘은 지금껏 변화와 포용을 목표로 광범위한 계획을 세우고 이행해왔다. 이러한 경험을 들어, 효과적으로 리더십을 발휘하면 더 많고 다양한 사람들이 발전할 수 있으며 조직 또한 여러 이점을 누릴 수 있음을 이야기할 것이다.

사실상 1부의 목적은 임파워먼트 리더십 모델의 안쪽 원들(신뢰, 사랑, 소속감)을 숙달하도록 돕는 것이다. 다시 말하지만 이 일을 제대로 해내는 리더는 구성원들과 함께하는 동안 자신에게, 그리고 시간이 가면서 더 많은 사람에게 점차 더 긍정적인 영향력을 미치게 될 것이다.

지금부터 시작해보자.

2장
신뢰

/////////////////////////

2017년 봄 어느 금요일 오후, 우버의 최고 경영자 트래비스 캘러닉Travis Kalanick이 베이에어리어에 미니멀리즘 스타일로 지어진 우버 본사 회의실로 걸어 들어왔다. 회의의 주선자는 미국과 캐나다에서 회사의 총괄을 맡아 여러 방면에서 재능을 발휘해온 메건 조이스Meghan Joyce였다. 조이스는 우리 두 사람이 우버에 도움이 되리라고 확신했다. 그러나 그런 확신만으로 일을 시작할 수는 없었다. 승차 공유 시스템으로 우상이 된 이 스타트업 기업에 관해 별의별 자료를 다 읽어봤지만 우버는 회생 가능성이 희박해 보였다.*

---

* 저자의 재량에 따라 이야기의 흐름을 이어가는 데 집중하고 서술의 부담은 덜기 위해 세부 사항을 수정하기도 했다. 가령 보통은 "우리"로 적었지만 우리 두 사람이 항상 물리적으로 같은 공간에 있었던 건 아니다.

먼저 그 당시 상황을 이야기해보자. 우버는 여러 산업을 뒤흔들 만큼 무섭게 성장했지만 이 눈부신 성공은 기본적인 품위마저 구기고 얻은 결과에 불과했다. 트럼프 대통령이 난민과 이슬람 국가 출신에 대한 입국 금지령을 내리고 택시 기사들이 항의하는 의미로 파업을 강행하자, 우버는 이때를 틈타 운행 요금을 낮췄다. 사실이 알려지기 무섭게 #deleteUber(우버 삭제) 운동이 시작됐다. 몇 달 뒤 우버의 엔지니어 수전 파울러Susan Fowler가 자신의 블로그에 우버에서 겪은 괴롭힘과 차별 문제를 폭로했다. 그는 아주 설득력 있는 말로 우버는 무자비한 회사라고 주장했다.[1] 그러다 캘러닉이 어느 우버 운전자와 주고받은 대화가 공개됐다. 캘러닉은 운전자들이 우버의 세계에 들어온 뒤 생계 곤란을 겪는다는 사실 따위는 아랑곳하지 않는 듯했다. 우버는 그 외에도 많은 이유로 비난을 받았으며, 그 덕에 이기기만 한다면 물불 가리지 않는 인정머리 없는 회사라는 오명 역시 점점 더 굳어졌다.

이런 상황은 회사의 입지에 전혀 도움이 되지 않았다. 우버에 생긴 문제들로 여론이 악화되면서 테크 업계의 다른 회사들까지 곤란해졌다.[2] 안전하고 건강한 업무 공간을 구축하라는 요구가 빗발쳤지만 타성과 혼란이 앞을 가로막고 있었다. 그간 아무 문제 없이 상업적으로 불가능한 성과를 달성해왔는데 갑자기 수많은 다양한 사람들이 성공할 환경을 마련하라니, 기업들은 난감해하는 눈치였다.

회의실에서 캘러닉을 기다리는 동안 프랜시스는 여러 자료에 언급된 독불장군 최고경영자가 나타나리라고 생각하며 마음을 다잡았다. 그러나 회의실에 들어선 그는 전혀 그런 사람이 아니었다. 캘러닉은 겸허하게 지난 일을 반성하며 자신이 회사에 도입한 문화적 가치들에 관해 고민하고 또 고민한다고 했다. 우버의 성장에 큰 동력으로 작용했지만 자신의 재임 기간에 오용되고 왜곡된 가치들을 곱씹었단다. 그는 그동안 함께한 사람들이 정말 대단한 일을 해냈다며 존경심을 드러냈다. 그러나 자신이 리더로 앉힌 사람 중에는 훈련받은 사람도 없고 멘토도 없으며 심지어 숨 돌릴 틈마저 없었기에, 효과적인 업무 방식을 깨우치지 못한 이들이 있다는 점을 인정했다.

지금까지 어떤 잘못을 했든 지금 그는 리더로서 그것들을 바로잡기 위해 애쓰고 있었다. 캘러닉과 프랜시스는 곧장 화이트보드로 가서 회사를 위해 할 수 있는 일들을 대략 적어 내려갔다. 그러다 우버 이사진의 홍일점인 아리아나 허핑턴이 들어와서 함께 생각을 이야기했다. 이쯤 되자 프랜시스는 어쩌면 우리가 정말 도움이 될지 모른다는 생각이 들기 시작했다. 허핑턴은 여직원들과 열띤 대화를 벌이고 막 돌아온 참이었다. 표정만 봐도 괴로운 이야기가 쏟아졌음이 분명했다. 서로 '쿨'하기로 소문난 실리콘밸리 이사회에서 이런 장면을 보게 될 줄은 몰랐다. 우리는 캘러닉과 함께 전면에 나서서 두 팔을 걷어붙인 허핑턴을 보고 마음이 움직이고 말았다.

우리 둘은 매사추세츠 케임브리지로 돌아오는 길에 과연 이 프로젝트를 맡는 것이 좋을지 이야기했다. 우버에 손대지 않을 이유는 많았다. 일은 힘들 것이고 결과는 불확실했다. 오가는 거리 역시 만만치 않았다. 직원들은 불만이 가득했고 우버라는 브랜드는 끝없이 추락하고 있었다. 이렇게 풀기 어려운 문제가 또 있을까 싶었다. 그러나 이 일을 성공시켜 우버를 제자리로 돌려놓는다면 길을 벗어난 수많은 기업에 희망을 줄 수 있었다. 어떤 회사든 잃어버린 인간성을 되살릴 수 있다는 메시지를 전할 수 있을 터였다.

그리하여 우리가 정한 시작점은 '신뢰'였다.[3]

리더십의 토대

사람들은 신뢰를 보기 드물고 귀한 것으로만 생각한다. 그러나 신뢰는 문명인으로서 우리가 하는 거의 모든 일의 근간이다. 상품과 서비스에 대한 대가로 어렵게 번 수표를 내놓고, 결혼을 통해 다른 사람과 삶을 함께하기로 약속하며, 내 이익을 대변해줄 누군가에게 표를 던지는 것은 전부 신뢰를 바탕으로 하는 일이다. 물론 그럴 때 보호막 삼아 법과 계약에 의지하는 것도 사실이지만 결국 그런 시스템조차 집행 기관에 대한 신뢰가 있어야 작동할 수 있다. 무언가가 잘못된 상황에서도 정의가 실현될지는 미지수지만, 적어도 우리는 잘 알지 못하는 사람과 계약을 맺을 수 있을 만큼 시스템을 신뢰한다. "우리는 하느님을 믿는다In God We Trust"라는 문구를 통해 신뢰가 미국의 공식 모토가 된 것은 우연이 아니다. 인간이 만든 구조 속에서 신뢰가 흔들릴 수 있음을 감안해 국가 건설 프로젝트에 더 높은 수준의 안전장치를 덧붙이는 것은 꼭 필요했다.

앞서 1장에서 잠시 살펴봤듯 신뢰는 리더십 공식이 작동하는 전제조건이기도 하다. 리더십이 리더가 함께하든 함께하지 않든 구성원에게 힘을 실어주는 것이라면, 신뢰는 서비스의 자유로운 교환을 보장하는 정서적 틀로 작용한다. 예컨대 팀원은 이렇게 생각할 것이다. '나는 당신을 신뢰하므로 당신이 나를 이끌기 바란다. 그래서 내 소중한 자율권을 일부 내려놓고 내 안녕을 당신 손에 맡길 것이다.' 그러면 리더는 이렇게 생각할 것이다. '당신은 나를 신뢰하므로 나에게 의지하며, 내 결정이 모두의 사명을 진전시킬 것을 믿는다. 우리가 같은 공간에 있지 않더라도 그 점은 변함없을 것이다.' 둘 사이에 신뢰가 두터워질수록 리더십 공식은 더 힘 있게 작동한다.

신뢰는 리더십의 핵심 자본이다. 이 자본을 쌓으려면 무엇이 필요할까? 기본적인 공식은 다음과 같다. 사람들은 상대가 진실한 모습(진정성)을 보여주고 믿을 만한 판단과 능력(논리)을 지녔으며 나에게 마음을 쓴다(공감)고 생각할 때 그 사람을 신뢰하는 경향이 있다. 신뢰가 무너진 원인을 찾아 들어가보면 대개 이 셋 중 하나가 망가져 있을 것이다. 이 틀은 효과적인 설득의 요소에 관한 아리스토텔레스의 글에서 비롯됐다. 아리스토텔레스는 로고스logos(논리적 판단), 파토스pathos(감정과 공감), 에토스Ethos(인격, 선의)가 바탕이 되어야만 남을 설득할 수 있다고 말했다. 이 패턴은 심리학을 다룬 현대의 글에서도 자주 등장한다(그림 2-1 참조).

그림 2-1

신뢰 삼각형

진정성
'이 사람 있는 그대로를 보여주는군.'

신뢰

논리
'탄탄한 논리와
판단력을 보니
일도 잘하겠어.'

공감
'나와 내 성공을 정말
중요하게 생각하는 게 분명해.'

당신을 믿어도 될까?

당신은 믿을 만한 사람인가, 그렇지 못한 사람인가? 스스로 그 점을 어떤 신호로 말하고 생각하는가? 대개 사람들은 이 문제에 관해 자신이 어떤 정보(잘못된 정보일 때가 많다)를 내놓고 있는지 깨닫지 못한다. 설상가상 스트레스를 느끼면 문제는 더 커진다. 압박을 느끼면 신뢰를 깎아 먹는 행동이 강화될 때가 많기 때문이다. 예컨대 채용 면접에 나간 사람은 무의식적으로 가면을 쓴 채 진짜 모습을 감추게 된다. 그러나 이는 절대 진정성 있는 행동이 아니며 그래서는 합격 확률만 낮아질 뿐이다.

다행히 사람은 신뢰에 관한 신호를 내보낼 때 대부분 일관된 패턴을 따른다. 조금만 행동을 다르게 해서 패턴을 바꾸면 큰 변화가 생길 수 있다는 뜻이다. 첫째, 우리는 항상 같은 식으로 스스로 자신의 걸림돌이 되곤 한다. 신뢰가 무너지는(혹은 제대로 힘을 발휘하지 못하는) 순간에는 신뢰 삼각형의 세 꼭짓점 가운데 같은 곳이 흔들릴 때가 많다. 이렇듯 신뢰 삼각형에서 항상 차질을 빚는 패턴을 '동요점'이라고 한다. 동요점은 신뢰가 떨어질 때 가장 쉽게 흔들릴 우려가 있다. 그러나 동요점은 누구에게나 있다.

반면 어떤 사람이든 바위처럼 절대 흔들리지 않는 지점 또한 있다. 신뢰 삼각형의 이 꼭짓점은 다른 사람과 소통하는 상황에서 꾸준히 강하고 안정된 상태를 유지한다. 세 꼭짓점 중 이 하나는 좀처럼 실망스러운 결과를 만들지 않는다. 새벽 세 시에 단잠에서 깨어나 움직여야 하더라도 이 점은 기대를 저버리지 않는다. 이 패턴은 '안정점'이라고 부른다. 안정점은 흔들릴 가능성이 가장 낮다. 구름이 모여들고 바람이 으르렁대기 시작해도 웬만해서는 꿈쩍하지 않는다.

나는 믿을 만한 사람인가?

내가 믿을 만한 사람인지 확인하기 전에 먼저 그것을 알아야 하는 뚜렷한 이유를 찾아야 한다. 오늘보다 내일 더 신뢰가 굳어질 수 있다면 리더로서 당신의 효용은 어떻게 달라지는가? 앞에서와 마찬가지로, 떠오르는 생각을 적어보면 좋다.

최근에 바라던 만큼 신뢰받지 못한 일이 있었다면 그 순간을 떠올려보자. 중요한 거래를 놓쳤거나 그런 거래를 성사시킬 임무에서 밀려났는가? 누군가 당신의 업무 능력을 의심했거나 프로젝트에서 단순히 당신과 거리를 뒀는가? 그렇다면 어렵겠지만 이렇게 해보자. 속는 셈 치고 그 사람(회의론자 A)을 믿기로 하는 것이다. 그런 의구심을 갖는 것이 타당하며 신뢰가 무너진 것에 대한 책임은 당신에게 있다고 생각하자. 그래야만 지금부터 하는 연습이 효과가 있다.

그때 당신의 신뢰 삼각형에서는 어떤 꼭짓점이 문제였을까? A가 보기에 당신의 어떤 점이 흔들렸던 것일까? 당신이 자기 관심사만 우선시하는 사람 같았을까? 상황이 온통 당신 위주로 돌아간다고 생각한 건 아닐까? 그렇다면 공감이 걸림돌이었을 것이다. 야심 찬 계획을 실행하기에는 당신의 분석이 정확하지 못해 보였을까? 아니면 당신의 능력이 별로로 보였던 걸까? 그렇다면 논리가 문제였을 수 있다. 당신이 자신을 제대로 보여주지 않는다고 생각하진 않았을까? 당신이 자신의 긍정적인 면을 지나치게 부각하거나 위태로운 면을 대수롭지 않게 여긴다고 느꼈을지 모른다. 그랬다면 진정성이 문제였을 것이다.

무엇이 되었든 흔들린 꼭짓점이 있다면 적어도 그 상황에서는 그것이 당신의 동요점이다. 신뢰 삼각형을 그리고 불안정한 꼭짓점에 흔들린다는 의미로 물결표시('~~')를 넣어보자. 가령 공감이 당신의 동요점이라면 당신의 신뢰 삼각형은 그림 2-2와 같은 모양이 된다.

이번에는 당신이 제시한 계획이 살짝 부족했지만 A가 방을 나가버리거나 비웃지 않았다고 하자. 신뢰 전선에 청신호가 보인 순간을 말하는 것이다. 세 꼭짓점 가운데 굳건히 자리를 지켜준 것은 무엇이었을까? 여기서는 그 부분이 당신의 안정점이다. 신뢰 삼각형으로 돌아가서 안정점 옆에 힘이 된다는 의미로 더하기('+') 표시를 하자. 가령 논리가 안정점이라면 당신의 신뢰 삼각형은 그림 2-3과 같은 모양이 된다.

그림 2-2

신뢰를 흔드는 '동요점'

그림 2-3

신뢰에 힘이 되는 '안정점'

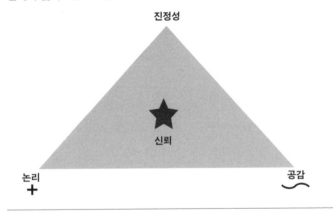

머릿속 가정 검증하기

내가 믿을 만한 사람인지 진단할 때는 한 사람 이상을 옆에 두면 좋다. 분석을 공유하면 내용이 명확해지고 결과에 얽매이지 않을 수 있으며, 머릿속에 든 생각을 검증하고 구체화할 수 있다. 특히 나를 잘 아는 사람을 짝으로 삼는 것이 이상적이다. 사람들이 스스로를 진단한 사례를 살펴보면 약 20퍼센트는 재검토가 필요하다. 그러므로 분석이 옳은지 정직하게 말해줄 짝이 있어야 한다. 또한 내 동요점을 다른 사람과 이야기하면 신뢰를 잃음으로써 느낄 법한 수치심을 누그러뜨릴 수 있다. 인간은 누구나 동요점이 두드러지는 순간을 겪는다. 리더의 자리에서 행동할 때 정말 중요한 것은 동요점에 대처하기 위해 어떤 방법을 선택하는가다.

신뢰를 쌓는 데 조금 더 능숙한 리더라면 분석한 내용을 들고 회의론자 A를 찾아가서 직접 이야기해볼 수 있다. 새로 신뢰를 쌓거나 무너진 신뢰를 다시 쌓으려 한다면 이런 대화만으로 어마어마한 동력이 생긴다. 동요점을 책임지는 모습에는 인간적인 면모(진정성)와 엄격한 분석력(논리)이 드러나며, 그럴 때 리더는 자신이 상대와의 관계에 헌신하고 있음을 알려줄 수 있다.

다음으로 할 일은 다양한 상황에서 나타나는 동요점과 안정점의 패턴을 살피는 것이다. 동요점과 안정점이 드러난 상황 중에서 이유와 관계없이 가장 기억에 남는 서너 가지 사례를 고른 뒤 각각을 간략히 진단해보자. 당신의 동요점과 안정점은 '전형적'으로 어떤 특징이 있는가? 스트레스나 이해관계에 따라 패턴이 달라지는가? 가령 상대가 부하 직원인가 상사인가에 따라 동요점이 이렇게도 나타나고 저렇게도 나타나는가(드문 일은 아니다)?

우리는 지난 10년 동안 신뢰 문제로 고심하는 여러 리더와 함께 일했다. 그중에는 노련한 정치인, 밀레니얼 세대 기업가, 시장의 판세를 뒤흔드는 수십억 달러 자산 기업의 리더(우버도 여기 해당한다. 우버에 관해서는 이번 장 말미에서 다시 다룰 것이다)도 있었다. 그렇게 만났던 한 소매 기업의 최고경영자는 우리와 함께 동요점을 파악하고 돌아갔다가 바로 다음에 만났을 때 벌써 위태롭던 부분을 개선했다. 그의 동요점은 공감이었다. 우리는 행동을 조금씩 바꿔보기로 하고 대화할 때 눈 맞추기, 더 나은 질문하기, 핸드폰 치우기 등을 시도해보기로 했다. 효과는 즉각 나타났다. 같이 일하는 사람들과 바로 관계가 좋아지기 시작한 것이다. 이제부터는 동요점이 신뢰를 흔들 때 이를 극복할 효과적인 전략들을 알아보려고 한다. 높은 성과를 자랑하는 리더들에게서 가장 흔하게 엿보이는 동요점, 즉 '공감'을 먼저 짚어보기로 하자.

공감 - 내가 제일 중요해!

사람들이 종종 당신은 늘 남보다 자신이 우선이라고 생각한다면, 당신의 동요점은 공감일 것이다. 1장에서 살펴봤듯 이런 신호는 임파워먼트 리더십을 실천하는 데 큰 걸림돌이 된다. 사람들 눈에 당신이 자기중심적으로 비칠 때가 많다면, 그들은 당신이 리더라는 사실을 탐탁지 않아 할 가능성이 크다.

공감이 동요점이 되는 일은 분석에 강하고 배움을 중시하는 사람들 사이에서 흔하게 나타난다. 이들에게 지루함은 어떤 대가를 치르더라도 퇴치할 적이다. 일상의 어느 구석에든 지루함이 숨어 있으면 도저히 참을 수가 없다. 오래 줄서기, 교통 체증, 텔레비전에 나오는 뻔한 이야기 등이 전부 그런 것들이다.* 한편 이들은 상대적으로 이해가 더딘 사람과 회의를 해야 할 때 역시 몹시 괴로워한다.

현대의 리더들은 업무 수단이 너무 많고 시간은 빠듯한 탓에 공감을 표현하는 일을 점점 더 어려워한다. 24시간 일에 빠져 있지 않으면 안 되고, 수많은 디지털 기기에 둘러싸여 항상 주의가 산만한다. 회복할 시간이 전보다 줄어든 바람에 온종일 짬짬이 회복할 시간을 찾아야 하는 것 역시 문

---

* 저자 중 한 명은 리모컨이 옆에 있어야만 텔레비전을 본다. 지루할 것 같은 장면이 나오면 즉시 2배속 버튼을 눌러야 하기 때문이다. 당연히 흐름상 중요한 지점을 많이 놓칠 수밖에 없다. 지금 이 부분을 쓰고 있는 나머지 한 명은 그의 이런 행동을 도저히 이해하지 못한다.

제다. 그래서 힘을 실어주며 이끌어야 할 사람과 대화를 나누다가도 그 시간을 쪼개 쓰는 일이 생긴다. 게다가 요즘은 실용성과 디자인의 가치를 들어 많은 회사가 개방형 구조 사무실을 선택하는데, 이 점도 휴식에는 그다지 도움이 되지 않는다. 훌륭한 공용 업무 공간에서는 잠시 쉬면서 숨 돌릴 공간은 오히려 사라지고 없을 때가 있다.[4]

공감이 동요점인 사람은 여러 명과 함께 있을 때 자신이 어떻게 행동하는지 잘 살펴보는 것이 좋다. 특히 다른 사람에게 발언권이 있을 때 내 모습이 어떤지를 유심히 관찰해보자. 일반적인 회의 상황을 예로 들겠다. 공감이 약한 사람의 참여도는 대체로 회의가 시작될 무렵에 가장 높고(뭔가 배우고 알게 되리라는 기대가 있으므로!) 자신이 개념을 하나씩 이해하고 아이디어를 내는 동안은 처음과 비슷한 수준이 유지된다. 하지만 그 시점이 지나가면 참여도가 급격히 떨어져서 마침내 회의가 끝날 때까지 낮은 수준에서 벗어나지 못한다. 참여도에서 나타나는 이런 극적인 변화를 우리 둘은 "너무 똑똑한 자의 고뇌agony of the super smart"라고 부른다.

당신은 다른 사람들보다 내가 먼저 이해했다는 사실을 어떤 신호로 나타내는가? 가능한 신호는 무궁무진하다. 현란하게 멀티태스킹을 하고, 지루하다는 뜻을 표시할 방법을 찾고, 이때다 싶어 핸드폰을 들여다보는 것 등이 전부 회의가 시시해졌음을 나타내는 명백한 신호일 수 있다. 그러나 이런 행동은 신뢰에 타격을 입힌다. 다른 누구보다 내가 중요하다는 신호를 보내고 있다면 아무리 많은 일을 해낸들 지도자로서 신뢰를 얻는 것만은 해낼 수 없다.

이에 대한 처방은 설명하기는 쉽지만 실천은 그리 쉽지 않다. 제일 먼저 할 일은 목표를 바꾸는 것이다. 이제부터 회의는 리더가 아니라 리더를 제외한 나머지 모든 구성원이 필요한 것을 얻는 자리여야 한다. 다시 말해 리더는 회의실에 있는 모든 사람을 근본적으로 책임지는 사람이 되어야한다. 리더는 자신이 주최한 회의가 아니더라도 그 시간에 대화를 진전시킬 책임을 분담하는 것이 옳다. 회의에서 논의되는 개념에 생명력을 불어넣을, 다들 고개를 끄덕일 만한 예시를 찾고 그 공간에 있는 모든 사람이 개념을 이해할 때까지 적극적으로 회의에 참여해야 한다. 문자 메시지나 이메일을 확인할 수 있는 선택지가 있는 한 이 일은 거의 불가능하다. 그러므로 디지털 기기는 치워두자(당신이 좋은 아이디어를 기록할 용도로 핸드폰을 손에 쥔 게 아니라는 건 누구나 안다). 그림 2-4는 이 점을 간략히 그래프로 나타낸 것이다.[5]

여기서 알아야 할 점은 공감 동요점의 치료제는 집중이라는 것이다. 주변 사람들은 리더에게 무엇을 필요로 할까? 이 순간 그들에게 힘을 실어주기 위해 리더는 무엇을 더 할 수 있을까? 자신의 필요와 야망(그리고 핸드폰)만을 생각하고 있다면 이런 점들은 절대 알아낼 수 없다. 마지막으로 이렇

그림 2-4

공감이 어려운 사람들을 위한 새 회의 원칙

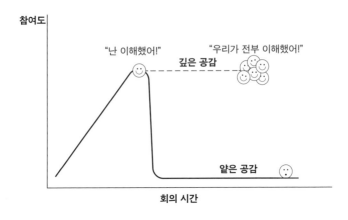

게 말하고 싶다. 다른 중요한 일이 아니라면 핸드폰은 내려 놓자. 놀랍게도 금세 신뢰가 올라갈 것이다. 그리고 심지어 회의도 더 빨리 끝난다. 우리는 그동안 여러 조직에 "깊은 공감"을 회의 규범으로 적용하게 했는데, 관찰 결과 이런 곳들은 회의 시간이 절반으로 줄었다.

공감과 미래의 일

지난 10년간 미국은 업무 환경에 대한 신뢰 점수가 딱히 좋지 않았다. 사람들은 점점 더 고용주를 믿지 못한다. 고용주는 절대 진실을 말해주지 않고, 어려운 시기에 손을 내밀어주지 않으며, 일한 만큼 보상을 주지도 않을 것이라고들 생각한다. 세계화나 기술 혁신 같은 거대한 힘이 끊임없이 업무 환경을 바꿔놓으면서, 미래에는 다른 누군가(무언가)가 업무 현장에서 우리를 대체하리라는 사실이 더 분명해지는 듯하다. 또한 확실한 이유로 점점 더 부정할 수 없는 사실이 있다. 우리가 따르는 규칙을 좀처럼 따를 필요가 없는 최상위 주주 계층에 유리하도록 세상의 판도가 달라져간다는 것이다.

이러한 양상을 신뢰의 관점에서 본다면, 미국 경제는 분명 심각하게 우려스러운 공감 문제와 싸우는 중이다. 미국인들은 이제 확신한다. 점점 더 많은 회사가 고객을 위하는 데는 관심이 없고(직원들을 위하는 데는 더 관심이 없고) 오직 자기들 배만 불리려고 한다는 사실을 말이다. 실제로 월급으로는 생활비조차 충당할 수 없고, 일을 시작하려면 가혹한 경쟁 금지 조항*에 동의해야 하며, 개인정보 따위는 의도적으로 부실하게 관리되고 있지 않은가.

그러나 그와 다른 방향으로 사람들의 마음을 움직이는 조직들은 거대한 이점을 확보한다. 유명 의류 기업 파타고니아Patagonia는 경제적 이익보다 사회적 영향력을 꾸준히 중시하며 초창기부터 '탈脫 리더 리더십'의 본보기가

---

* [옮긴이] 피고용인이 고용주와 경쟁 관계에 있는 동일 계열 회사에 취업할 수 없음을 명시한 계약서의 조항이다.

되었다. 파타고니아의 창립자 이본 쉬나드Yvon Shouinard는 애초에 고객, 직원, 지구를 돌보는 일이 최우선 과제인 회사를 세우려 했다고 말한다.[6] 파타고니아는 현재 연 매출 10억 달러를 자랑하는데, 1985년 이후 꾸준히 수익의 1퍼센트를 비영리 환경 단체에 기부해왔다.

미국에서 기업에 대한 신뢰가 떨어지자, 최고경영자 로즈 마카리오Rose Marcario는 성공보다 더 큰 것을 이루는 데 일조하기로 한 약속에 더욱더 고집스럽게 매달렸다. 그런 노력 속에서 파타고니아는 마카리오가 재임하는 동안 수익이 네 배 올라갔다.[7] 마카리오는 직원들이 옷을 파는 것보다 더 중요한 일(예를 들어, 투표)을 할 수 있게 매장과 사무실을 닫음으로써 회사의 가치를 높인다. 2017년에는 공공 용지 남용을 이유로 미국 연방정부에 소송을 걸어서 주목을 받았다.[8] 본래 파타고니아의 기업 사명은 "우리는 불필요한 해를 끼치지 않습니다Do no unnecessary harm"였다. 그러나 마카리오는 파타고니아가 존재하는 이유에 대한 의심을 해소하기 위해 "우리는 우리의 터전, 지구를 되살리기 위해 사업을 합니다We're in business to save our home planet"로 문구를 바꿨다.[9]

우리는 브루킹스연구소Brookings Institute에서 "미래인력계획Workforce of the Future Initiative"을 주도했던 마르셀라 에스코바리Marcela Escobari와 경제 분야에서 신뢰를 회복하는 법에 관해 이야기하며 이렇게 질문한 적이 있다. "모두가 파타고니아의 로즈 마카리오처럼 되어야만 하는 걸까요?" 그는 대답했다. "그렇기도 하고, 아니기도 하죠." 과거에 노동의 변화에 주력했던 에스코바리는 이제 국제개발처USAID에서 일하며 라틴아메리카의 빈곤 및 불평등 문제 해결을 주도하고 있다. 그러는 동안 베네수엘라에서처럼 신뢰가 무너지는 과정과 페루에서처럼 신뢰가 재구축되는 과정 등을 직접 목격하는 중이다. 그런 그가 불신이 깊어지는 세상에서 기업을 이끄는 리더들에게 하는 말이 있다. 장기적인 안목을 갖고, 주주들의 이익보다 더 크고 중요한 것을 창출하며, 내면의 로즈 마카리오에 집중하라는 것이다. 그러면서 "사람에 대한 투자는 곧 무한한 수익을 창출할 가능성에 대한 투자임을 절대 잊지 말아야 한다"고 강조한다.

에스코바리는 사람들이 다시 서로 신뢰하는 미래로 갈 지름길은 더욱더 역량 있고 뚝심 있는 인재를 확보하는 것이라고 주장한다. 물론 이러한 변화를 일으키려면 공공 부문의 역할이 있어야 하지만, 그는 민간 부문의 역할도 꼭 필요하다고 말한다. 과학 기술이 업무 환경을 바꿔놓는 가운데 기업이 직원을 (해고하기보다는) 유지하는 데 집중한다면 민간의 노력에 더욱 힘이 생기리라는 확신이 있기 때문이다. 에스코바리에 따르면 코스트코Costco, 제트블루 JetBlue, 트레이더조스 Trader Joe's를 비롯한 여러 회사가 머지않은 미래에 펼쳐질 '일'의 세계에 대비에 직원들을 효과적으로 준비시키고 있다. 월마트처럼 큰 회사들이 혁신적인 방법으로 직원 교육에 투자하기 시작하는 모습은 이제 심심찮게 눈에 띈다. 2018년에는 월마트가 직원들을 대상으로 '1일 1달러' 교육 지원 제도를 마련했다는 소식이 뉴스의 머리기사를 장식했다. 비영리 대학들과 협력하여 2년제 대학을 졸업한 직원들에게 4년제 학사학위 취득 기회를 주고, 이 직원들이 2년제 또는 4년제 대학 학위를 목표로 공부하는 동안 하루 1달러에 해당하는 보조금을 지급한다고 했다.[10]

우리 둘은 무조건 교육이 최고라고 생각하는 사람들이다 (그동안 우리가 살아온 시간과 이력을 보면 알 수 있다). 우리에게 그런 편향이 있다손 치더라도 우리는 이렇게 말할 수밖에 없다. 미국의 신뢰 동요점을 안정시킬 핵심 치료제는 더 많은 사람이 경쟁력 있는 기술을 습득하도록 공정한 교육의 기회를 늘리는 것이다. 승자독식 경쟁 구도는 여러 가지 면에서 평등한 경쟁의 장이 되도록 바꿔가야 한다. 그러려면 먼저 누구든 미래의 업무 환경에서 성공할 기회를 얻을 수 있어야 한다. 우리는 독립 선언문에서 서로의 행복 추구권을 지켜주기로 약속했다. 행복할 권리가 아닌 행복을 추구할 권리 말이다. 이 성스러운 권리는 누구도 빼앗을 수 없다. 경외하는 마음을 되살려 이 약속을 이행하지 않는다면 사회 전반의 신뢰 동요점 문제는 결코 해결되지 못할 것이다.

우리 두 사람이 존경하는 브라질의 사상가 겸 교육자인 파울로 프레이리Paulo Freire는 말했다. "교육자는 학생이 온전한 자신을 이루도록 돕는 사람이다."[11] 자신이 가진 가능성을 온전하게 인식하는 것보다 사람에게 더 필요한 일은 없으며, 그 발전을 가능하게 하는 것보다 더 큰 공감의 행동은 없다. 우리는 믿는다. 일의 미래는, 그리고 마카리오가 구하기로 맹세한 지구의 미래는 우리가 서로의 발전을 돕고자 하는 의지에 달렸다는 것을.

논리 - 크지만 조용한 변화

당신이 종종 아이디어의 정확성이나 실행력이 떨어지는 편이라고 구성원들이 느낀다면, 리더로서 당신의 동요점은 논리일 것이다. 다행히 이 문제는 실제로 논리가 흔들린다기보다는 그렇다고 느끼는 데 원인이 있는 경우가 많다. 하지만 이쪽이든 저쪽이든 결과는 같다. 리더가 당면한 일을 제대로 판단하지 못할 것 같다고 느낀다면, 구성원들은 리더가 운전대를 잡고 있다는 사실이 영 내키지 않을 것이다.

드물게 논리가 정말로 흔들리는 상황이라면 자료를 다시 살펴볼 것을 권한다. 무언가를 주장할 때는 확실한 근거가 있어야 한다. 정확히 아는 점에 관해서만 말하고 (여기서부터가 어렵다) 그 이상은 언급하지 말아야 한다. 래리 버드Larry Bird가 뛰어난 농구 선수로 손꼽히는 이유 중 하나는 넣을 수 있다고 확신하는 공만 잡기 때문이다. 많은 선수가 자존심과 아드레날린에 휘둘린 나머지 슈팅을 앞두고 엉뚱한 판단을 하곤 하지만 버드는 이런 선택 덕분에 대다수와 다른 길을 간다. 끊임없이 공부하고 연습했기에, 경기의 열기 속에도 공이 향하는 방향을 정확히 알고 손에서 공을 떠나보낸다. 논리가 흔들리고 있다면 버드를 본보기 삼아 '내 능력의 한계를 알고 경기하는 법'을 배워야 한다.

아는 것까지만 말하는 데 편안해졌다면 그때부터는 아는 것을 확장해야 한다. 그 과정에서 망설이지 말고 다른 사람이 아는 것들을 배워나가자. 업무 현장에서는 다른 사람의 통찰만큼 귀하지만 간과하기 쉬운 자원이 없다. 그러나 남이 아는 것을 배우려면 내가 모든 것을 알지는 못한다는 사실을 기꺼이 보여줄 수 있어야 한다. 물론 리더는 그럴 때 겁이 나기도 한다. 우리 둘은 일을 시작한 뒤 참 어렵게 이 교훈을 얻었다. 우리 역시 약한 모습을 드러내며 도움을 청하기보다는 잘못된 논리를 감추고 포장하고 싶을 때가 너무 많았다. 그래서 더 빨리 발전할 기회뿐 아니라 동료들과 더 단단한 관계를 쌓을 기회마저 놓치곤 했다(도움을 청하다 보면 일할 때 힘을 얻는 법 역시 알 수 있다).

그러나 논리가 불안정한 사람들의 진짜 문제는 정확성이 떨어지는 것이 아닐 때가 많다. 사실 이들이 신뢰를 얻지 못하는 진짜 이유는 아이디어를 효과적으로 전달하지 못하기 때문일 가능성이 더 크다. 복잡한 생각을 전달하는 데는 보통 두 가지 방법이 있다. 첫 번째 방법은 내용을 이리저리 비틀고 다양한 배경을 설명하고 극적인 긴장감을 유발하여 청중을 쥐락펴락하다가 마지막에서야 결론을 이야기하는 것이다. 미괄식 말하기는 세계적인 이야기꾼들이 애용하는 방법이다. 이를 그림으로 나타내면 곡예 부리듯 이쪽과 저쪽을 돌고 돌아 결론에 이르는 역삼각형 모양이 된다. 그러나 논리가 약한 사람에게 이 방법은 매우 위험하다. 화자가 말의 방향을 휘어잡지 못하면 청자는 화자에게서 관심을 돌리고 싶어지기 때문이다.

이 삼각형을 뒤집어보자. 주제를 먼저 말한 뒤 이를 뒷받침하는 근거를 제시하며 두괄식으로 말하는 것이다. 이런 식으로 말하기 방법을 바꾸면 명확한 비전과 확실한 근거를 가졌다는 신호를 보낼 수 있다. 그럴 때 모두가 당신의 논리를 따를 가능성이 커지며, 설령 어떤 이유에서든 중간에 말이 끊기더라도 핵심만은 제대로 전달할 수 있다. 그림 2-5는 이 점을 시각화한 것이다.

두괄식으로 전달법을 바꾸면 논리에 곧바로 힘이 생길 뿐 아니라 부당한 일이 일어날 가능성까지 막을 수 있다. 회

그림 2-5

논리가 불안한 사람들을 위한 소통법

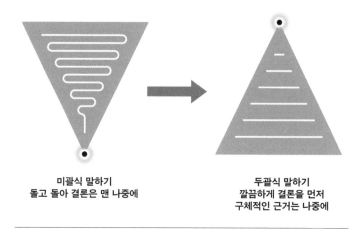

미괄식 말하기
돌고 돌아 결론은 맨 나중에

두괄식 말하기
깔끔하게 결론을 먼저
구체적인 근거는 나중에

의에서 말한 아이디어를 누군가 눈 깜짝할 사이에 훔쳐 가
는 일을 방지할 수 있다는 뜻이다. 어설프게 포장해서 말했
다가 간단히 삼각형을 뒤집을 줄 아는 손버릇 나쁜 동료에게
아이디어를 도둑맞는 일은 생각보다 자주 일어난다.

진정성-마스크 쓴 당신, 대체 누구?

사람들이 느끼기에 당신은 도무지 '진짜' 모습을 보여주
지 않는 것 같다면, 무엇을 알고 생각하고 느끼는지 도무지
알려줄 생각이 없는 것 같다면, 당신은 진정성이 흔들리는
것이다. 내가 진짜라고 정해두고 보여주는 모습이 다른 사

람 눈에는 지나치게 선별적이고 전략적이기만 하다면 나와 주변 사람들 사이에는 보이지 않는 벽이 생길 수 있다.

진정성이 정말 흔들리고 있는지 쉽게 진단할 방법이 있다. 당신이 일터에서 보여주는 자아는 가족과 친구들 사이에서 보여주는 자아와 얼마나 다른가? 차이가 아주 크다면 사실을 감추거나 축소함으로써 얻는 것은 무엇인가? 그럴 때 어떤 보상이 뒤따르는가(예를 들어 사람들한테 받아들여진다는 느낌이 들거나 안전하다는 느낌이 드는가)? 이러한 질문에 쉽게 답할 수 있다면 진정성이 흔들리고 있을 가능성이 아주 크다.

'진정한 나'가 된다는 것은 이론상으로는 훌륭한 말이다. 그러나 나를 숨길 수밖에 없을 때도 있다. 그렇지 않으면 얻기 힘든 강력한 보상 탓이다. 이런 계산은 괴롭기는 하지만 현실적으로는 매우 유용할 수 있다. 퀴어 정체성이 적대시되는 직장에서 정체성을 숨기기로 할 때가 그런 경우다. 한편 진솔하게 감정을 표현하면 곤란한 상황도 있다. 예컨대 여성은 직장에서 부정적인 감정을 말하면 유난히 불리한 처지에 놓이고, 흑인은 화를 잘 내는 성향이 있다는 잘못된 고정관념 때문에 적극적으로 감정을 표현하려 하지 않는다.[12]

그러나 지금 우리는 편견이 팽배하거나 심리적 안정감이 보장되지 않는 상황에서 신중한 자기 검열을 거친 끝에 자아를 드러내지 않기로 하는 순간을 말하는 것이 아니다.[13]

문제는 일터에서 발생하는 상황을 다루기 위해 전략적으로 진짜 모습을 감추기로 하는 경우다. 그런 결정을 내린다면 단기적인 문제를 해결하는 데는 도움이 될지 몰라도, 신뢰는 물론 나아가 리더로서 역량을 높이는 데도 인위적인 한계가 생긴다. 구성원들이 보기에 리더가 속마음을 보여주지 않고 진짜 모습은 감추고 있는 것 같다면, 어떤 믿음과 가치를 중시하는지 절대 알려주지 않는 것 같다면, 그들 역시 웬만해서는 리더가 필요한 방향으로 약한 면을 드러내려 하지 않을 것이다.

이 패턴은 여러 가지로 나타날 수 있다. 우리는 다양성을 지닌 사람들로 이루어진 팀에서 이런 패턴 때문에 성과가 떨어지는 모습을 가까이서 지켜본 적이 있다. 다양성은 오늘날 시장에서 어마어마한 자산이 될 수 있으며 이를 제대로 이용하는 회사는 경쟁 구도 안에서 강한 돌풍을 일으킬 때가 많다. 그러나 우리가 경험한 대로라면 이 힘은 저절로 생기지 않는다. 단순히 다양한 관점과 경험을 가진 사람들로 팀을 채운다고 해서 더 나은 성과로 이어지는 것은 아니다.[14]

사실 다양성 팀이라 하더라도 구성원 간의 차이점을 적극적으로 관리하지 않으면 동일성 팀보다 성과가 떨어질 수 있다. 공통 정보 효과common information effect[15]라는 현상 탓이다. 이 효과는 다음과 같이 작동한다. 사람은 타인과의 공통점에 집중하는 경향이 있다. 서로 공통으로 아는 정보를 찾고 지지하면서 집단의 가치와 구성원 간의 친분이 확인되기 때문이다. 따라서 다양성 팀에서는 집단의 의사 결정에 곧바로 적용할 수 있는 정보의 양이 제한되기 마련이다.

그림 2-6은 세 사람씩 구성된 두 팀에서 이 역학이 나타나는 모습을 도식화한 것이다. 다양성 팀의 세 구성원은 차이점이 많고 동일성 팀의 세 구성원은 공통점이 많다. 차이점을 잘 관리하지 못하면 공통 정보 효과가 작동해서 자연스럽게 동일성 팀이 유리해진다.

다시 말해 다양성 팀과 동일성 팀이 똑같은 방식으로 관리되면, 가령 양쪽이 다 같은 모범 사례를 적용해서 구성원

그림 2-6

다양성 팀과 동일성 팀이 사용할 수 있는 정보

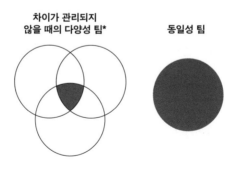

*정보에 접근할 때 공통 정보 효과가 작동하면 팀은 모든 구성원이 공통으로 아는 지식과 한계에 집중하게 된다.

들의 참여와 소통을 유도하면 동일성 팀이 더 나은 성과를 내놓을 가능성이 크다. 이럴 때는 아무리 피드백을 하고 신뢰 게임*을 해도 공통 정보 효과의 영향을 극복하기 어렵다.

그러나 공통 정보 효과는 의도적으로 진정성을 감추려고 할 때만 유지된다. 내게만 있는 내 모습, 곧 다른 사람에게는 없는 내 모습을 통해 팀에 이바지하기로 하면 결과는 달라질 수 있다. 다양성에 힘입어 팀에서 사용할 수 있는 정보의 양이 늘어남으로써 누구도 따라올 수 없는 유리한 지점이 형성되는 덕분이다. 그림 2-7은 서로 포용하는 세 사람으로 구성된 '포용성 팀'이 나머지 두 팀보다 더 나은 성과를 낼 가능성이 크다(보기에도 압도적으로 우세해 보인다)는 점을 시각화한 것이다. 세상은 이와 아주 비슷한 모양새를 띠기 시작했다.

이처럼 이용할 수 있는 정보를 늘리려면 진정성을 동요점으로 가진 사람들이 용기를 내야 한다. 그것이 절대 쉽지 않으며 너무 무리한 요구일 수 있음을 안다. 우리 역시 이 일을 하는 내내 우리의 정체성을 희석시키고 싶다는 생각을 수없이 해왔다. 우리는 다수의 주류와 마찬가지로 백인이지만, 퀴어 여성에 (우리를 위해서든 남을 위해서든) 주장이 강하고 꿈도 크다. 우리 중 한 명은 편안한 남성복과 남성화가

---

* [옮긴이] 공동체 신뢰감 형성을 목적으로, 다른 사람들이 잡아줄 것을 믿고 선 자세에서 뒤로 넘어지는 게임이다.

그림 2-7

포용성 팀이 사용할 수 있는 정보

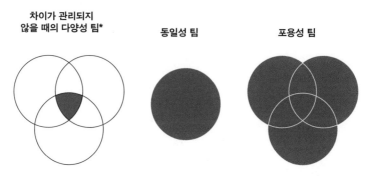

차이가 관리되지
않을 때의 다양성 팀*   동일성 팀   포용성 팀

*정보에 접근할 때 공통 정보 효과가 작동하면 팀은 모든 구성원이 공통으로 아는 지식과 한계에 집중하게 된다.

가장 만만하다. 이런 점들로 인해 우리는 남과 다른 사람들로 구분될 때가 있다.

그러나 우리처럼 다수와 다른 사람들의 경우, 독특한 자아를 숨기라는 압력에 무너지면 결국 자신이 가장 소중하게 여기는 지점을 억눌러야만 하는 상황에 처하게 된다. 그럴 때는 세상이 나에게서 가장 필요로 하는 면(차이)을 감추는 데 그치지 않고, 사람들이 나를 리더로 받아들이는 일까지 어렵게 만든다. 나를 축소하는 관성에 빠져 현재 상황을 더 공고하게 하는 것이다. 리더가 겉으로 드러나는 모습을 줄이기로 할수록 리더로서 필요한 공간을 확보하기는 더 어려워질 수 있다.

한편 다수에 속하는 사람들 또한 이 점을 고민해야 할 이유가 있다. 진정성 없는 소통의 대가는 결국 모두에게 짐이 된다. 그러나 누구든 감추지 않고 자신을 드러내도 괜찮은 포용성 있는 환경에서는 모두가 더 많은 발전 기회를 얻는다. 이는 곧, 젠더 편견은 여성만의 문제가 아니고 제도적 인종주의는 아프리카계와 라틴아메리카계 미국인만의 문제가 아니라는 뜻이다. 다름에서 비롯되는 짐을 나눠서 지는 업무 환경을 만드는 것은 도덕적으로, 그리고 조직적으로 우리가 함께 감당할 의무다.

이 일을 해나갈 방법은 4장에서 자세히 다루기로 하고, 여기서는 이 일이 보기보다 어렵지 않다는 점만 이야기하기로 하자. 포용은 급하지만 이루기 어려운 목표는 아니다. 사실 기업에서는 업계의 질서를 바꾸거나 복잡한 조직을 성장시킨다며 아무 두려움이나 혼란도 없이 하루가 멀다 하고 가던 길을 중단한다. 그러나 차이를 포용할 때는 그만큼 어마어마한 대담성이 필요하지 않다. 다양성이 꽃피는 회사를 이끌어 갈 책임을 모두 함께 분담한다면, 그리고 모두가 책임 있게 진정성을 드러낸다면 신뢰를 쌓고 진심으로 차이를 포용하는 일이 더 수월해 보이기 시작할 것이다.

그러므로 누가 뭐라든 내 기분이 좋아지는 옷을 입자. 사람들이 듣고 싶어 할 말보다 내가 해야 할 말에 집중하자. 비판을 일삼는 사람들이 어떻게 말하든 최대한 겸손한 자세로 세상을 대하자. 그러는 동안 나와 다른 면을 가진 사람들을 세심하게 배려해야 한다. 그들의 다른 점 덕분에 내가 자유롭게 역량을 발휘할 수 있음을 확신하자. ("디지털 시대에 진짜를 드러낸다는 것"을 참조하라.)

다시, 우버

우버의 동요점은 무엇이었을까? 우리가 처음 갔을 때 우버는 분명 흔들리고 있었다. 심지어 우리는 당시의 우버를 "엉망진창 기업a hot mess"이라고 말하기까지 했다.[16] 이제 우버가 신뢰에 관해 겪고 있던 기본적인 문제들로 돌아가보자. 공감 측면을 따지자면, 우버는 셀 수 없이 많은 사용자의 삶을 개선했지만 핵심 이해관계자stakeholders*들과 얽힌 많은 문제는 덮어두기만 했다. 예컨대 직원들은 건전한 업무 환경을 요구했고 운전자들은 경제적으로 안정된 삶을 꿈꾸며 더 많은 지원을 바랐지만, 우버는 꿈쩍하지 않았다.[17] 논리 측면 역시 문제가 있었다. 우버는 그때까지 무서운 속도로 성장했지만 회사의 비즈니스 모델이 과연 장기적으로도 생존력이 있는가를 두고는 해결하지 못한 문제들이 남아 있었다.[18] 물론 그 가운데는 이런 단계를 거치는 회사라면 당연히 고민할 것들도 있었지만, 그렇더라도 이제는 답을 내기 시작

---

* [옮긴이] 기업에 대해 이해관계를 갖는 소비자, 공급자 등을 가리키는 말. 저자들은 기업의 직원 또한 이해관계자로 간주한다.

할 때였다. 한편 조직의 규모와 범위가 방대해진 만큼 우버의 경영진이 달라진 조직을 이끌 만한 역량을 갖춰야 할 시점이 된 것도 분명했다.[19] 마지막으로 진정성 역시 깊이 흔들리고 있었다. 대체 그래서 무엇이 어떻게 되어간다는 건지 누구 하나 상황을 아는 이가 없었다.[20]

우버의 신뢰가 위태롭다는 건 캘러닉 역시 알고 있었다.[21] 그가 프랜시스에게 우버의 전략 및 리더십 담당 수석 부사장직을 제안할 무렵 우버는 가장 크게 동요하는 문제들을 안정시키기 위해 이미 많은 계획을 실행하고 있었다. 파울러가 블로그에 우버에서의 경험을 올리자 이를 본 캘러닉은 에릭 홀더Eric Holder 전 법무부 장관을 영입해 사내 괴롭힘과 차별 문제에 관해 내사를 지휘하게 했다. 그렇게 해서 홀더가 광범위하게 내놓은 권고는 이미 실행 중에 있었다.[22] 더불어 우버 앱에는 운전자에게 팁을 지급하는 기능이 쓰일 예정이었다. 이 기능이 도입되면 운전자들은 첫해에만 6억 달러를 더 받을 수 있었다.[23] 앱에는 안전 기능이 들어가게 되는데 개발이 끝나면 운전자와 사용자(탑승자)가 각자 자신을 보호할 용도로 쓰인다고 했다.[24]

디지털 시대에 진짜를 드러낸다는 것

모두가 지켜본다고 느낄 때, 소셜미디어와 가차 없는 인터넷 탓에 누구에게든 내 모습이 쉽게 노출될 우려가 있을 때 리더는 진짜를 드러내기가 특히 힘들 수 있다. 사람들은 자신을 공개하기 무섭게 가혹한 반응을 경험하곤 한다. 그리고 그럴 때 피할 수 없는 실수를 저지른다. 이런 환경에서는 진정성을 포기하고 진심과 취약성을 감추고 싶게 하는 강력한 동기가 생기기 마련이다.

우리 둘은 진짜 모습을 포기하거나 감출 때 혹독한 대가를 치러야 한다고 믿는다. 진정성이 없으면 온전한 신뢰를 얻을 수 없다. 온전한 신뢰를 얻지 못하면 나와 내 잠재력을 펼칠 리더십 플랫폼을 구축할 수 없다. 모두가 비평가를 자처하는 시대에 자신을 드러내는 효과적인 방법을 몇 가지 소개하겠다.

동물적인 뇌에 빼앗긴 통제권을 되찾는다. 뇌에서 생존을 위해 쓰이는 영역은 인간을 보호해야 할 때 탁월하게 작동한다. 그러나 이 부분에 항상 지휘권을 넘겨서는 안 된다. 무엇보다 위협을 가늠하는 면에서는 믿음직스럽지 못하기 때문이다(연설을 앞두고 온몸에 아드레날린이 흘러넘치는 바람에 도망가고 싶은 마음이 들겠지만, 사람이 연설 때문에 죽지는 않는다). 뇌에서 진화가 덜 된 이 동물적인 영역은 장기적인 관점에 역시 취약하다. 이곳은 죽지 않고 하루를 마치도록 설계된 곳이지, 의미 있고 영향력 있는 일을 하며 리더로서의 여정을 온전히 마무리하도록 설계된 곳이 아니다. 불교에서는 지난 수천 년 동안 뇌의 동물적인 영역을 정복할 방법을 찾아 전력을 기울였다. 그렇게 해서 나온 것이 현대의 '마음챙김mindfulness' 운동이다. 이 운동은 동물적 뇌를 이기는 데 큰 힘이 될 방법과 실천에 다리를 놓아주었다. 다른 중요한 것들만큼 마음챙김에 관해서도 자세히 알아보기를 권한다.

진정성 자극제를 찾는다. 내 모습을 온전히 드러내는 데 도움이 되는 사람이나 물건을 파악한다. 사랑하는 배우자, 좋아하는 스포츠팀, 《해리포터》 속 자잘한 정보들에 대한 열정 등 어떤 것이든 좋다. 나를 진정성 있게 하는 것들로 주변을 채워보자. 더 좋은 방법은 진짜 나를 감추기가 쉬운 공간에서 어떤 식으로든 진정성 자극제를 옆에 둘 방법을 찾는 것이다. 앤은 새 투자자를 설득할 때면 진정성 문제로 애를 먹었다. 평면적인 모습만 보여주고 나머지 모습은 감추는 시나리오가 안전할 것처럼 보였다. 그런데 투자자와의 대화에 아들 이야기를 곁들이면서 상황이 달라지기 시작했다. 아들이 겪는 어려움을 보며 창업을 결심했기 때문이었다. 앤은 진짜를 드러내기로 하면서 자신을 있는 그대로 보여주기가 수월해졌고 회사의 비전 또한 효과적으로 전달할 수 있었다.

대본을 내려놓는다. 논리를 강조할 셈으로 진정성을 희생해서는 안 된다. 물론 리더가 많은 정보를 정확하게 말하면 분명한 이점이 따른다. 그러나 그렇게 해서 신뢰가 생기는 건 아니다. 사람들은 공식적으로 드러나지 않는 리더의 모습을 몹시 궁금해한다. 그 점을 고려해서 그런 모습을 현실감 있게 드러낼 순간을 찾아 대본에 없는 생각과 아이디어를 전달해보자. 처음에는 위험이 적은 환경이 좋다. 필요하다면 격의 없는 점심 자리나 회의 자리를 마련하는 정도로 충분하다. 진정성 있는 모습을 드러내는 것이 점점 더 편안해진 뒤에는 위험의 수준을 높여간다.

'이유'를 설명한다. 당신이 매일 그 일을 하는 이유는 무엇인가? 무엇 때문에 리더가 되었는가? 많은 리더는 이 근본적인 물음의 답을 혼자서만 간직한다. 단순히 습관 탓일 수도 있고, 자신에게 가장 중요한 것을 말함으로써 신뢰를 다질 기회를 놓친 탓일 수도 있다. 그러나 당신이 직접 말해주지 않으면 동료들은 맞건 틀리건 알아서 답을 추측하는 수밖에 없다.

배우고 있음을 알린다. 언젠가부터 사람들은 한번 자리잡힌 생각을 절대 바꾸지 않는 것을 최고로 여겼다. 그러나 그것은 옳지 않다. 새로운 정보와 경험을 바탕으로 관점을 업데이트할 자유를 누리자. 그렇게 하는 것을 숨기지 말고 발전할 용기를 내는 본보기가 되자. 그럴 때 사람들은 리더에게서 더 진정성 있는 모습을 경험할 수 있다. 또한 사람의 뇌는 계속 업데이트되고 새로워지므로 나아가 자신도 리더처럼 마음을 열고 배울 수 있음을 받아들일 것이다. 진정성은 전염성이 몹시 강하다는 장점이 있다.

팀을 만든다. 진정성을 드러내는 것은 혼자서 할 수 있는 일이 아니다. 머릿속에서 일어나는 왜곡된 생각 속에서 외롭게 시도할 일 역시 아니다. 주변의 친구와 동료를 모아서 팀을 만들자. 내가 진짜 나와 연결된 상태를 유지할 수 있게 도와줄 사람들이 좋다. 이 팀에 들어올 사람들은 당신의 대범함만 아니라 불안함도 편안하게 바라볼 수 있어야 한다. 적어도 한 달에 한 번 이상 꼬박꼬박 시간을 내서 이들을 만나자.[25]

구성원들이 자유롭게 역량을 발휘하게 하는 데 집중한다. 마지막으로 당신이 리더로서 해야 할 일을 기억하자. 당신은 함께할 때도 함께하지 않을 때도 구성원에게 힘을 실어줄 의무가 있다. 당신과 당신의 단점에 덜 집중할수록 당신의 진짜 모습이 더 잘 드러날 수 있다. 그럴 때 리더로서 정말 해야 할 일을 할 수 있음은 말할 것도 없다.

그러나 캘러닉은 자신이 시작한 신뢰 구축 프로젝트가

마무리되는 모습을 거의 보지 못했다. 적어도 최고경영자의 자리에서는 말이다. 2017년 6월, 캘러닉이 갑작스럽게 모친상을 당해 자리를 비운 사이에 이사회는 그를 해임했다.* 곧 우버에는 새로운 리더를 찾을 때까지 회사를 운영할 팀이 꾸려졌다. 프랜시스는 여름이 끝날 때까지 일부 경영진으로 구성된 이 팀과 함께 문제를 풀어나갔다. 9월이 되어 다라 코스로샤히Dara Khosrowshahi가 최고경영자 임기를 시작했고 그는 젊은 기업의 수장이 되어 훌륭한 실적을 내기 시작했다.

프랜시스는 곧바로 코스로샤히와 함께 내부의 신뢰를 회복하기 위한 캠페인을 이어갔다. 둘은 회사의 문화적 가치를 다시 쓰는 프로젝트를 이끌며 전 직원 1만 5000명을 대상으로 우버에서 실천해야 할 약속에 관해 의견을 받았다. 그렇게 정착된 새 모토는 "우리는 옳은 일을 합니다! We Do the Right Thing. Period"였다. 재임 초 코스로샤히는 그 외에도 규제 기관과 관계를 강화하고 논리를 바탕으로 (가장 방어하기 쉬운) 서비스와 시장에 접근하는 등 신뢰를 다져나갔다.[26]

우리는 이 기간에 직원들 간 신뢰 회복과 관계된 일들에 주력했다.[27] 그중에는 파악과 개선이 쉬운 일도 있었다. 가령 우버의 직원들은 회의에서조차 문자 메시지를 주고받았다. 이는 회의에 참여한 사람들 사이에서 공감을 무너뜨리

---

* 캘러닉은 최고경영자 자리에서는 물러났지만 그 후에도 이사직을 유지하며 유의미한 비율의 지분을 보유하다 2019년 12월에 둘을 같이 내려놓았다.

는 주범이었다. 게다가 그럴 때 보내는 메시지는 대개 회의에 앉아 있는 다른 사람에 관해 이러쿵저러쿵 말을 옮기는 내용이었다. 처음 이 일을 겪고서는 테크 기업에서는 이럴 수도 있나 싶어 당황했지만 우리는 곧 새로운 규범을 소개했다. 회의 중에는 개인용 디지털 기기를 전부 끈 채 치워두기로 한 것이다. 그러자 직원들은 다시 동료들과 눈을 맞추기 시작했다.

그러나 훨씬 더 해결하기 힘든 일이 많았다. 그중 하나는 수천 명이나 되는 관리자들에게 새로운 기술을 가르치는 일이었다. 우버는 급성장을 경험하는 동안 인력에 대한 투자가 부족했던 것으로 보인다. 따라서 점점 더 복잡해지는 업무를 감당할 만큼 준비된 관리자가 많지 않았다.[28] 우리는 이 논리 문제를 해결하기 위해 온라인 소통 방식을 통해 대규모로 경영진을 교육하기 시작했다. 그렇게 해서 샌프란시스코, 런던, 하이데라바드 등 전 세계에 있는 직원들과 온라인으로 실시간 대화가 가능해졌다. 이 시범 교육 프로그램은 필수가 아닌 선택이었고 지역에 따라 터무니없이 힘든 시간(한밤중)에 일정이 잡힐 때도 있었다. 그러나 그 60일 동안 50여 개 나라 6000명의 우버 직원들이 24시간 분량의 교육을 기꺼이 이수했다. 경영 교육에서 이런 속도와 규모, 흡수력이 나타나는 일은 정말 드물다.

직원들은 이 커리큘럼을 통해 리더로서 빠르게 발전할

수 있는 도구와 아이디어를 마련했다. 교육은 신뢰를 강화하는 데도 도움이 됐다. 그러는 동안 우리는 두괄식 말하기 방식으로 소통을 이어갔다. 직원들은 더 잘 듣는 법을 배우는 한편, 사업 간·지역 간 협력을 원활하게 해내기 위해 더 잘 말하는 법을 익혔다. 프랜시스는 업무를 시작하고 처음 30일 동안 전 세계 주요 지역 사무소를 방문해서 안전한 소통 창구를 마련했다. 직원들의 의견을 청취하는 한편, 직원들에게 부족함 없는 회사를 만들겠다는 리더의 약속을 전달하기 위해서였다. 그는 우버에 다닌다는 사실을 부끄러워하는 직원이 많다는 사실을 알고 전 직원이 우버에 다닌다는 사실을 자랑스러워할 때까지 하루도 빠짐없이 우버 티셔츠를 입기로 했다(저녁이나 주말도 예외가 아니었다. 집에서 굳이 그 티셔츠를 입고 검은색 넥타이까지 매면 가족이지만 보기 민망할 때가 많았다).

프랜시스가 전임직에서 물러날 무렵 우버의 동요점은 한층 개선되어 있었다.[29] 풀어야 할 문제가 완전히 없어진 건 아니었지만 직원 정서나 브랜드 건강성 같은 지표가 올바른 방향을 향하고 있었고 기업공개Initial Public Offering, IPO를 향한 행진이 본격적으로 시작되었다.[30] 좋은 사람들이 남기로 했고 더 좋은 사람들이 새로 들어왔다. 개선에 관해 우리가 가장 좋아하는 지표 또한 나아져 있었다. 도시의 거리에 우버 티셔츠를 입는 사람들이 점점 더 많이 눈에 띄기 시작한 것이다. 이는 모든 조직이 재능과 창의력, 정성을 쏟아 공부하고 있으며 처음에 캘러닉이, 그 뒤에 코스로샤히가 회복하려 한 신뢰의 토대에도 그만한 노력이 들어가고 있다는 증거였다.

나를 믿는다는 것

우버에 관해서는 6장을 비롯한 여러 곳에서 앞으로 몇 번 더 이야기할 것이다. 그보다 여기서는 따로 짚고 넘어가야 할 점이 있다. 당신은 자신을 얼마나 신뢰하는가? 신뢰는 다른 사람들을 이끄는 시작점이지만 리더가 되는 과정은 그보다 훨씬 일찍부터 시작된다. 리더로 가는 길에서 가장 먼저 할 일은 '나'에게 힘을 실어주겠다는 의지를 다지는 것이다. 누구보다 가까운 나와의 관계에서 당신의 동요점은 무엇인가?

가령 당신은 충분한 공감과 연민으로 자신을 돌보기가 어려울지 모른다. 1장에서 살펴봤듯이, 자신의 필요 사항을 안정적으로 채우지 않으면 유능한 리더가 되어 구성원들이 자유롭게 역량을 발휘하게 할 힘 역시 생기지 않는다. 그런가 하면 자신의 논리와 역량이 못 미더울 수도 있다. 가슴속 진짜 포부에 관해 정직하지 못하거나, 세상이 원하는 일을 하느라 진정으로 자신의 가슴을 뛰게 하고 움직이게 하는 것은 속으로만 품고 있는지 모른다. 어떤가? 이러한 질문에

'그렇다' 또는 '그럴 수도 있다'라고 답한다면 진정성 앞에 버티고 있는 걸림돌을 파악한 셈이다.

여기서 말하려는 핵심은 다른 사람을 대할 때 나타나는 동요점과 안정점은 나를 대할 때도 대부분 똑같이 나타난다는 점이다. 우리가 이 일을 하는 이유 중 하나는 이 문제를 바로잡기 위해서다. 나를 완전히 신뢰하지 못하는데 어떻게 남을 신뢰하겠는가? 이 질문을 곰곰이 생각해보고 나와 남에 대한 신뢰를 단단하게 바로잡았다면 3장으로 넘어가 임파워먼트 리더십의 다음 단계인 사랑을 이야기할 차례다. 이제부터 구성원들이 확실히 역량을 발휘할 환경을 마련하는 방법을 살펴보기로 하자.

✓ 오늘보다 내일 더 신뢰를 강화한다면 당신의 리더십은 어떻게 달라질까?

✓ 신뢰가 무너지거나 충분한 힘을 발휘하지 못했다면 신뢰의 핵심 요소(공감, 논리, 진정성) 중 무엇이 동요점으로 작용하는 편인가?

✓ 스트레스나 압력은 당신이 다른 사람과 신뢰를 쌓고자 할 때 어떤 영향을 주는가? 혹시 그럴 때 당신의 동요점이 다른 양상을 띠거나 더 심하게 흔들리는가?

✓ 당신이 리더로 있는 조직이나 팀이 핵심 이해관계자들과 신뢰를 회복해야 하는 상황인가? 만일 그렇다면 조직에서 안정시켜야 할 동요점은 무엇인가?

✓ 당신의 신뢰 문제를 진단한 뒤 의미 있는 행동을 시작하려면 무엇이 필요한가? 주변 사람들과 신뢰를 더 다지기 위해 지금 당장 시작할 수 있는 일은 무엇인가?

3장

사랑

/////////////////

발레리우스 막시무스Valerius Maximus는 세계 최초로 리더십을 연구한 학자 중 한 명으로[1] 그가 남긴 말과 아이디어는 임파워먼트 리더십의 어려움과 깊이 연결되는 지점이 있다. 그래서 잠시 '발막스Valmax'(고대 그리스와 로마의 역사학자들은 애정을 담아 그를 이렇게 불렀다)에 관해 이야기하려고 한다. 몇 쪽에 걸쳐 고대 로마로 거슬러 올라갔다가 다시 현재로 돌아와 리더로서 당신에게 나타나는 패턴을 알아보기로 하자.

우리가 아는 한 발막스는 사명감이 투철한 사람이었다. 그는 최상위 계층 사람들에게만 리더십을 공부할 기회가 돌아가는 현실을 우려하며 서기 20년대 후반에 《기억할 만한 행동과 말Memorable Deeds and Sayings》이라는 유명한 책을 쓰기 시작했다.[2] 책에는 육아와 우정에 관한 유용한 팁을 비롯해 광

범위하고 현실적인 조언이 담겨 있었다. 그러나 그가 무엇보다 관심을 둔 일은 우리처럼 평범한 사람들에게 훌륭한 치안 판사가 되고 군 장교가 되는 법을 가르치는 것이었다. 즉 그는 고대 로마인들의 리더십 전문가, 고대의 스티븐 코비Stephen Cobey였던 셈이다.

책에서 발막스는 많은 것을 이야기했다. 그는 필요에 따라 "엄격"하고 냉정해질 줄 아는 것을 미덕으로 여기며 칭송했다. 리더는 그릇된 행동을 호되게 처단해야 했다. 잘못한 사람을 벌주는 동시에 말썽을 일으킬 만한 사람에게 경고하는 의미였다. 한편 그는 한 장chapter을 온통 "노예들의 충정"을 말하는 데 할애했다. 발막스 시대의 노예는 어느 정도 자기 운명을 스스로 결정할 힘이 있었다.* 사실 자신이 아닌 존재를 위해 충심을 다할 필요성을 말하기 위해 노예를 예로 든 것은 (적어도 현대인의 눈에는) 미숙해 보이는 감이 있다. 그러나 종합적으로 생각하면 발막스의 책은 자신이 아닌 존재를 중심에 둔 삶을 이야기한 최초의 기록이었다.

높은 기준, 깊은 헌신

우리는 처음 발막스를 읽었을 때 무척 놀랐다. 그가 현대의 리더들이 직면한 많은 문제를 꼬집고 있었기 때문이다.

---

*   로마의 노예제는 엄격하고 폭력적인 제도였지만 노예들은 보통 일정 기간을 채운 뒤 자유와 시민권을 얻었다.

가령 그는 리더들을 향해, 필요하다면 무섭게 속도를 내야 하지만 자신의 사명과 주변 사람들에 대해 충심을 다하는 것 역시 중요하다고 말한다. 그러나 어느 쪽으로 행동하든 그 자체만으로는 공을 인정받기가 힘들고 양쪽 다 지나치면 안 된다고 조언한다. 결국 리더십의 진정 위대한 면모가 드러나려면 그 양극단이 아닌 제3의 이상이 실현되어야 한다. 그는 이 고결한 이상을 "정의 justice"로 규정한다.

발막스에 따르면 정의는 균형에서 비롯된다. 리더는 모순으로 느끼더라도 다양한 강점을 동시에 구현해야 한다. 발막스가 진심으로 높이 사는 리더는 당연히 "승자 winner"들이다. 단 도덕성을 지키며 승리했다는 전제가 뒷받침되어야 한다. 진정한 승자는 거짓말을 하거나 적을 속이지 않고, 정당하지 못한 방법으로 수집한 증거를 사용하지 않는다. 이들은 적의 존엄성을 지켜주고 비열하게 얻은 전리품을 취하지 않는다.

한 입법자의 이야기는 이 책에서 가장 인상적인 대목 중 하나다. 이 입법자는 아들이 간음죄를 저지르자 자기 손으로 아들의 운명을 결정해야 했다. 시민들은 그를 존경하는 마음에 그의 아들이 끔찍한 처벌(두 눈을 뽑히는 일)만은 면하기 바랐다. 그러나 아버지는 시민들의 호의를 거절했다. 대신 자신의 눈과 아들의 눈을 하나씩 뽑아 "연민 어린 아버지와 정의로운 입법자 사이에서 경이로운 균형"을 이뤄냈다.[3]

정의에 큰 힘이 실리는 것은 이런 형평이 달성될 때다. 정의로운 리더가 된다는 것은 힘과 공감을 적절히 버무리는 어려운 일을 해낸다는 뜻이다. 이를테면 격돌 직전의 터질 듯한 폭력성을 지혜와 품위에서 비롯된 침착하고 차분한 힘과 어우러지게 하는 보기 드문 일을 리더는 해내야 한다. 정의는 다른 누군가에게 맹목적으로 헌신하는 것도, 인간성을 잃어버리면서까지 물불 가리지 않고 권력을 좇는 것도 아니다. 의무를 저버리고 권위만 취하거나 권위는 내려놓고 의무만 다하는 것 역시 아니다.

발막스의 생각을 현대식 사분면 틀로 나타내면 그림 3-1의 형태가 될 것이다. 가로와 세로 축은 각각 권위와 의무를 나타낸다. 리더는 양축에서 모두 높은 점수를 얻어 오른쪽 상단의 정의 구현을 목표로 해야 한다. 동료들에게 위엄 있는 권위를 드러내는 한편 그들에게 깊은 의무감을 느끼고 있음 또한 알려줄 수 있어야 한다.

발막스가 철필鐵筆을 든 지는 수천 년이 지났지만, 우리의 경험으로 보건대 이 관점의 핵심에는 오늘날 우리에게도 울림을 전하는 진리가 있다. 바로 리더가 정말 효과적으로 사람들에게 힘을 실어주려면 그럴 수 있는 환경을 마련해야 한다는 것이다. 우리 둘은 "높은 기준과 깊은 헌신"이라는 말로 이 환경을 설명한다. 리더의 기대가 높고 분명할 때 구성원은 그 기대에 부응하기 위해 노력하는 경향이 있다. 또

그림 3-1

발레리우스 막시무스의 관점

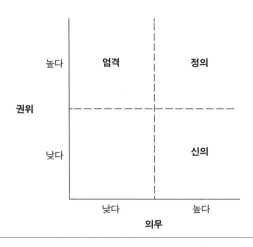

한 리더가 진심으로 자신을 지지한다는 사실을 알 때 기대
치에 도달할 가능성이 커진다. 이는 냉정과 사랑을 똑같이
강조한 '냉정한 사랑'이라고 할 수 있다. 냉정한 사랑이야말
로 가장 고차원적인 사랑임을, 이번 장이 마무리되기 전에
확신할 수 있기 바란다.

이 점이 잘 나타난 아주 최근의 예가 있다. 리사 수Lisa Su
가 한 일을 함께 살펴보기로 하자. 수는 반도체 기업 AMD
최초의 여성 최고경영자로, 파산 문턱까지 갔던 이 회사에
서 5년 만에 눈부신 성과를 끌어내며 흑자 전환을 주도했
다.[4] 그는 (기업가로서 자신의 어머니를 롤모델로 삼은 것과 더불어)

내부 소통을 투명하게 관리한 것을 성공의 열쇠로 꼽는다. 그러나 우리는 그가 '높은 기준과 깊은 헌신' 리더십의 표본이라고 생각한다. 그가 말하는 "5퍼센트 법칙"은 높은 기준과 깊은 헌신을 현실적으로 적용한 문구이자, AMD는 어떤 일을 하든 조금씩 더 나아질 것이라는 그의 약속이다. 수는 50퍼센트 나아질 것을 요구하면 직원들이 지나치게 위축될 수 있다고 생각한다(발막스식으로 말하자면 너무 "엄격"한 목표다). 그렇다고 현상 유지만 해도 충분하다고 한다면 말도 안 되게 기준이 낮아진다. 대신 더도 덜도 말고 5퍼센트를 목표로 삼는다면 올바르고 정의로운 균형을 이룰 수 있다.[5]

다른 사람에게 나는 어떤 사람일까?

이제 당신이 리더로서 어떤 행동 패턴을 보이는지 살펴보자. 우선 그림 3-2 "기준-헌신의 네 가지 패턴"에서 편안하게 느끼는 상태를 찾아보자. 당신이 가장 편하게 일할 때 나타나는 패턴을 사분면에서 고르면 된다. 발막스를 기리는 의미로 각 패턴의 명칭은 그가 쓴 말에서 가져왔다.[6] 당신은 평소에 넷 중 어느 패턴에 해당하는가? 구성원들이 당신에게서 가장 자주 접하는 상태, 즉 당신이 스스로 가장 자연스럽게 느끼는 상태를 골라보자.

우리가 경험하기로, 사람들은 대부분 신의와 엄격 중 한쪽에 끌려 헌신적인 리더가 되거나 냉정한 리더가 된다.[7] (이

그림 3-2

기준-헌신의 네 가지 패턴

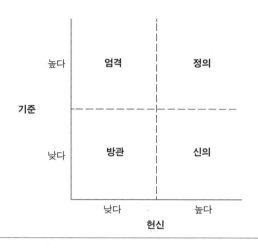

패턴의 이면에 숨은 심리에 관해 이야기하면 책 한 권도 너끈히 채울 것이다. 사회 규범, 인간 발달, 성격의 생물학 등 풍부한 주제가 전부 포함될 수 있다.) 사람들은 구성원들에게 높은 기준을 제시하는 것과 그들을 위해 헌신하는 것이 양립할 수 없다고 믿도록 길들어 왔다. 다들 둘 중 하나를 확보하면 나머지 하나는 포기할 수밖에 없다고 생각한다. 리더로서 이 생각을 뒤집고 기준을 높게 제시하면서 구성원들에게 깊이 헌신하는 일까지 편안하게 해내는 사람은 극소수에 불과하다. 우리 같은 사람들은 어마어마한 목적의식을 갖고 부단히 노력해야만 이 일을 성공시킬 수 있다.

각 패턴에 대한 감을 익히는 의미에서 그림 3-2와 같이 사분면을 그리고 평소 당신의 상태를 표시하자. 누가 당신에게서 그 상태를 자주 경험하는지 구체적으로 적는 것이 좋다(예를 들면, 여동생, 신입 사원 등). 나머지 사분면 역시 같은 방법으로 채워보자. 당신은 어떨 때 평소의 편안한 상태에서 벗어나게 되는가? 예를 들어 보통은 신의의 영역에 있을 때가 많다면, 어떤 일이 있을 때 엄격이 더해져 정의를 향한 한 걸음을 내디디게 되는가? 또 보통은 엄격의 영역에 있을 때가 많다면, 어떤 상황에서 입장을 누그러뜨리게 되는가? 모든 사분면에서 자신의 모습을 찾아보고 어떨 때, 누구에 대해 그 패턴이 나타나는지 적어보자.

나는 어떤 리더일까?

당신의 리더십이 기준-헌신 사분면의 어디쯤 있는지 파악할 수 있도록 다음과 같이 힌트를 마련했다. 어떨 때 각 사분면의 패턴이 두드러지게 나타나는지 알아보자. 그런데 분명히 말해두지만, 이 활동을 하는 이유는 어느 패턴이 나은지를 평가하려는 게 아니다. 가령 힘겨운 일을 극복해야 할 사람에게는 조건 없는 신의가 필요할 수 있고, 회사의 규칙이나 가치를 고의로 어긴 사람에게는 엄격한 대처가 답일 수 있다. 시간과 자원이 부족한 조직에는 방관도 전략이 된다(이 점은 5장에서 더 자세히 다룰 것이다). 여기서 우리의 목표는 당신의 리더십 패턴을 파악하고, 그 패턴이 다른 사람으로 하여금 자유롭게 역량을 발휘하게 하는 데 어떤 영향을 미치는지를 알아보는 것이다.

신의. 당신의 삶에서 소중한 위치를 차지하지만 큰 대가 없이 그 자리를 유지하는 사람이 있는가? 상대적으로 적은 조건만 충족하고 당신에게서 원하는 것(지위, 자유, 남보다 많은 디저트 등)을 얻어가는 사람이 있는가? 직장 상사나 오랫동안 함께 일한 동료가 그런 사람일 것이다. 심각한 문제를 일으키곤 하지만 성과는 좋은 사람 또한 이 부류에 들어갈 수 있다. 한편 다른 사람의 말과 상관없이 늘 감싸게 되는 사람이 있다면 그 사람을 대할 때 역시 당신은 신의 패턴이 나타난다고 할 수 있다.

엄격. 다른 사람이 낯설어할 만큼 완강해질 때가 있는가? 누가 당신에게서 참을성 없는 그 모습을 끄집어내는가? "한번 잘못 걸리면 끝장"이라고 말하며 모자람도 부족함도 참지 못하는 모습 말이다. 당신은 그럴 때 누군가에게 개인적인 책임을 가르쳐야 하는 상황인지 모른다. 다른 사람이 그 사람에게 제대로 책임을 묻지 않아서 생긴 구멍을 메우는 중인 것이다. 이유야 어떻든 자기 행동을 정당화하는 데 상당 시간을 할애하고 있다면 그 또한 당신이 이 패턴에 정착했음을 알리는 신호다. 혹시 당신, 다른 사람을 달랠 여유 따위 없지 않은가?

방관. 자꾸만 깜박하는 이름이 있는가? 시간과 관심을 들이기는 아까운 축이라고 정해버린 사람이 있는가? 당신은 그런 이들을 방관 또는 무시하기로 하고 그들이 이 사실을 알아차릴 리 없다고 생각할지 모른다(천만의 말씀!). 리더에게서 방관 패턴이 많이 발견된다면 일반적으로 본인에게도 회사에도 적신호가 된다. 그러므로 가능한 한 빨리 방관 패턴을 지워낼 것을 조언한다. 이번 장에서는 진정성을 담아 방관 패턴을 이겨내는 방법에 관해서도 이야기할 것이다.

정의. 주변에 항상 최고의 모습을 보여주는 사람이 있는가? 적극적으로 속도를 내며 성장하려는 사람 말이다. 그런 사람이 곁에 있을 때 어떤 기분이 드는가? 그 느낌은 곧 당신이 리더로서 정의 패턴을 갖고 있다는 신호다. 그럴 때 당신은 슈퍼히어로가 된 기분일 것이다. 왜냐하면, 여러모로 사실이 그렇기 때문이다. 당신이 함께 있을 때 사람들은 자신의 능력치를 더 높이, 더 멀리 잡고 속도가 더 빨라진다. 당신이 주는 확신을 체감하는 덕이다. 어떨 때 주변이 이렇게 느껴지는가? 지금은 그런 일이 흔치 않다면 과거에 어떨 때 그런 기분을 느끼곤 했는가?

사분면의 모든 패턴에서 당신의 모습을 찾아보는 이유는 두 가지 간단한 사실을 이해하기 위해서다. 첫째, 열쇠는 당신에게 있다. 우리는 모두 내 삶에 들어와 있는 사람들에 대해 다양한 감정의 맥락을 쌓아갈 수 있다. 이는 기준-헌신 사분면에서 패턴을 옮겨가는 모험을 시작할 때 요긴한 능력이다. 이 사분면 안에서 가지 못할 영역은 없다. 사실 우리는 이미 각 패턴을 어느 정도 알고 있다. 둘째, 임파워먼트 리더십의 관점에서 모든 패턴의 가치가 같은 것은 아니다. 구성원들이 자유롭게 역량을 발휘하게 하고 싶다면 다른 어느 패턴보다 정의 패턴을 익히는 데 시간을 들이는 편이 훨씬 효과적이다.

우리는 지금까지 수천 명의 리더를 대상으로 이 활동을 진행하며 각자 자신을 평가하게 했다. 이렇게 해서 나타난 전형적인 결과를 시각화하면 그림 3-3과 같은 형태가 된다.

여기서 잠시, 우리가 같이 일했던 존(가명)이라는 사람을 소개하려고 한다. 한 테크 기업의 고위 임원진인 존은 자신이 평소에 "엄격" 패턴으로 일하는 사람임을 알게 됐다. 그는 기준은 쉽게 높이면서 구성원을 위해 헌신하는 일은 많지 않았고, 회사에서는 "냉혈한"으로 불렸다. 그러나 직속 부하 직원들과 있을 때는 사뭇 달랐다. 기준은 명확했고 깊이 헌신할 줄도 알았다. 존과 함께 일하는 사람들은 그에게 힘을 얻고 높은 성과를 냈다.

그림 3-3

다른 사람은 나를 어떻게 느낄까?

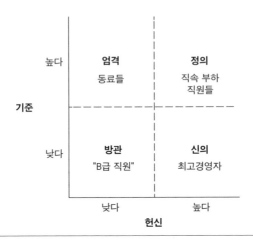

존은 이 활동을 하면서 보고 체계에 원인이 있음을 알아 차렸다. 자신이 이끄는 조직의 역량을 키우는 것은 그가 당 연히 해야 하는 업무였고, 협업 성격의 일을 하다 보면 조직 에 헌신하는 모습을 보여줄 기회도 충분했다. 그러나 바로 이런 체계 탓에 조직 외부에 있는 사람들에게는 마음의 벽 을 느꼈다. 조직을 넘어선 영역의 성장에 관해서는 명확한 권한이 없었기에 조직 밖으로 가면 존은 그저 엄격하기만 한 사람이 됐다. 한편 직속 상사인 최고경영자를 대할 때 존 은 매우 충성스러운 사람이었다. 하지만 그러다 보면 '예스 맨yes-man'이 되어버리는 때도 있었다. 상사의 권위를 존중한다는 이유로 솔직한 생각을 말할 수 없었고 상사의 파트너로서 냉정하게 사고하기 역시 쉽지 않았다.

마지막으로 존은 자신이 "B급 직원" 꼬리표를 달아 부당하게 해고한 사람들이 있음을 수긍했다. 개중에는 이런 처사를 대수롭지 않게 생각하는 이도 있었지만, 존의 평가는 지나치다 못해 큰 부작용을 일으켰다. 그가 한마디 상의도 없이 순식간에 이런 결정을 내리고 나면, 동료들은 조직에 도움이 될 만한 귀한 자원을 가지고도 웬만하면 나서지 않는 편을 택하곤 했다.

존 같은 부류의 리더들이 정의 패턴을 익히려면 평소 자신의 리더십 패턴에 끌려가지 않도록 주의해야 한다. 리더가 더 헌신하고자 자세를 낮추면 기준은 어떻게든 낮아질 수밖에 없다고 걱정하는 패턴 말이다. 그러나 이는 사실과 전혀 다른 말이다. 이 점에 관한 이해를 돕기 위해 카를로스 로드리게스-파스토르에 관해 이야기해보자.

CRP의 전설적인 리더십

카를로스 로드리게스-파스토르Carlos Rodriguez-Pastor는 페루 출신의 자수성가한 억만장자로, 페루의 신흥 중산층을 지원하고 그들의 역량을 강화하는 과정에서 중추적인 역할을 했다. 그가 이끄는 인터콥Intercorp이라는 회사는 은행, 슈퍼마켓, 학교 등 페루인의 생활 전반에 영향을 미친다. "CRP"라는 애칭으로 알려진 그는 '높은 기준과 깊은 헌신'의 살아 숨 쉬는 본보기다. 그는 한없이 높은 기준을 세우는 한편 자신의 넓은 영향권에 들어온 모든 사람에게 항상 절대적으로 헌신한다.

그의 이런 리더십은 엄격한 채용 절차에서부터 시작된다. CRP의 채용 면접은 길기로 유명하다. 도저히 끝날 것 같지 않은 면접이 여러 차례 반복되는데, 면접이 이뤄지는 장소는 주로 회사 밖이다. 업무 공간을 떠나야 진짜 모습이 더 쉽게 드러난다는 CRP의 믿음 때문이다. 입사를 목적으로 인맥을 대려는 지원자가 보이면 그는 가차 없이 그 사람을 후보군에서 제외한다. 능력주의라는 개념이 잘못 사용되는 분야가 많지만 능력주의를 기반으로 한 CRP의 문화는 우리가 본 가장 건강한 문화다.

굳이 CRP가 가진 편향을 지적하자면, 기업가로서 적게 들여 많이 거둘 방법을 궁리한다는 점이다. 그는 열심히 노력하며 근성을 발휘하는 사람과 발전에 목말라 하는 사람에게 마음이 간다. 이와 관련해 어느 해엔가 최상위 성과를 낸 직원들의 포상을 두고 그가 벌인 일은 유명한 일화다. CRP는 이 직원들에게 에베레스트산 인근에서 함께 등산을 하자고 제안했다. 그러자 고위 간부들은 페루의 리마에서 네팔까지 이어질 독한 여정을 앞두고 비행기라도 편하게 탈 요량으로 비즈니스석 표를 구매했다. 그런데 일정이 코앞에 다가올 무렵 CRP는 언제나 그랬듯 효율성을 극대화한 아이디어를 내놓았다. 이코노미석을 타야 하는 사람에게 자신의 전용기로 같이 움직이자며 초대장을 띄운 것이다. 이 소식은 순식간에 전사에 퍼졌다. 대상 직원 전부가 메시지를 받았다. CRP의 머릿속에서, 높은 직급이 곧 높은 접근권을 뜻하지 않았다.

CRP를 정의하는 가장 큰 특징은 주변 사람들에 대한 흔들림 없는 믿음이다. 직장 동료든 페루 시민이든 그는 곁에 있는 사람들의 능력을 꿋꿋하게 믿는다. 인간만이 진정 경쟁력 있는 자산이라고 믿으며 당당하고 대범한 인재들에 투자한다. 인터콥 직원들은 아무 조건 없이 일류 학교에서 학위를 받을 수 있고, 간부들은 업무의 일환으로 집중 교육을 받는다. 이 회사에서는 최고위급 리더들조차 철저히 교육을 이수해야 한다. CRP는 간부들이 다른 업무만큼 교육에도 집중하기 바란다. 그는 강의실에도 자주 등장한다. 직원들의 참여 상황을 꼼꼼하게 적어서 강의 끝에 강사들과 함께 살펴보기 위해서다. 그러나 모든 최고경영자가 그렇게 하는 건 아니다. 우리는 고위직 간부들을 대상으로 수없이 많이 강의했지만 이런 일을 하는 최고경영자는 지금까지 CRP가 유일했다.

놀랍게 CRP는 혼자 있는 때가 거의 없다. 적어도 업무 시간에는 항상 누군가가 옆에 있는데, 보통은 젊은 리더들이 돌아가면서 그 자리를 차지한다. 전부 그의 접근법을 직접 보며 배우도록 초대된 사람들이다. CRP는 정기적으로 인력 배치를 변경한다. 새로운 환경에서 일할 때 비롯되는 발전적 가치를 생각해서다. 또한 그는 관리자들을 대상으로 배움만을 목적으로 한 해외 연수를 직접 주최한다. 이 연수의 목표는 세상이 변하는 속도가 정말 빠르다는 것, 그래서 누군가는 항상 자신들보다 앞서가고 있다는 것을 관리자들이 직접 겪고 느끼게 하는 것이다. 그는 이 해외 연수를 "연례 자만심 예방 백신"이라고 부른다.

요컨대 CRP는 가르칠 기회를 절대 놓치지 않는다. 그는 직원들에게 여러 가지 방법으로 자신의 기대치를 전달하는데, 이에 관해 우리가 정말 좋아하는 사례가 있다. 어느 날 CRP는 정장 바지 안에 일부러 어릿광대 바지를 껴입고 사무실에 나갔다. '실수'인 척 어릿광대 바지를 겉으로 보이게 해서 말이다. 그는 침착하게 일과를 보내며 회의에 참석하고 간부들을 만났다. 허리춤에 빨갛고 하얀 물방울무늬 어릿광대 바지가 삐져 나와 있었지만 누구도 이 사실을 말하지 못했다. 하루가 끝날 무렵, CRP는 그날 만난 사람들을 전부 불러 모으고 말했다. "여러분과 팀으로 일해도 될지 의문이 듭니다." 물론 그 일로 해고된 사람은 없었다. 그러나 모든 직원은 지위나 직급과 관계없이 최고경영자인 자신에게 진실을 말해주어야 함을 그는 분명히 알릴 수 있었다.

CRP는 잠재력이 분명해 보이는 이가 있으면 지원을 아끼지 않는다. 공정한 변화에 대한 가치관과 열정이 같은 사람을 만날 때면 더욱 그렇다. 그의 목표는 페루의 경제 혁신이며, 페루의 경제 지표를 살펴보면 그가 목표를 이뤄가고 있음을 알 수 있다.[8] 이러한 발전 철학은 특히 '이노바스쿨프로젝트Innova School Project'에서 대대적으로 구체화되는 중이다. 이노바스쿨프로젝트는 유치원부터 고등학교를 아우르는 혁신적인 사립 학교 네트워크로, 그가 직접 설계하고 자금을 지원했다. 페루에서는 양질의 교육을 받기가 매우 어렵다. 이노바스쿨프로젝트의 학교들은 이 문제를 해결하기 위해 선진국의 공립학교들을 모델로 삼는데, 모델 학교들이 들이는 비용의 몇 분의 1만으로 탁월한 결과를 창출한다. 가장 최근의 보고에 따르면 이노바는 보고 시점까지 총 55개(페루 54개, 멕시코 1개)의 학교를 세우고 4만 3000여 명의 학생을 교육했다. 이제 이노바스쿨프로젝트는 지역에서 가장 큰 사립 학교 네트워크로 자리매김하는 중이다.

이들 학교를 졸업하는 젊은이들은 CRP가 꿈꾸는 미래를 건설하기 위해 만반의 준비를 하고 세상에 나간다. 우리는 최근에 이노바 학교를 졸업한 어느 여학생의 이야기를 들었다. 학생의 아버지는 택시를 몰고 어머니는 지역의 시장에서 페이스트리 빵을 판다. 학생은 지역 신문에서 페루챔프스Peru Champs라는 장학 프로그램 광고를 접했다. 이노바스쿨

프로젝트의 학교에 들어가고 싶지만 금전적 어려움이 있는 학생들을 돕는다는 내용이었다. 그는 수백 명의 학생들과 경쟁해서 우수한 성적으로 장학생이 됐고 얼마 뒤 산타클라라에 있는 한 학교에 입학했다. 리마 외곽의 저소득층 지역인 산타클라라는 안데스 지역에서 온 이민자 가정이 많은 곳이다.

처음에 이 어린 학생은 새로운 환경에 겁을 먹었다. 출세를 약속하며 한 달에 100달러를 요구하는 학교, 자신은 속하지 못할 신흥 중산층의 필요에 영합하는 학교가 어울리지 않는 옷처럼 느껴졌다. 그러나 그는 시간이 지나면서 크게 두각을 드러냈고, 결국 동급생 중 최고 성적으로 학교를 졸업했다. 그 뒤 세계에서 가장 좋은 대학에 지원하기로 한 그는 세계적인 신경과학자가 되는 데 디딤돌이 되어줄 곳들에 서류를 넣었다. 그리고 2019년 4월, 이노바 학교 졸업생 최초로 다트머스, 뉴욕, 스와스모어, 조지타운, 터프츠, 에모리, 옥스퍼드, 스탠퍼드대학교에서 모두 합격증을 받았다. 이노바는 그가 학업을 이어가도록 전액 장학금을 제공했다. 조건은 전혀 없었다.

CRP가 궁극적으로 이루고자 하는 꿈은 조국 페루에 힘을 더하는 것이다. 그는 믿는다. 스스로 길을 개척한 이 여학생처럼 평범한 사람들이 자립해 힘 있는 리더가 되면, 그들이 다시 조국을 위해 재능을 써줄 것이다. 그리고 이를 원동력으로 국가 전체가 잠재력을 펼치는 선순환이 촉진될 것이다. 국가의 주요 서비스 부문에서 꾸준히 역동성이 올라가고 활동이 확대되면서 그는 이미 자신의 꿈이 어느 정도 실현되어가는 모습을 눈으로 확인하는 중이다. 그가 키우고 발굴한 많은 리더가 이제 제각각 나라에 꼭 필요한 사업을 구축하고 있다. CRP가 높은 기준과 깊은 헌신이라는 '변화의 힘을 가진 전통'을 시작했다면, 그들은 지금 이 전통을 이어가는 중이다.

움직이는 리더십

이 책의 목적에 비추어 우리가 가장 중요하게 생각하는 사실이 하나 있다. 지금 시기에 카를로스 로드리게스-파스토르처럼 높은 기준과 깊은 헌신의 리더십을 편안하게 펼치는 사람도 있지만 대다수 사람은 그렇지 않다는 것이다. 우리는 대개 리더로서 필요한 만큼 정의에 시간을 쏟지 못한다. 구성원들이 크게 성공하도록 힘을 실어주는 환경을 만들기도 하지만 도움이 되지 않을 때도 있고, 오히려 그들의 잠재력을 깎아 먹는 선택을 하기도 한다. 이때 리더에게 걸림돌이 되는 것은 생각과 감정이다. 리더는 생각과 감정 탓에 구성원 대신 스스로 핵심이 된다.

달리 말하면, 사람들은 대부분 정서적으로 편리할 때 정의 패턴에 들어서는 목표를 달성한다. 잠을 잘 잤을 때, 압박감이 없을 때, 큰 불편함을 감수하지 않아도 될 때, 좋아하는 행동 패턴에서 벗어나지 않아도 될 때 등 정의는 최적의 상태가 마련됐을 때 구현되곤 한다. 그러나 이 모든 것이 전부 갖춰진 가운데 리더로서 바라는 가장 중요한 기회까지 잡게 되는 일은 좀처럼 일어나지 않는다.

다른 사람에게 힘을 실어주고자 할 때 가장 필요한 것은, 정의가 상황을 바꿀 수 있을 때마다 곧바로 정의를 향해 움직이는 것이다. 이는 당연한 사실이다. 하지만 어떻게 해야 이만한 통제력을 발휘할 수 있을까? (내가 원하는 시기에 내가 정한 방식으로) 엄격, 신의, 방관에서 정의로 패턴을 옮겨 가려면 무엇이 필요할까? 결국 이는 리더가 풀어가야 할 문제이며, 3장의 나머지 부분은 여기에 초점을 맞추고 이어갈 것이다. 발막스를 포함한 많은 리더와 학자들 역시 수천 년 동안 씨름한 문제를 함께 이야기해보자.

내 경계 흔들기

어느 분야에서든 발전의 첫 단계에 관해 리더들이 대체로 합의하는 점이 있다. 무엇보다 '나는 어떤 사람인가'(더 중요하게는 나는 어떤 사람이 '아닌가')에 관한 고집을 버려야 한다는 것이다. 이 점에 관해 명확한 선과 한계를 그어 두었다면 이제부터는 스스로 정한 그 규칙을 적극적으로 흔들어야 한다.

이번 장 초반의 활동을 통해 정체성은 보통 생각보다 훨씬 유연하다는 사실을 알았을 것이다. 리더십도 마찬가지다. 일반적인 패턴과 선호가 있기는 하지만 그것이 전부는 아니다. 가령 조금의 틈도 없이 엄격하기만 하거나 무조건 헌신하기만 하는 사람은 없다. 사실 우리는 기준-헌신 사분면의 어느 쪽으로든 갈 수 있다. 회의 때마다 누구의 말도 귀담아듣지 않는 꽉 막힌 팀장이 될 수도 있고, 치열한 전장에서조차 어마어마한 영감을 불러일으키는 장군이 될 수도 있다.

리더로서 과거에 어떻게 했는가가 미래에 어떻게 할지를 결정짓지는 않으며 우리는 거기서 가능성을 찾을 수 있다. 발막스는 환경과 정체성은 역동적으로 달라질 수 있다는 점을 지적하며 존경하는 리더들의 삶을 가까이서 살펴보라고 말한다. 시작부터 화려했던 리더는 드물다. 그러나 많은 리더가 뚝심 있게 그 길을 걸으며 어려움을 선물로 바꿔나갔고, 들끓는 역경 속에서 영예를 얻었다.[9]

책에서 발막스는 술라Sulla라는 사람을 들어, 아주 현대적인 방식으로 "최고의 자아best self"를 이야기한다. 이름난 연설가이자 장군인 술라는 발막스의 글에 등장하는 가장 다채로운 인물 중 한 명이다. 술라가 지녔던 최악의 자아는 어린 시절에 두드러졌다. 그는 늘 제멋대로 행동했고 스스로 자기 걸림돌이 되기 일쑤였다. 하지만 그는 잘 훈련된 최고의 자아를 품고 있었다. 술라는 수많은 전쟁에서 자신보다 큰 존재의 이름으로 로마를 승리로 끌어낸 장본인이었다. 발막스는 술라 안에 오랫동안 위대한 리더로서 자아가 숨어 있었다고 결론짓는다. "자신을 가둔 …… 빗장"[10]을 쳐부술 때를 기다리면서.

사람은 모두 이런 기질적 강점이 있다. 과거에 리더로서 어떤 정체성을 갖기로 했든 이 강점을 이용해 벗어날 수 있다. 그러려면 과연 그 힘을 사용할 것인지, 그리고 새로 얻은 자유로 어느 쪽을 향할 것인지를 결정해야 한다.

헌신에서 사랑으로

캐럴 드웩 Carol Dweck 교수는 '성장 마인드셋 growth mindset'의 장점을 세상에 알리고자 노력하는 과정에서 어려운 대화에 한층 익숙해졌다. 그는 전 세계 부모와 교육자들을 앞에 두고 (명확하고 애정 어린 말로) 우리가 지금 온갖 좋은 의도를 품고 아이들의 앞길을 막고 있음을 알아야 한다고 이야기했다. 이를 통해 드웩은 부모들이 득보다 실이 많은 방식으로 자녀를 칭찬하는 일을 부디 그만두기를 바란다.

우리는 무조건 헌신하는 부모로 시작해서 그럭저럭 괜찮은 부모면 되겠다는 생각으로 지내던 중에 드웩의 연구를 접했다. 드웩은 아이의 노력, 즉 아이가 스스로 통제할 수 있는 것에 초점을 맞추라고 한다("너 정말 열심히 했구나!").

타고난 것("넌 진짜 똑똑해!")을 부각하면 점차 실패 확률이 높아지고, 위험을 감수하고 개선할 추진력이 약해지기 때문이다. 무엇보다 드웩의 이 접근법을 따르면 변함없이 헌신하는 모습을 보여주면서도 높은 기준을 제시할 수 있다.[11]

우리가 보기에 드웩은 신의의 고통스러운 대가를 세상에 알리겠다는 사명을 품고 온몸으로 정의를 구현하는 사람이다. 신의의 결과가 고통이라니 허를 찌르는 말 아닌가? 항상 끝없이 헌신하며 기준은 낮게 제시하는 리더는 자신이 구성원들을 위해 희생하고 있다는 생각에 사로잡히게 된다. 실제로 구성원들을 돌보는 것이 사실이기 때문이다. 그러나 그가 이렇게 하는 가장 큰 이유는 스스로 편안하기 위해서다. 자신의 감정적 안전지대 안에 머무르기 위해 구성원들의 탁월한 능력은 덮어두기로 했을 뿐이다.

드웩은 다음과 같은 질문으로 신의의 대가를 설명했다. "길을 위해 자녀를 대비하는가, 자녀를 위해 길을 대비하는가?" 이를 리더십의 언어로 바꿔보자. 당신은 구성원들에게 발전을 요구하는가? 아니면 관계를 지키고 현재 상태를 유지하고 갈등을 피하고 싶다는 생각에 요구를 낮추고 마는가? 또 당신은 구성원들에게 힘을 실어주는가, 아니면 편안함만 주는가?

사람들이 지지는 얻지만 동기는 얻지 못한다면, 편안하지만 수동적이라면, 리더는 기준을 더 높여야 한다. 그래야 정의를 구현할 수 있다. 드웩의 말처럼 "길을 위해 사람을 대비하자"를 슬로건으로 삼기 바란다. 세상에 나올 날을 기다리는 내면의 술라를 깨워보자.

잘하는 순간 포착하기

기준을 올리는 방법은 셀 수 없이 많다. 그런데 오랫동안 신의 패턴에 익숙해진 사람이라면 노력이 좀 필요하다. 그러려면, 목표를 바꾸려면 그간의 아름다운 헌신은 포기해야 한다는 잘못된 가정을 물리쳐야 한다.

발전 속도를 높이고자 할 때 가장 효과적인 원리를 아는가? 다행히 이 원리에서는 인간의 타고난 '헌신 충동'을 활용할 수 있다. 방법은 간단하다. 누군가를 관찰하다가 정확히 당신이 원하는 행동을 하는 순간이 포착되면 진지하고 구체적인 말로 칭찬하는 것이다. 그 사람이 다음에 이 행동을 똑같이 반복할 수 있을 만큼 자세한 설명이 필요하다. 드웩이 말한 것처럼 상대가 정말로 통제할 수 있는 일에 초점을 두고 이 칭찬을 일상적으로 반복해야 한다.

여기서 중요한 것은 구체적이어야 한다는 점이다. 진지하지만 구체적이지 않은 칭찬은 듣는 사람이 발전하는 데는 별 도움이 되지 않는다. 그 힘든 일을 다시 할 방법을 제대로 알 수 없기 때문이다. 가령 회의가 끝난 뒤 팀원에게 "정말 잘했어요"라고 말하는 것은 일반적으로 도움이 되지 않는다. 그럴 때 팀원은 자신이 왜 이 말을 듣게 됐는지 임의로 추측할 수밖에 없다. 대신 이렇게 말하면 어떨까. "상반된 두 아이디어를 제시하면서 둘 사이의 공통점을 아주 명확히 짚었군요. 덕분에 갈등이 효과적으로 해결됐어요." 구체적으로 말하면 듣는 사람이 다음에 더 공들일 부분을 알 수 있다. 이러한 피드백을 "정적 강화positive reinforcement"라고 한다.

정적 강화는 일반적인 피드백 방법을 벗어날 첫 번째 단계로, 처음에는 어색할 수 있다(1장에서 얘기한 대로 구성원의 장점을 말해주는 경험을 해보았다면, 이미 당신은 정적 강화라는 마라톤을 시작한 셈이다). 그러나 우리가 꾸준히 듣는 말이 있다. 그렇게 두 주만 지나면 편안하고 상쾌하고 기분 좋은 느낌이 들기 시작한다는 것이다. 정적 강화를 시도하려면 주변 사람들을 관심 있게 살펴야만 하는데, 그 과정에서 사람들과의 관계에서 긍정적인 기류가 만들어진다. 그럴 때 우리는 피드백 전도사가 되어 어디를 가든 '개선'이라는 선물을 나눠줄 수 있다.

그러나 오늘날 조직에서는 피드백에 인색한 문화가 지배적이라 안타깝다. 그럴 때 나오는 피드백은 모호하고, 대개 부정적이다. 우리는 정말 무능한 관리자를 지켜본 일이 있다. 그는 이메일을 보낼 때 딱 한 마디만 쓰는 습관이 있었다. "별로." 정말 이 말 말고는 한 마디도 덧붙이지 않았다. 당연히 이런 행동은 동료들 사이에서 크고 작은 불안감을 일으켰다. 그가 조금이라도 나아질 희망은 보이지 않았다.

물론 때와 장소에 따라 분명히 잘못을 바로잡아야 하는 경우가 있다. 그러나 부정적 피드백은 개선의 원동력이 되기에는 효과가 많이 떨어지므로 아끼는 것이 좋다.[12] 그런데도 부정적 피드백이 꼭 필요하다면 반드시 근거가 있어야 한다. 또한 앞으로는 어떻게 하기 바라는지, 그래야 하는 더 고차원적인 이유는 무엇인지 명확하게 밝혀야 한다. 그리고 행동의 변화는 아무리 사소해 보여도 팀의 사명을 이루는 데 큰 보탬이 된다는 점을 가능할 때마다 강조하는 것이 좋다. 여기서는 이런 방향의 개입을 "건설적 조언constructive advice"으로 부르기로 하자.

피드백에 인색한 사람에게는 다음 단계가 중요하다. 건설적인 조언으로 신뢰를 얻으려면 신뢰의 토대가 먼저 마련돼야 하고, 그러려면 당연히 공감이 필요하다. 구성원은 자신이 잘하든 못하든 리더가 정말로 지켜보고 있음을 확신해야 한다(하지만 내가 잘못하는 점만 눈여겨보는 사람이 하는 말은 개선의 원동력이 아닌 비판으로 느껴지곤 한다). 아무리 건설적인 조언이라도 공감이 결여되면 파괴적으로 변질되기 십상이다. 이런 조언을 들은 사람은 발전하기보다는 퇴보하는 경우가 많다. 예컨대 일할 때 지나치게 주변을 의식하고 자신의 결정을 확신하지 못하게 되는 것이다. 이런 일은 항상 일어난다는 사실을 명심하자.

어떻게 된 일인지 많은 회사에서는 부정적인 말이 곧 '진짜' 피드백이라는 생각이 강하다. 이 어려운 대화야말로 모두가 익혀야 할 기술이라는 분위기가 지배적이다. 그러면서, 현실 감각을 심어주려면 정적 강화는 아주 조심스럽게 써야 한다고 말한다. 그러나 우리가 경험하기로는 그 반대가 맞다. 정적 강화야말로 목표를 이루는 핵심이다. 그동안 관찰한 결과 인간의 학습 곡선을 가파르게 상승시키는 데 정적 강화보다 더 강력한 촉진제는 없었다.

근거가 더 필요하다면 뛰어난 개들의 훈련 장면을 관찰해보자. 포지티브도그Pawsitive Dog에 가보면 어떨까? 이곳은 제니퍼 비커리Jenifer Vickery가 보스턴에 설립해서 정말 똑소리 나게 운영하는 전설적인 애견 훈련 센터다. 이곳에 있는 개들은 대부분 사람도 하기 어려운 일들을 일상적으로 해낸다. 가령 녀석들은 끊임없는 자극 속에서도 목줄 없이 편안하게 앉아서 쉴 수 있다. 비커리와 훈련사들이 쓰는 방법을 유심히 살펴보면 비결을 알 수 있다. 개들은 잘한 행동을 보상받을까, 잘못한 행동을 수정받을까? 그 비율은 어떨까? 중요한 것은, 훈련을 잘해내는 개들이 계속해서 풍부한 먹이와 관심을 받게 된다는 점이다. 훈련사가 격려하려는 행동을 그대로 하는 대가로 말이다. 우리는 이 접근법이 거의 모든 생명체에 효력을 발휘한다고 주장한다. 생물학적으로 금붕어 이상만 된다면 전부 같은 효과를 기대할 수 있을 것이다.

모든 발전 과정에는 정적 강화와 건설적 조언이 필요하다. 그러나 대다수 사람들이 깜짝 놀라는 사실이 있다. 정적 강화 대 건설적 조언의 비율은 최소한 5 대 1은 되어야 이상적이다. 팀원에게 건설적 조언을 한 번 하기로 한다면 정적 강화는 다섯 번을 해야 맞다. 그러나 우리가 살펴본 업무 문화 중에는 이 비율이 1 대 5에 가까운 곳이 많았다. 대부분 행동을 수정하는 데 훨씬 큰 노력을 들였고 그중 건설적인 내용은 조금밖에 되지 않았다.

그러나 우리가 직접 본 바로는, 정적 강화 대 건설적 조언의 비율을 5 대 1로 맞추는 일은 누구나 할 수 있다. 건설적 조언을 절대 포기할 수 없다는 사람조차 예외는 아니었다. 건설적 조언의 회수가 일주일에 한두 번쯤 된다면 진지하고 구체적인 내용으로 매일 정적 강화를 시도할 기회를 찾아보자. 건설적 조언을 한 달에 한 번 정도 한다면, 일주일에 한 번 이상의 정적 강화를 목표로 잡으면 된다. 계산은 이 정도면 충분하다. 우선 조금만 나아지는 낌새가 보이면 달라지고 있다고 확신해도 좋다.

그렇다면 리더로서 내가 잘하고 있는지는 어떻게 알 수 있을까? 리더의 성과는 '구성원이 나아지고 있는가'를 보면 알 수 있다. 구성원이 발전하지 못하고 있는 것 같다면 더 나은 방법을 찾을 사람은 리더다. 팀원을 관찰하고 잘한 점을 더 구체적으로 한 번 더 말해주자. 그 사람이 당신의 말을 더 귀 기울여 듣도록 더 탄탄하게 신뢰를 쌓자. 그러나 당신이 이 일을 효과적으로 해내든 해내지 못하든, 노력의 공이 당신에게 돌아가지는 않는다. 리더로서 당신이 할 일은 다른 사람의 발전을 돕는 것이다. 당신의 피드백이 그저 그렇거나 부정적인 효과를 낸다면 당신은 리더로서 할 일을 하지 않고 있다는 뜻이다.

당장 기준을 높일 수 있는 10가지 방법

주변 사람들에게 당장 더 높은 기준을 제시할 방법에는 또 어떤 것이 있을까? 다음은 우리가 가장 좋아하는 방법을 몇 가지 모은 것이다. 모두 지금부터 24시간 안에 실천할 수 있다.

1. 그룹 프로젝트를 만든다. 신의 패턴에 길들어 벗어나기 힘들 때 고통스럽지 않게 시작할 방법이 있다. 바로 팀 전체의 기준을 올리는 것이다. 팀원들을 모아서 팀의 목표와 새로운 기대치의 이유를 설명한다. 그런 뒤 공유된 목표를 달성하고 책임질 방법을 다 함께 결정한다.

2. 잘한 일을 칭찬한다. 정적 강화 방법을 실전에 활용하는 것이다. 누군가 당신이 원하는 일을 하면 드러내서 칭찬

하자. 그럴 때 진지하고 구체적인 말을 사용하면 마법 같은 효과를 볼 수 있다. 나머지 사람들에게도 이 사람처럼 "스쿠비스낵 Scooby Snacks"을 받을 방법을 정확하게 알려주자 (만화영화 〈반가워 스쿠비 두 Scooby Doo〉에 나오는 강아지 스쿠비 두는 "스쿠비스낵"을 먹으면 힘을 낸다. 그것을 보고 보상과 동기를 연결할 때 우리가 즐겨 쓰는 말이다).

3. 상대를 미래에 나아질 모습으로 대한다. 마음을 열고, 그저 상대가 언젠가 나아지리라고만 생각해서는 안 된다. 그 사람이 이미 나아져 있다고 가정해야 한다. 아직은 좀 부족해 보이더라도 괜찮다. 내가 상대를 새롭게 나아진 사람으로 대하면 된다. 가령 나중을 위해 아껴둔 어려운 과제를 주거나, 역량이 더 올라가야만 할 수 있는 일을 지금 시도하게 할 수도 있다. 미래가 실현됐음을 알려줄 수 있다면 어떤 일이든 좋다.

4. 고성과 직원을 투입한다. 팀에서 성과가 좋은 직원들을 투입해서 당신과 함께 동료들을 코칭하고 고무하며 기준을 높여가게 하자. 이러한 멘토링은 그룹 활동부터 일대일 집중 활동까지 다양한 형태로 이루어질 수 있다. 이때 투입한 코칭 인력들은 임무에 활력을 불어넣는 방향으로 각자 유연성 있게 임무를 해석하게 한다.

5. 사후 점검 시간을 마련한다. 과거에 미국 군대에는 이미 발생한 일에서 배울 점을 찾기 위해 사후 점검을 시행하

는 공식 규정이 있었다. 어떤 일이 일어난 뒤 팀원들을 모으고 어떻게 했다면 팀이 그 일을 더 잘해냈을지 논의하는 것이었다. 일이 잘됐을 때 역시 마찬가지다. 그 일을 의제로 정하는 것만으로 팀이 지금보다 나아질 수 있다는 메시지를 전할 수 있다.

6. 목표를 높인다. 목표 설정에 관해서는 많은 방법이 쏟아져 나오고 있으며, 이러한 것들을 정리하고 공유하기 위해서 또한 많은 작업이 수행되고 있다. 이러한 움직임을 영리하게 포착해서 각자 처한 환경에 맞게 적용해보자. 우리가 좋아하는 방법은 인텔과 구글 같은 회사에서 사용하는 "목표 및 핵심 결과 지표objectives and key results(OKR)"다. 더 빨리 시작하고 싶다면 SMART 접근법도 고려할 수 있다. SMART 접근법의 골자는 구체적이고specific 측정할 수 있고measurable 실현할 수 있고attainable 연관성 있고relevant 시간 제한이 있는timebound 목표를 세우라는 것이다.

7. 리더의 포부를 알린다. 리더로서 달성하고 싶은 목표를 주변 모두에게 알린다. 이때는 관계를 고려해서 상대가 이해할 수 있을 만큼 구체적으로 설명해야 한다. 리더의 대담성과 목적의식을 사람들에게 전염시키자. 조력자가 있는 편이 도움이 된다면 주저하지 말고 그렇게 하자. 한 명이든 두세 명이든 터놓고 말할 수 있는 동료를 찾자.

8. 비효율적인 측면은 제거한다. 시간은 절대 낭비해서 안 될

귀한 자원이라는 점을 분명히 알려야 한다. 구성원들이 겁내는 일이 있으면 찾아서 괴로움을 줄여야 한다. 보고서 작성 간소화, 성과 검토 최적화 등은 대부분 조직에서 쉽게 할 수 있는 일이다. 그러나 이 과정에서 항상 겸손해야 하고 호기심을 잃지 않아야 한다. 무엇이 팀의 시간을 앗아가는지, 최근에 나온 방법 중 무엇이 도움이 되는지 등을 리더가 다 아는 것은 아님을 기억하자.

9. 대담하게 행동한다. 개인적인 목표나 팀의 목표에 접근할 때는 즉각적이고 의미 있게 행동해야 한다. 대담할수록 좋다. 그럴 때는 한번도 시도하지 않은 방법이나 가장 가까운 동료들조차 놀랄 만한 방법을 써 보자. 신념과 표준이 달라졌으며, 그 시작이 당신임을 분명하게 알리자.

10. 스스로 기준이 된다. 주변 사람들이 적용하기 바라는 기준과 행동의 본보기가 되자. 자신이 리더로서 중간만 가고 있는 것 같다면 안달 낼 필요가 있다. 리더라서 예외가 되어서도 안 된다. 자신이 어려움을 피하고 있다고 생각된다면 리더의 자리에서 잠시 물러나는 것이 좋다. 다시 궤도에 오를 때까지 회복할 시간을 내자.

기대에서 사랑으로

어떤 사람은 리더로서 엄격하게 행동할 때 가장 안정감을 느낀다. 당신이 그런 사람이라면 좋은 의도가 있었으리라고, 우리는 믿는다. 높은 기준을 제시하면서 헌신은 최소로 하면 구성원들에게 생산적이고 단기적인 목표를 줄 수는 있을 것이다(가령 누군가를 부정적인 선례로 남기는 경우가 그렇다). 그러나 오래 자리를 지켜야 할 리더에게 이는 대부분 값비싼 선택이 되고 만다.

신의 패턴을 선택하기로 했을 때와 마찬가지로 엄격 패턴을 고수하기로 한 이유는 무엇보다 리더의 필요 때문이었을 것이다. 구체적으로 말해 리더는 통제와 안정을 원했을 것이다. 엄격 패턴은 이 필요 사항을 충족할 수 있다. 적어도 일시적으로는 그렇다는 말이다. 그러나 그럴 때 얻는 장점에는 한계가 있다. 구성원들은 리더가 요구하는 일을 대체로 곧잘 해낸다. 그러나 그 이상을 해내는 일은 드물다. 그들의 유일한 목표는 실패감과 수치감 같은 감정을 피하는 것이다. 즉 리더가 빼든 무기를 피할 만큼만 에너지를 쓰게 된다. 엄격한 리더 곁에서 혁신을 시도하거나 리더의 기대치를 벗어나는 것(기대치를 능가하는 것도 마찬가지다)은 너무 위험할 때가 많다.

아니라고 생각하는 사람도 있겠지만, 이와 정반대되는 예가 스티브 잡스Steve Jobs다. 때로 엄격하기로(오만하고 부하 직원들을 괴롭히고 참을성 없기로) 유명했던 잡스는 지속 가능성 면에서 지난 세기를 통틀어 가장 혁신적인 회사를 세웠다. 그러나 우리가 보기에 잡스는 엄격함을 내세워 성공한 사람이 아니다. 그는 구성원들의 잠재력을 굳게 믿는 동시에 (아주) 높은 기준을 제시했을 때 가장 효과적으로 리더의 역할을 해냈다. 잡스는 주변에 있는 사람들이 초인적인 일을 해내도록 힘을 실어줄 때가 많았다. 그와 함께했던 사람들은 테크 업계에서 어마어마한 인재 영입 전쟁이 벌어지는 와중에도 그에게 흔들림 없는 충성심을 보여주었다. 1세대 매킨토시 출시팀 임원이었던 데비 콜먼Debi Coleman은 애플의 많은 경영진이 느꼈을 감정을 한 문장으로 말했다. "잡스와 함께 일했으니 저는 세상에서 가장 운 좋은 사람일 겁니다."[13]

잡스에 관해 우리가 아주 좋아하는 일화가 있다. 잡스라는 상징적인 리더를 최고의 전기에 담아낸 월터 아이작슨Walter Isaacson 역시 언급한 일이다. 전기에는 잡스가 1세대 아이폰에 들어갈 유리를 확보하던 시점의 이야기가 나온다. 당시 잡스는 아이폰용 유리를 제조할 만한 회사로 코닝Corning이라는 회사를 낙점했다. 잡스는 코닝의 최고경영자 웬델 윅스Wendell Weeeks를 만나기 위해 비행기를 타고 날아갔다. 그러나 윅스는 잡스가 말한 기한에는 요청을 수행하기가 어렵다고 했다. 코닝은 1960년대 이후 유리를 제조하지 않던 터다. 아무리 업계의 거물이라지만 사실상 개인적으로는 잘 알지 못했던 윅스에게 잡스는 이렇게 말했다. "겁내지 마십시오. 회장님은 할 수 있습니다. 집중해서 방법을 찾아보세요. 분명 할 수 있어요." 힘이 난 윅스는 켄터키 공장을 개조할 방법을 파악해 6개월 뒤 잡스가 원하던 유리를 대령했다. 코닝은 지금까지 아이폰과 아이패드에 들어가는 유리를 제조한다.[14]

잡스는 이때 웍스를 만나서 모든 리더가 거쳐야만 하는 근본적인 문제를 결정했다. '나'와 '당신', 즉 두려움과 사랑 중 한쪽을 선택한 것이다. 그는 웍스를 포기하지 않았다. 대신 그가 자신을 불가능한 일마저 해내는 영웅처럼 느끼도록 유도했다. 우리가 경험하기로 이 일은 생각만큼 어렵지 않다. 리더 중에는 이미 주변 사람들에게 깊이 헌신하는 사람이 많다. 그런데 그만큼 헌신하고 있음을 효과적으로 전하지 못하는 것이 문제다. 이들은 인간적인 모습을 혼자서만 간직하며 그저 마음으로 조용히 (안전하게) 구성원들을 응원한다. 그래서는 누구에게도 도움이 되지 않는다. 엄격에서 정의로 패턴을 옮겨가는 여정은 진심으로 헌신하고 있음을 드러내기 위해 구체적인 방법을 찾는 과정일 때가 많다. 이 일을 할 방법은 셀 수 없이 많지만, 그중 몇 가지를 "당장 깊은 헌신을 드러낼 수 있는 10가지 방법"에 소개한다.

당장 깊은 헌신을 드러낼 수 있는 10가지 방법

주변 사람들에게 헌신하고 있음을 당장 알리고 싶다면 어떻게 해야 할까? 다음은 우리가 가장 좋아하는 방법 몇 가지를 모은 것이다. 모두 지금 당장 실천할 수 있다.

1. 핸드폰을 내려놓는다. 디지털 기기가 끊임없이 주의를 흐려놓는 세상에서 상대에게 온전히 집중하는 모습을 보이는 것은 가장 명확한 헌신의 신호 중 하나다. 디지털 기기는 정해진 용도로만, 옆에 있는 사람과 멀어지기 위해서가 아니라 멀리 있는 사람과 가까워지기 위해서만 사용하자.

2. 내 안의 테리 그로스에게 집중한다. 주변 사람들의 삶을 궁금해하자. 동료들은 왜 그런 선택을 했을까? 그 과정에서 무엇이 그들을 놀라고, 기쁘고, 실망스럽게 했을까? 대화를 시작하는 게 아직 어렵기만 하다면 공영 방송 라디오쇼 진행자 테리 그로스Terry Gross처럼 물꼬를 터보자. "어디, 당신 얘기 좀 들어볼까요?"[15]

3. 구성원들이 겪는 현실을 경험한다. 동료들의 일과를 속속들이 안다고 생각하는 것은 엄격 패턴의 아주 흔한 자세다. 그들이 그 시간을 올바르게 채우지 못한다고 생각하는 것 역시 마찬가지다. 구성원들의 현실을 파악하려면 적극적인 탐색을 시도하거나, 구식이기는 하지만 직업 체험의 형태를 빌릴 수 있다. 만일 그렇게 해서 그들이 정말 적절하지 못한 방식으로 시간을 쓰고 있음을 알게 된다면 우선순위를 더 나은 쪽으로 바꾸도록 도와주자.

4. 어떻게 도와줄지 물어본다. 상대를 도울 방법을 찾아보자.

당신이 해야 할 일 때문에 구성원을 돕는 일이 뒷전이 돼서는 안 된다. 상대가 의미 있는 일을 성취하도록 돕는 것을 대화의 중심에 두자. 상대의 성공 가능성을 높이기 위해 할 일을 약속하기 전에는 절대 대화를 마쳐선 안 된다.

5. (이유를 묻지 않고) 적극적으로 돕는다. 팀원 가운데 어떤 일을 얼마나 하고 있는지 분명히 아는(당신이 일을 준 장본인이므로) 사람을 골라서 선물 주듯 업무 하나를 줄여주자. 그 일이 이 직원에게 특히 짐이 되고 이 사람의 장기적인 목표와 동떨어져 있으므로 그렇게 결정했음을 알리면 더욱 좋다.

6. 먹을 것을 제공한다. 구성원들을 먹여라. 그들이 정말 원하는 것이 좋지만 예고 없이 건네는 도넛 한 상자도 효과는 크다. 사람을 먹인다는 것은 그 사람의 존재와 인간됨을 가장 근본적으로 인정한다는 의미다. 축하, 감사, 야근 전 필수품 등 음식을 건넬 명목은 많고 많다. 이런 포장을 거치면 음식은 헌신과 동일한 가치로 쓰일 수 있다.

7. 휴식 시간을 준다. 연구에 따르면 전력 질주 훈련은 회복기가 뒤따를 때만 효과가 있다. 구성원들이 진정으로 회복하는 데 필요한 시간과 공간을 지켜주자. 특히 스스로 철인이라고 생각하는 사람들, 멈추거나 쉬지 않고 무한정 일할 수 있다고 생각하는 사람들에게는 휴식이 절실하다. 직속 부하 직원들을 위해서라면 이 일은 더 쉬워진

다. 협상 불가를 원칙으로 해서 하루 동안(혹은 그 이상) 직원들을 집으로 돌려보내자.

8. 업무 바깥의 삶을 인정한다. 상대에게 여러 측면의 삶이 있음을 인정하고 있음은 다양한 형태로 알려줄 수 있다. 그렇다고 팀원의 아이가 스파이더맨 옷을 입고 파티에 간다고 하는 데까지 관심을 둘 필요는 없다. 대신 팀원들에게 회사 밖의 삶도 있다는 점을 고려해서 저녁과 주말 업무를 최소로 조정하면 된다. 이는 특히 여직원들에게 도움이 된다. 여성은 가정에서 아이와 노부모를 주로 돌보기 때문이다.

9. 진지하고 구체적으로 고마운 마음을 전한다. 누군가가 한 일 덕분에 리더로서 내 삶이 나아졌다면 고맙다는 뜻을 전하자. 이때는 그 사람이 어떤 일을 했고 그 일이 어떤 결과로 이어졌는지, 그들의 결정이 당신에게 어떤 영향을 미쳤는지 구체적으로 짚어 말해야 한다. 헌신을 더 확실히 각인하려면 고마운 마음을 카드나 선물로 전하는 게 좋다. 독창적인 방법이 아니라도 괜찮다. '꽃바구니' 같은 건 나만 아는 선물이라 치자!

10. 나를 줄이고, 우리를 늘린다. 언어는 현실을 규정하거나 재규정하는 중요한 수단이다. 우선 일과 중에 '나'가 중심인 말을 몇 번이나 하는지 헤아려보자. 그중 큰 비율을 '우리' 중심으로 바꿔보자. 가산점을 얻으려면 '당신' '여러

분'이 중심인 말을 늘리는 것이 좋다. '당신(여러분)이 꿈을
이루도록 우리가 어떻게 도와줄까요?'

방관에서 (저 멀리) 사랑으로

방관 패턴이 확인된다면 기본적으로 두 가지 선택지가
있다. 관계에 더 투자하거나 정중히 관계를 끊는 것이다. 방
관하는 관계를 유지하는 것은 보통 나에게도 나머지 사람들
에게도 해로운 선택이다. 좋은 의도의 방관이 있기는 하지
만 이는 매우 불안한 전략이다. 긍정적인 결과만큼 처참한
결과를 초래할 가능성 또한 크기 때문이다.

흔히 발견되는 방관 패턴의 예를 들어보겠다. 해고해야
할 사람이 있는데 무의식적으로 그 사람을 그대로 두고 무
시해버리기로 했다고 하자. 감정을 가진 우리는 다른 사람
을 인간적으로 존중하지 않는 편을 택함으로써 해고 절차의
불편함과 거리를 두곤 한다. 그 사람과 눈을 마주치지 않으
려 하는 등의 사소한 일 역시 그럴 때 일어난다. 진정성 있
게 관계를 마무리하는 법을 더 폭넓게 이해하기 위해 "정중
하게 해고하는 법"을 읽어보자. 이만하면 알겠지만 이 과정
에서도 정의 패턴으로 옮겨가는 일이 필요하다.

방관에서 정의로 패턴을 옮겨가는 과정은 머나먼 길을
가는 것처럼 느껴질 수 있다. 그러나 경험을 바꿔놓는 많은
선택이 그렇듯 의외로 단숨에 변화가 보이는 경우가 있다.

우리가 그간 경험한 대로라면, 누군가를 지켜보기로 하는 데는 전혀 시간이 필요하지 않다.

정중하게 해고하는 법

지난 10년간 우리가 함께 일한 여러 고위 경영진 가운데는 곤란한 상황을 겪는 이가 많았다. 그러나 이들은 좀처럼 후회하는 일이 없다. 그러나 드물게 후회라는 감정이 나타날 때를 살펴보면, 사업상 옳다는 것을 알았지만 신속히 움직이지 않았을 때가 대부분이었다. 이때 그들이 미루고 미룬 일 중에서 가장 큰 비중을 차지한 것은, 더는 회사에 맞지 않은 사람을 내보내는 일이었다.

직원들과 신속하고 우아하게 헤어지는 능력은 리더에게 가장 중요한 전술 중 하나다. 관련된 모든 사람을 위해 높은 기준과 깊은 헌신을 적용하여 이 일을 해내는 방법을 다음과 같이 소개한다.

현상 유지의 고통을 인지한다. 행동하지 않는 것의 대가를 있는 그대로 정직하게 설명하는 데서부터 시작하자. 리더들은 대부분 성과가 떨어지는 직원을 유지함으로써 생기는 불리한 측면(그들로 인해 전체 성과와 문화에 미치는 영향 등)을 잘 안다. 그러나 그 사람이 맡던 역할이 적임자에게 돌아갈 때 유리해지는 측면은 과소평가한다. 그 역할이 제대로 잘 수행된다면 팀이나 회사에 어떤 일이 생길까?
팀과 회사의 실적은 어떻게 달라질까?

상대의 품위를 지켜준다. 해고를 경험하는 사람은 누구나 감정적으로든 경제적으로든 고통을 느끼기 마련이다. 리더는 해고를 논의하는 시점부터 퇴직 수당과 퇴직 절차까지 모든 부분에서 최대한 해직자의 품위를 지켜주려고 노력해야 한다. 경비 담당 부서까지 관여하게 하는 일은 되도록 피하자. 어찌 된 일인지 해고되는 사람을 범죄자처럼 느끼게 하는 관행이 생겼지만 아무리 보복의 위험이 있더라도 그것 때문에 상대가 문을 나가는 동안 굴욕감을 느끼게 하는 것이 정당화되기는 어렵다.

리더가 직접 나선다. 해고에 관한 논의를 다른 사람에게 맡겨서는 안 된다. 팀원들은 이 일의 진행 과정을 매우 관심 있게 지켜보고 있다. 게다가 이 일을 잘 이용하면 회사와 리더는 나머지 직원들에게 책임과 가치에 관해 명확한 신호를 보낼 수 있고, 해고되는 직원 역시 합당한 지원을 받게 할 수 있다. 그런데 만일 당신이 이 일을 피한다면 이 기회가 허비되고 만다.

해고되는 직원이 앞으로 성공하도록 돕는다. 리더로서 당신이 내린 결정을 정직하게 말하고 당사자가 그 결정을 통해 다음 기회를 찾을 수 있게 돕자. 직원에게 조직의 상황을 설명하고 그동안 회사에서 그가 한 일에 고마움을 전하는 것도 중요하다. 완전무결한 경력을 유지하는 사람은 없다. 또한 해고되는 직원이라도 리더가 그 사람의 재기를 돕지 못할 이유는 없다. 복잡하게 얽힌 문제들이 있을 수 있지만 상황이 어떻든 해직자에게는 관대해야 한다.

나머지 모든 사람을 존중한다. 팀에 남게 되는 나머지 모든 직원에게 역시 충분히 관심을 기울이자. 당신의 결정이 그들에게 의미하는 바는 무엇일까? 그들은 이 일로 어떤 결론을 얻어야 할까? 이 시점에서 팀에 어느 정도 긴장이 감도는 것은 정상이지만 생산적이지 못한 불안감을 해소할 계획을 마련해야 한다. 답할 수 있는 질문에는 신속히, 그리고 직접 답하는 것이 이상적이다. 팀원들이 더 큰 사명을 이루어가는 데 집중하게 해서 그들을 다시 전장으로 돌려보내자.

사랑, 가장 순수한 선물

본래 우리는 이번 장에 '냉정한 사랑'이란 제목을 붙이고 싶었다. 그러나 결론은, 수식어를 빼고 '사랑'으로만 쓰기로 했다. 누군가가 현재보다 나은 미래를 살아가도록 돕는다는 것은 선물을 주는 것과 같다. 그리고 이 선물은 우리가 아는 한 인간이 줄 수 있는 가장 순수한 형태의 사랑이다. 그런 사랑이야말로 아침에 우리를 눈뜨게 하는 이유일 것이다.

여기서 "선물"이란 말을 쓴 이유는 이 사랑은 공짜가 아니기 때문이다. 상대에게 나은 미래를 선물하려면 값을 치러야 한다. 지금까지 살펴봤듯이 리더는 정의 패턴으로 들어가기 위해 항상 어느 정도 긴장을 감수할 수밖에 없다. 그러나 이 일을 옳게 해낼 때, 구성원들이 성장하고 성공하도록 변화를 일궈낼 때, 어느 순간 하늘을 날아오르는 기분을 느낄 것이다. 모두 가슴을 펴고 계속해나가자. 불편한 느낌에 익숙해지자. 그럴 때 리더는 구성원들이 자유롭게 역량을 펼치도록 이끌어줄 힘이 생긴다. 사람들은 그 힘을 사랑이라고 부른다.

그런 뒤 언제라도 준비가 됐다면 임파워먼트 리더십의 다음 단계인 '소속감'으로 넘어가보자. 이 단계에서는 개개인을 넘어 팀 단위에 힘을 실어줌으로써 모든 구성원이 각자 독창적인 능력과 관점을 발휘하여 조직에 이바지하게 할 방법을 알아볼 것이다. 다양성과 포용성으로 길(정확하게 말하면 고속도로)을 다지면 진정 탁월한 성과를 낼 수 있다는 것 또한 같이 이야기해보자.

- ✓ 사람들은 당신이 옆에 있을 때 주로 어떤 감정을 느끼는가? 당신은 그들이 어떤 감정을 느끼기 바라는가?

- ✓ 기준-헌신 사분면에서 당신은 보통 어디쯤 있는가? 어디에 있을 때 가장 편안한가?

- ✓ 꾸준히 정의 패턴을 유지하려면 무엇을 바꿔야 하는가? 높은 기준을 제시하면서 깊은 헌신도 드러내려면 무엇을 바꿔야 하는가?

- ✓ 정의 패턴의 리더가 되려는 노력은 왜 당신에게 가치 있는 일인가? 다른 사람들의 발전을 염두에 두고 당신이 안정적인 환경을 마련한다면 무엇이 달라질 것 같은가?

4장

소속감

/////////////////////

　　여기서 우리의 목표는 다양성과 포용성이 필요하다는 말을 하는 것이 아니다. 물론 그것들에 귀 기울여야 할 조직은 여전히 존재한다. 다양성과 포용성의 필요를 더 깊이 이해하고 더 넓게 수용해야 할 조직들 말이다. 혹 당신이나 당신이 사랑하는 사람이 그런 조직에서 생활하고 있는가? 포용성은 관리 면에서 있으면 좋지만 없어도 그만인 사치품이며, 사업상 더 중요한 어려움을 해결한 뒤에나 고려할 문제라고 생각하는가? 그렇다면 이 '사치품'이 얼마나 큰 보상을 가져다주는지를 먼저 이야기하겠다. 사람들 간의 차이를 완벽하게 받아들이면 경쟁적 우위를 점하는 데 더해 도덕적 의무를 다할 수 있다. 무엇보다 다양성을 (이해하는 데 그치지 않고) 진심으로 포용하면 사업상 맞닥뜨리는 문제들을 더 빨리, 더 효과적으로 해결할 수 있다.[1]

신뢰를 다룬 2장에서 이야기했듯이, 구성원들이 각자 다양한 측면을 살려 온전히 이바지할 수 있을 때 조직은 성과가 올라간다. 그럴 때 수혜자가 되는 것은 소수자에 해당하는 직원만이 아니다. 편안하게 진심을 내보일 수 있는 포용성 큰 공간에서는 누구나 더 큰 역량을 발휘할 수 있다. 이번 장에서는 이 점을 전제로 다음 과제를 풀어보기로 하자. 포용성 팀을 구축하고 이끌고자 할 때 마주하는 현실적인 문제들은 어떻게 해결해야 할까?

우리의 진짜 목표는 당신이 팀에 힘을 실어주도록 돕는 것이다. 그래서 당신의 팀이 차이에도 불구하고가 아니라 차이 덕분에 성과를 높이기를 바란다. 우리가 아는 훌륭한 리더 중에는 이 일을 해내고자 골몰하지만 흡족한 결과를 얻지 못해 괴로워하는 이들이 많다. 자신과 외양, 생각, 말하는 법이 다른 사람들이 온전히 역량을 발휘하게 하는 일은 아직도 이들에게 까마득한 일이다. 이번 장에서는 그러한 불균형을 해결하는 법을 알아보려고 한다.*

---

* 4장에서는 다른 장에서보다 여성과 성소수자의 관점을 더 많이 다룰 것이다. 보이고 보이지 않는(대부분의 경우가 그렇다) 차이를 대변하려는 의미에서다. 이렇게 하기로 한 것은 지면에 제약이 있다는 점, 그리고 저자인 우리가 이 두 그룹에 모두 해당하는 사람들로서 남다른 경험을 거쳤다는 점 때문이다. 당연히 우리가 전하는 조언 중에는 다른 그룹 사람들에게는 해당하지 않는 것들도 있을 것이다. 그러나 각자 어떤 '차이'를 지지해야 하는 상황이든 큰 방향에서 우리의 조언이 여전히 유용하기 바란다. 어떤 식으로든 활용 가치가 있다면 우리는 논의를 넓혀갈 생각이다.

시작할 수 있는 것부터 시작하기

이제부터는 일반적인 인사 과정, 즉 개인이 조직을 경험하는 단계를 따라 논의를 전개하려고 한다. 신입 사원 채용 상황에서 시작해 모두가 성공하고 성장하며 발전할 기회를 얻도록 환경을 마련하는 단계로 넘어갔다가 마지막에는 역량 있는 인재와 끝까지 함께하는 법을 다룰 것이다. 이러한 과정에서 겪는 일들을 모두 임파워먼트 리더십의 관점을 바탕으로 이야기할 것이다. 임파워먼트 리더십이 구현되면 구성원들이 각자의 차이를 안전하게 받아들이는 데 그치지 않고 차이를 환영하고 인정하고 중시하게 됨을 기억하자.

그러나 이 단계들은 이해를 돕기 위한 구조일 뿐 실제로 문제를 해결할 때까지 이 순서를 따라야 하는 것은 아니다. 오히려 최대한 각 과정을 동시에 시도해볼 것('시작'이라도 그렇게 해볼 것)을 권한다. 사람들은 포용성을 기르기 위해 변화를 시도하려 할 때 언제가 가장 시작하기 좋은 때인지를 묻곤 한다. 그러면 우리는 대개 이렇게 대답한다. "지금 당장 하시죠!"

첫째, 복잡한 생각을 내려놓고 단순하게 실행할 때 고통이 적다. 이를 뒷받침하는 확실한 근거가 있다. 변화에 대한 기대는 환경에 불안감을 일으킨다. 이 불안을 치료하는 해독제는 변화를 실천하는 것이다. 기다리는 시간이 길어질수록 "근거 없는 상상"(우리의 친구이자 동료 교수인 톰 들룽 Tom

$_{DeLong}$이 좋아하는 말이다)이 펼쳐질 공간 역시 커진다. 이 상상 속에서는 미래에 일어날 법한 온갖 끔찍한 재앙이 활개를 친다. 반면 일단 시작하면 가속도가 생긴다. 배움에는 피할 수 없는 고비가 있고 그 과정에서 사람은 어떻게든 저항에 부딪히기 마련이다. 시작점에서 생긴 가속도는 이런 어려움을 넘는 데도 힘이 된다.

포용성을 독려하는 일을 최대한 많이, 빨리 하지 않을 때 생기는 가장 큰 문제는 무엇일까? 편견에 부딪혀 행동하지 않는 편을 택하는 것은 구성원들의 사기를 꺾는 비인간적 처사가 된다. 동료들을 위해 헌신하려 했지만 제도적·조직적 장벽을 부딪혔다고 하자. 그럴 때 변화를 미루기만 하면 구성원들이 불평등을 겪고 잠재력을 인정받지 못하는데도 당신은 편안하기만 하다는 뜻으로 해석될 수 있다. 예컨대 이는 동료들에게 이렇게 말하는 것과 같다. "우리가 이성애자 백인 남성에게만 힘을 실어주고 있는 것 같군요. 하지만 지금은 처리할 게 너무 많아요. 이 문제는 나중에 다루기로 합시다." 겉으로 드러난 편견을 보고도 움직이기를 주저한다면 결국 이렇게 말하는 것과 다르지 않다.

속도를 좀 늦추라고, 무리할 것 없다고 말하는 사람은 언제나 있다. 늘, 항상, 영원히! 오랫동안 조직에 몸담고 일해 온 이들, 조직을 끔찍이 아끼는 이들이 주로 그런 말을 한다. 이들은 큰 변화를 시도하다 좋은 것들을 잃게 될까 무척 두려워한다. 우리는 하버드경영대학원에서 젠더 평등(이 문제는 6장에서 더 자세히 다룰 것이다) 문제를 다룬 적이 있다. 그때 스스로 학교에 최고의 이익이 돌아가도록 애쓰고 있다고 믿는, 좋은 의도로 무장한 동료들은 우리한테 1년만 더 기다려보라며 조언을 건넸다. 학교의 역사가 100년인데 1년쯤 더 기다리는 건 큰일이 아니었던 모양이다.

그러나 우리의 경험에 따르면 기다리는 것이야말로 진짜 큰일이다. 조직의 큰 변화는 대부분 순식간에 일어난다는 것을 우리는 참 어렵게 배웠다. 그러므로 지금 시작해야 한다. 그러다 눈에 띄는 장애물이 있으면 보이는 족족 헤치워야 한다. 우리는 각 단계에서 변화를 책임지는 사람들과 긴밀히 협업해왔다. 하지만 "조금 더 기다렸으면 조금 덜 고생했을 텐데 그랬어요"라고 말하는 사람은 한 명도 없었다. 사실 우리는 그와 완전히 반대되는 말을 자주 듣는다.

조직이 정체되고 있다는 10가지 신호

당신이 포용성 있는 업무 환경을 만들어가는 중이라고 하자. 그런데 동료들 사이에서 속도를 늦추려고 하는 낌새가 보인다. 변화에 대한 저항은 여러 형태로 나타날 수 있고 그중에는 알아차리기 힘든 것들도 있다. 다음은 조직이 변화를 거부하고 있음을 나타내는 10가지 신호다.

1. 이 문제를 다룰 태스크포스팀이 꾸려져 있다. 숫자는 적지만 용감무쌍한 개혁가들로 이루어진 태스크포스팀이라면 문제 될 것 없다. 이런 팀이야말로 실행의 속도를 끌어올릴 가장 중요한 도구 중 하나다. 그러나 태스크포스팀이라고 하는 조직은 대개 이런 모습과 거리가 멀다. 조직이 일반적인 지휘 계통에서 벗어난 구조에 의존하도록 강요하고 있다면, 그 구조가 변화를 창출할 수 있는 합법성과 결정권을 가지고 운영되고 있는지 확인해야 한다.

2. 시간과 노력을 들여주어 감사하다는 말을 듣는다(아무도 진짜 관심을 보이지는 않는다). 변화를 모색하며 애쓰는데 왠지 소외되는 것 같다면 분명 그 느낌이 맞을 것이다. 이는 의견이 부딪히는 것과 다르다. 변화를 시도할 때 나타나는 반론은 충분히 이해할 만한 반응이다. 변화의 주축으로서 당신의 임무는 아이디어를 설득력 있게 주장하는 것이다. 그리고 이때 동료들의 임무는 당신을 굳게 신뢰하며 변화에 참여하는 것이지 당신의 요구를 하나부터 열까지 전부 들어주는 것이 아니다.

3. 조직에 (정말) 문제가 있는지 다들 의문스러워서 한다. 포용성 측면에서 회사에 문제가 있다는 진단에 동료들은 반론을 제기할 수 있다. 이런 상황이 올 때를 대비해야 한다. 불편한 진실은 말 그대로 직면하기 불편하다. 편향(혹은 그 이상)에 대한 저항에 정당성을 부여하는 정보를 내민다면

특히 더 못마땅할 것이다. 흔들리지 말자. 수집한 근거를 샅샅이 파악하자. 모두가 제대로 참여하지 않음으로써 발생하는 비용에 관해 경종을 울릴 만한 이야기를 잘 활용하자.

4. 정체 모를 사람들이 깊이 우려하며 비판하고 있으니 그런 말도 들어보라고 한다. 이런 대화는 보통 다양한 말로 시작된다. "친구라서 하는 말인데 사람들이 뭐라고 하는지도 좀 들어보는 게 어때요?" 이는 정보를 통해 힘을 실어주기보다는 사기를 꺾기 위한 전략일 때가 많다. 이런 미끼에 걸려들면 안 된다. 떠도는 말, 남이 들었다는 말에 반응해서도 안 된다. 비판할 것이 있다면 직접 터놓고 논의할 수 있도록 당사자가 나서게 하자. 우려는 그럴 때 정당화될 수 있다. 협업은 밝은 자리에서만 가능한 일이다.

5. '법적인 쟁점'이라는 유령이 튀어나온다. 이 문제의 해결책은 법무팀과 직접 논의하는 것이다. 사실 법무팀 사람들은 반대를 목적으로 법무팀을 들먹이는 다른 사람들보다 훨씬 더 창의적이고 유연하며, 논쟁보다는 해결책을 찾는 데 집중할 줄 안다. 이들은 밖에 있는 사람들이 만든 고정관념과 달리 분위기 모르고 몸 사리기 바쁜 부류가 아니다. 그러므로 일찌감치 그들과 힘을 모으자.

6. 동료들이, 나머지는 다 달라지고 있으니 하나쯤은 그냥 둬도 괜찮지 않으냐고 말한다. 회사가 긍정적인 변화를 흡수하는

데는 수치화된 한계치 같은 것이 있다고 전제할 때 이런 비판이 나올 수 있다. 지금 당신이 위험할 만큼 그 한계치에 가까이 다가가고 있으니 조심하라는 뜻일 터다. 사실 회사는 더 나은 현실을 받아들일 역량이 있다. 아무것도 하지 않을 때 생기는 비용을 간과하고 회사를 과소평가하는 건 이런 사람들이다. 다시 한번 분명히 말한다. 편견에 부딪힐 때 행동하지 않는 편을 택하는 것은 구성원들의 사기를 꺾는 비인간적인 처사다.

7. 나중에는 훨씬 더 바꾸기 쉬운 상황이 될 거라는 말이 자주 들린다. 변화를 시도할 때 겪는 저항 중 이만큼 자주 나오는 말이 없다. 그러나 나중에 바꾸기 더 쉬워지리라는 건 환상이다. 우리가 경험한 바로는 절대 그런 일은 일어나지 않으며, 오히려 그 반대 상황이 더 많이 일어난다. 지금 문제를 명확히 이해하고 있고 추진력을 쥐고 있다는 것은 당신에게 어마어마한 자산이다. 그러나 그것들은 곧 사라진다. 대부분의 경우, 특히 주변 사람들의 안녕이 위태로울 때는 '지금 당장의 다급함'이 무엇보다 중요하다.

8. 실행 시기가 점점 늦춰진다. 실행을 미룰 때 흔히 나타나는 또 다른 전술이다. 6번과 7번에서 언급한 우려를 해소할 목적으로 나온 전략인 것이다. 그럴 때 당신의 아이디어는 개념적인 수준에서만 받아들여지며 변화를 실행할 시기는 점점 미뤄진다. 상황이 이렇게 되어간다면 당신

이 진행하는 일이 송두리째 사라질 위험에 처했음을 인지해야 한다. 포용성을 확대하는 것은 조직의 건강을 가장 크게 좌우하는 문제이며, 이를 실행할 적기는 바로 지금이다.

9. 다들 당신의 열정이 식을 때까지만 기다리면 된다고 생각한다. 경영 철학계의 대부 얼 새서Earl Sasser는 이를 '신장 결석 관리' 상황으로 이야기한다. 다들 괴롭지만 내버려두면 이 역시 결국 지나가리라고 생각 중인 것이다. 웬만하면 살짝 웃으며 말해주자. 물러나지 않을 거라고. 이 말을 하기 위해 매일 아침 커피 한 잔(무엇이든 상대가 좋아할 만한 것)을 들고 누군가의 사무실을 찾아가야 한다면 그렇게 하자. 우리는 이렇게 해서 한 번도 실패한 적이 없다.

10. '전에도 해봤는데'라는 말이 계속해서 들려온다. 당신의 제안은 과거에 형태만 다르게 시도된 적이 있을지 모른다. 만일 그렇다면 그 과정을 파악해보자. 그때의 전략이나 실행에 결함이 있었는지 알아보고 과거의 잘못에서 최대한 많은 것을 배우자. 그러나 상황은 달라진다. 당신이 이 문제를 해결하고자 시도하게 된 물리적 상황도 그때와는 다를 것이다. 어쨌든 당신은 이 일을 처음 하는 것이다. 그러므로 모든 것은 전과 다를 수 있다.

1단계: 다양한 재능에 접근하기

우리가 가까이서 관찰한 채용 절차 가운데 다양성에 관해 더 개선할 점이 없을 만큼 완벽한 절차는 없었다. 우리 두 사람의 목표는 다양성 문제를 개선하려 할 때 역시 조직의 다른 난제를 풀어갈 때처럼 열정적으로 접근하고 치밀하게 분석할 수 있음을 알리는 것이다. 가장 먼저 할 일은 다양성 부족을 문제로 인식하는 것이다. 시장 점유율이 낮아지고 운영 효율이 떨어질 때처럼 말이다. 물론 이 일은 다른 문제를 다룰 때보다 감정 소모가 크다. 그러나 해결을 바란다면 그런 과정을 극복해야 한다. 단단한 전략을 세우고, 할 수 있다는 의지를 발휘해야 한다.

많은 조직이 다양성 부족을 다양한 형태로 경험한다. 채용 대상의 범위를 좁게 잡고 그 안에서 최고의 인재를 찾는 법은 다들 이미 알고 있다. 그러나 경계를 넘어가면 문제가 생긴다. 가령 미국의 많은 회사는 기존에 알던 후보군에서 '이성애자 백인 남성들'을 영입하는 일은 성공적으로 해왔다. 그러나 이 범주를 벗어난 집단에서 안정적으로 인재를 찾는 법은 아직 배우지 못했다. 여성, 유색인, 성소수자, 이들 집단의 교집합에 속하는 이들, 그리고 기존 후보군에 해당하지 '않는' 이성애자 백인 남성 중에서는 괜찮은 인재가 눈에 띄지 않는다며 이들은 한숨을 내쉰다("기존에 알던 후보군"이란 서로 한두 다리만 건너면 알 수 있는 사람들, 인맥과 영향권, 삶의 경험이 거의 비슷한 사람들을 의미한다). 당신의 조직 역시 같은 문제가 있는지 확인해볼 간단한 방법이 있다. 혹시 팀에서 일하는 사람들의 구성이 일반적 인구 구성과 확연히 다른가? 그렇다면 당신의 팀도 다양성이 부족한 셈이다. 당신은 채용을 염두에 둔 인재 집단에 대해 인위적인 장벽을 세워두었을 가능성이 크다. 그렇게 되면 그 경계 밖에서 살아가는 멋진 인재들을 놓치는 것만 문제가 아니다. 그럴 때 당신은 동질성만 받아들이는 문화를 양산하는 위험까지 감수해야 한다.

채용 과정은 모집과 선발의 두 부분으로 구성된다. 모집은 조직에서 일하는 것에 대해 조직 외부에서 관심을 불러일으키는 과정을 뜻한다. 지금의 채용 절차에서는 항상 비슷한 사람들만 모이곤 한다면 다른 사람들을 모집할 다른 프로세스를 마련하는 편이 좋다. 하나부터 열까지 전부 뒤집어야 한다는 뜻은 아니다. 현재의 시스템은 기존에 모이던 사람들로 운영되고 있으므로 그런 이들을 채용하려면 본래 방식도 유지할 필요가 있다.

채용 과정에서 다른 사람들을 모집하려면 어떻게 해야 할까? 회사나 팀에 부족한 인재상을 파악하고 그런 사람들이 잘 모이는 곳에서 사람을 찾아보자. 예컨대 백인 남성 리더가 많은 조직에서 법무 분야의 인재를 찾고 있다면 '1844' 같은 곳부터 찾아보면 된다. 1844는 성공한 흑인 변호사들로 이루어진 조직이다.* 기술 분야에서 인재를 찾고 있다면 그레이스하퍼셀러브레이션 Grace Hopper Celebration을 공략한다. 그 레이스하퍼셀러브레이션의 구성원들은 자신들을 "세계 최대 여성 기술인 연합"으로 칭한다.[2] 역사적으로 흑인 학생의 비율이 높은 대학이나 대학교에서도 적극적으로 채용 활동을 시작해보자. 여자 대학이나 당신이 익숙하지 않은 지역의 대학들 역시 빼놓을 수 없다. 다시 말해, 다른 인재상을 영입하고 싶다면 그런 이들이 지금 생활하는 곳, 당신이 익숙하지 않은 곳(그들이 다수를 구성하는 곳이 좋다)에서부터 인재를 만나야 한다.

캐미 던어웨이 Cammie Dunaway는 듀오링고 Duolingo의 카리스마 넘치는 최고마케팅책임자 Chief Marketing Officer(CMO)다. 혁신적인 언어 학습 어플리케이션인 듀오링고는 학습에 게임을 주로 사용하는 것으로 유명하며 그 덕분인지 사용자가 무섭게 늘고 있다(3억 명을 넘어섰다). 야후 Yahoo!(알다시피 이 느낌표는 우리가 붙인 게 아니다)에서 최고마케팅책임자를 지내기도 한 던어웨이는 여러 테크 기업을 일으키며 걸출한 경력을 쌓았다. 그는 다방면으로 임파워먼트 리더십에 공들여왔는데, 그가 동료들과 공유한 자신만의 '경영 지침'을 보면 그 점이 잘 나타난다. 〈캐미에게는 특별한 점이 있다 There's Something Spe-

---

* '1844'는 메이컨 볼링 앨런 Macon Bolling Allen이 미국에서 흑인 남성 최초로 법조인으로 인정받은 해를 기리는 의미로 생긴 명칭이다.

cial about Cammie〉라는 장난스러운 제목의 이 글에는 그가 수십
년간 개인적인 모토로 삼았던 문구가 들어가 있다. "주변 사
람들의 삶에 긍정적인 영향을 주자. 사람들을 격려하고, 그
들이 도전하며 온전히 잠재력을 펼치도록 돕자."

듀오링고는 소프트웨어 분야 신입 엔지니어들의 성비를
50 대 50으로 맞추는 놀라운 일을 해냈다. 게다가 유색인
엔지니어 가운데 업계 최고로 손꼽히는 이들의 70퍼센트가
바로 이 회사의 신입 사원들이다. 듀오링고는 채용 전략을
대대적으로 변경하면서 이런 획기적인 결과를 달성했다. 예
컨대 이들은 컴퓨터공학과의 여학생 비율이 18퍼센트 미만
(미국 평균)인 대학은 채용 대상 학교에서 제외했다. 포용성
을 확대하고자 힘쓰는 많은 리더들이 그렇듯 던어웨이는 채
용 기준에 관해서는 절대 타협하지 않는 것이 중요하다고
말한다. 그래서 "몇 달째 공석인 자리가 생기더라도" 말이
다. 그는 인내와 끈기의 힘을 경험으로 배웠다. 재능은 있지
만 소외된 사람들이 존재함을 의심 없이 믿을 때 어마어마한
힘이 생긴다는 사실 역시 몸으로 부딪히며 알았다.[3]

우리는 위워크WeWork와 일하는 동안도 이런 확신이 있었
다. 공유 오피스 회사인 위워크는 IPO를 철회하고 경영진
을 교체한 뒤 우리가 이 글을 쓰는 시점까지 재건이 한창이
다.[4] 사실을 말하자면 우리는 아직 이 회사에 자문역을 하는
중이며, 분명 전망은 밝다고 말하고 있다.[5] 위워크에 믿음이

가는 이유 중 하나는 이들이 포용성을 확대하기 위해 대단한 정성을 들이고 있기 때문이다. 일선의 각 지사는 다양한 인재를 채용하기 위해 전심전력을 다한다. 고위 경영진과 소통할 때마다 포용성 확대 방안을 줄줄이 쏟아내고 워킹맘, 유색인, 참전용사, 이민자 등 모든 사람을 채용 대상으로 삼는다. 가장 최근에 실시한 연례 조사에서는 직원이 우선시할 사항을 묻자 '포용성'이라고 말한 사람이 가장 많았다.

위워크에서 우리가 맡은 일 중 하나는 조직의 모든 부문에서 재능있는 여성 직원의 비율이 동일하게 맞춰지도록 힘을 보태는 것이었다. ("재능 있는 여성 인재를 끌어오는 법" 참조) 회사 전체 직원 기준에서는 이미 여성 직원이 50퍼센트를 차지했지만, 고위 경영진 기준에서는 적어도 항상 그렇지는 않은 상황이었다. 우리는 이 목표를 달성하기 위해 기존에 알지 못한 후보군의 여성들을 채용하는 데 많은 시간을 들였다. 그러면서 얻은 교훈이 있다. 포용성을 목표로 길고 엄격한 채용 절차를 거쳤다 해도 '다른' 여성 직원이 그냥 구해지는 것은 아니라는 것. 이 일을 제대로 해내는 회사들은 완전히 다른 두 기술, 즉 여성 채용 후보자를 모집하는 것과 마침내 그들에게서 '예스yes'를 받아내는 것에 똑같이 큰 에너지를 쏟는다.

재능 있는 여성 인재를 끌어오는 법

기업들이 "도대체 일 잘하는 여자가 어디 있다는 거야!"를 외칠 때면 우리는 절대 그럴 리가 없다고 말한다. 그러면 여직원의 비율을 늘리는 방법에 대한 조언을 부탁하는데, 우리가 알게 된 점들을 여기서 간략히 소개하겠다.

기존 채용 방식을 냉정하게 바라본다. 현재의 채용 절차를 통해 남성 직원은 안정적으로 구해지지만 여성 직원은 그렇지 못하다면(당연히 둘 사이의 스펙트럼에 있는 직원을 구하기는 더 어려울 테다), 당신이 마련한 계획으로는 직원 구성의 다양성이 결여될 수밖에 없다. 이 점을 인정하는 것부터 시작하자. 이를 받아들이면 여성들의 마음을 끌 만한 다른 절차를 구상할 준비가 된다.[6]

인내한다. 재능 있는 여성을 찾는 데는 시간이 더 오래 걸릴 수 있다. 대부분의 채용 절차가 그런 여성에게 최적화되어 있지 않은 탓이다. 성공한 헤드헌팅 회사인 리더십에이전시Leadership Agency의 창립자 겸 최고경영자인 제이미 후베노프Jamie Hoobanoff의 경험에 따르면, 일반적인 회사가 리더를 찾는 데 4주를 들인다면 오로지 남성을 통해서만 정보를 얻게 될 가능성이 80퍼센트다. 그런데 탐색 기간을 6~8주로 늘리면 그 비율은 60퍼센트로 떨어진다. 여성을 더 많이 채용하고 싶다면 "여성들과 연결 고리를 찾고 그들에게 확신을 주는 과정"에 더 많은 시간을 쏟을 준비가 필요하다.[7]

재능 있는 여성들이 있는 곳을 알아낸다. 재능 있는 여성들은 이미 자기 자리에서 열심히 일하며 현재에 충분히 만족하고 있을 가능성이 크다. 이런 이들은 웬만해서는 헤드헌터에게 연락해 도움을 청하지 않으며, 채용 담당자의 제안 역시 거절하곤 한다. 재능 있는 여성들이 많이 모여서 일하는 곳을 모르겠다면, 당신이 아는 재능 있는 여성에게 물어보는 것이 좋다. 그들이 참석하는 행사와 소비하는 매체, 롤모델로 여기는 여성들에 관해 알려줄 것이다.

리더가 직접 나선다. 원하는 여성을 찾은 뒤 그 사람을 영입할 목적으로 제3자를 중간에 두는 것은 옳지 않다. 중간 역할을 하는 사람은 거절당할 가능성이 더 크기 때문이다. 당연히 중간 과정에서 채용 담당 직원이나 헤드헌터의 도움을 받을 수는 있지만 시작은 리더가 해야 한다. 검토 단계는 최소화하고, 연락 단계에서 에이전트의 도움을 받아야만 한다면 흠잡을 데 없는 태도를 갖춘 사람이어야 한다. 과거에 미국 대통령 선거 후보로 나섰던 밋 롬니Mitt Romney는 "여성들의 이력서로 가득한 바인더binders of women"라는 말을 쓴 적이 있다. 이때 전문직 여성들은 매우 불편한 심기를 드러냈다.* 상사가 할당해준 자릿수를 채울 목적으로 누군가가 만든 바인더, 귀한 이력서가 그 안에 영영 잠자게 됐을 때의 기분을 우리는 잘 안다.

분명한 신호를 보낸다. 후보를 회사로 영입하려고 애쓰는 동안은 의중을 분명하게 밝혀야 한다. 가령 대화를 시작하기 무섭게 "몇 주 뒤에 연락드리겠습니다"라고 말하는 것은 금물이다. 이 사람을 채용하는 쪽으로 결론을 내리려는 듯하다가 다른 후보들도 살펴볼 셈으로 시간을 좀 갖겠다고 하는 것 역시 금물이다. 여성들은 삶의 모든 영역에서 혼란스러운 신호(예를 들어, "겁먹지 말고 약점을 드러내세요!" "강해지세요, 하지만 다가갈 수는 있어야 합니다!")를 받는다. 복잡한 신호를 보내고 있는가? 그렇다면 당신이 마음에 둔 후보를 과소평가하는 사람, 그리고 능력 있는 여성들에게 이중적인 감정을 느끼는 모든 사람과 당신도 같은 부류일지 모른다.

협상이 필요 없는 조건을 제시한다. 우리가 아는 테크 부문 스타트업 기업 한 곳은 최고의 최고운영책임자를 성공적으로 영입하며 다음과 같은 조건을 제시했다. "우리는 얼마 전에 업계에서 가장 뛰어난 최고재무책임자Chief Financial

---

* [옮긴이] 밋 롬니는 주지사 시절 여성을 요직에 임명하기 위해 후보군을 물색하며 다른 주지사들보다 자신이 여성들의 이력서를 훨씬 많이 받았다고 강조하며 이 말을 썼다.

Officer(CFO)를 영입했습니다. 연봉도 복지도 최고 수준으로 대우해드렸죠. 당신께도 같은 조건을 제시하겠습니다." 능력자는 이렇게 데려오는 것이다. 가치를 알릴 때 이보다 명확한 신호는 없다. 이제 이 여성은 남성 동료들과 똑같이 일하고 대우는 더 낮게 받을 것을 걱정할 필요가 없다.

리더십 능력을 칭찬한다. 당신이 업무 능력이 뛰어난 사람을 찾고 있음은 여성들도 안다. 영입을 염두에 둔 여성이 지금 훌륭한 리더가 된 이유는 그 자리에서 맡은 일을 아주 잘해낸 덕분일 것이다. 그러나 여성의 실질적인 능력과 더불어, 구성원을 고무하고 그들에게 힘을 실어주며 그들이 잠재력을 펼치게 하는 리더십 능력 역시 높이 평가했다는 뜻을 분명히 전하자. 긍정적인 답을 들을 가능성이 커질 것이다.

개인적인 사정을 이해한다. 다시 말하지만 사람을 받아들일 때는 그 사람의 상황도 함께 받아들여야 한다. 후보자의 배우자가 직장을 찾고 있다면 다른 회사에서라도 기회를 찾을 수 있게 모든 자원을 동원해서 도와줘야 한다. 후보자에게 아이가 있다면 아이가 다닐 적당한 학교를 찾게 돕는 것도 당신이 할 일이다. 손길이 필요한 연로한 부모가 있다면 후보자가 이 부분을 조정하도록 유연성 있게 배려해야 한다. 우리의 경험에 비추어, 여성을 채용할 때

개인적인 사정을 온전히 이해해준다면 좋은 처우를 제시할 때보다 훨씬 더 경쟁력 있게 작용할 때가 많다.

후보자에게 능력 있는 다른 여성도 찾아봐달라고 부탁한다. 경영진 가운데 유일한 여성이 되는 것은 기분 좋은 일이 아니다. 방에 한 명이 더 있더라도 크게 나아질 것은 없다. 그러나 세 명이 되면 다르다. 혼자서 세상 모든 여자를 대변한다는 부담 없이 자유롭게 능력을 펼칠 수 있기 때문이다.[8] 아직 그런 환경을 만들지 못했다면 영입을 염두에 둔 여성에게 그 분야의 또 다른 능력 있는 여성을 같이 일하고 싶은 사람으로 추천받을 수 있다. 그렇게 하면 당신이 포용성 있는 경영진을 꾸리려 한다는 신호를 줄 수 있고, 채용 과정의 추진력 또한 이어갈 수 있다. 한 번 더 말하겠다. 능력 있는 여성은 자신과 같은 여성이 있는 곳을 정확히 안다.

'수모' 리스트를 알려달라고 한다. 여기서 수모란, 본래 의도와 달리 많은 여성에게 업무 스트레스를 가중하는 상황을 가리킨다. 어린이집이 문을 열기도 전에 회의 일정이 잡히는 것이 그런 경우다. 이렇게 스트레스가 될 만한 상황의 영향과 빈도를 줄이기 위해 당신이 할 수 있는 일을 찾아보자. 이와 관련하여 우리가 좋아하는 본보기가 있다. 한 기업에서는 수유기 아이를 둔 엄마 직원이 출장 갈 때 아기를 데려갈 수 있도록 베이비시터 비용을 부담한다. 이때 회사는 엄마와 아기가 함께할 수 있는 시간뿐 아니라 이 귀한 직원이 수모를 피할 길까지 열어주는 셈이다. 공항 화장실 변기에 앉아 유축기로 모유를 짜야 하고, 검색대 직원에게 젖병에 관해 설명해야 하는 수모를 겪어야 한다면 얼마나 끔찍한 일인가. 제록스Xerox의 최고경영자를 지낸 어설라 번스Ursula Burns가 공공연히 했던 말이 있다. 아프리카에서 미국으로 이주한 흑인 남자들은 반드시 흑인의 머리를 만질 줄 아는 이발사가 있는 동네에 터를 잡는다.[9]

회사에 상대가 절실하다는 사실을 분명히 알린다. 회사에서 후보자의 합류를 몹시 기대하고 있다는 사실을 전한다. 그가 회사에서 크게 성공할 수 있도록 당신이 열심히 노력할 것이라는 점도 알려줘야 한다. 그런 뒤 그 약속을 충실하게 지키자.

예컨대 관리직 여성은 대부분 나름의 사정이 있다. 특정 지역에 거주해야만 할 수도 있고, 일주일에 한 번은 집에 가야 할 수도 있다. 아이를 먼저 등교시킨 뒤 출근해야 할지도 모른다. 가령 우리는 의료적으로 특수한 도움이 필요한 아이가 있어서 응급 상황이 발생할 때를 대비해 병원과 가까운 곳에서 지내야 한다. 위워크는 여성의 삶을 전반적으로 받아들이는 채용 과정을 거치겠다고 발표한 뒤 여성 인재 영입 성공률이 눈에 띄게 올라갔다. 2019년 말 기준, 새로 시도한 채용 방식을 통해 입사해 관리직에 근무하는 직원 중 여성의 비율은 50퍼센트를 웃돌았다. 이 가운데 과거에 위워크와 관계를 맺었던 사람은 단 한 명도 없었다.[10]

채용의 다음 요소인 선발은 적합한 후보 중에서 가장 좋은 인재를 추려내는 과정을 말한다. 선발 기준이 객관적일수록 포용성을 확대하기에 유리하다. "최고의 운동선수", "회사의 문화에 잘 어울리는 사람"처럼 감상적이고 주관적인 기준은 조심해야 한다. 대부분 이런 기준은 사람 하나는 볼 줄 안다며 자신을 과신하는 이들에게서 비롯된다(그런데도 반드시 이 기준을 써야만 한다면, 사전에 예측했던 점에 관해 먼저 정보를 수집한 뒤 적절히 신뢰도를 조정해서 판단할 것을 권한다. 채용 절차는 이런 식으로 정직하게 유지해야 한다). 내가 원하는 것이 회사에 가장 도움이 되는 것은 아닐 수 있으므로, 나의 인간적인 성향을 인식하고 선발에 냉정한 지침을 적용하는 것이 중요하다. 그럴 때 우리는 우리를 우리 자신에게서 구할 수 있다. 선발 기준을 최대한 명확하게 정하고, 캐미 던어웨이가 그랬듯 정한 기준은 절대 낮추지 말자.*

아웃사이더들을 위해 공정한 경쟁의 장을 마련할 방법

---

* 우리 둘은 다양성을 확대하기 위해 채용 기준을 낮추는 것을 불안해하는 사람들을 자주 접한다. 합격자를 선정하는 일이 어떤 식으로든 정치화되면 냉소주의가 번져 문화 문제로 확대될 수 있으므로 이는 대개 타당한 두려움이다. 이 우려를 해소하려면 포용성 있는 선발 절차와 엄격하고 투명한 선발 기준이 마련돼야 한다.

도 생각해본다. 서맨사 비Samantha Bee는 심야 시간대 코미디 시리즈를 시작하며 다양한 작가들로 팀을 꾸렸다. 다양성은 전략과 창의성, 그리고 개인적 측면에서 그가 가장 중요하게 생각하는 문제였다. 그러나 이 일은 절대 쉽지 않았다며 비는 이렇게 말했다. "변화를 일으키려면 정말 큰 노력이 필요하죠. 변화는 꾸준히 계속되는 과정이자 마음 한편을 차지하는 '상태'가 돼야 합니다."[11] 이 시리즈의 책임 작가 조 밀러Jo Miller는 새 작가를 찾는 과정에서 성공률을 높이기 위해 블라인드 서류 심사 방식을 사용했다. 이름과 배경을 걷어낸 이력서를 검토한 것이다.* 조 밀러는 작가가 제출해야 할 결과물을 명확히 알리기 위해 지원자용 업무 지침을 만들고 내부 용어와 형식상 지침을 소개했다. 그리고 끊임없이 변화를 시도한 끝에 50 대 50의 성비를 자랑하는 작가진을 완성했다. 심야 텔레비전 쇼의 작가진으로는 전례 없는 구성이었다.[12]

어떤 방법을 쓰기로 하든 절차 안에 해결 방안을 구축하자. 위워크는 채용 절차가 진행되는 과정에서 다양성 지표가 달라지는 지점을 확인할 분석 도구를 마련했다. 이 도구를 사용하면 어떤 사람들이 채용됐는지만이 아니라 어떤 사

---

* 블렌도어Blendoor 같은 소프트웨어는 후보자의 프로필을 익명화하는 등의 기능으로 채용 과정에서 발생하는 편견을 자동으로 줄여준다. 현재 페이스북, 구글, 트위터, 에어비앤비 등 영향력 있는 기업의 채용 담당자들이 블렌도어를 사용한다.

람들이 채용에서 제외됐고, 면접 또는 최종 면접 단계까지 올라갔는지 등도 알 수 있었다. 그러자 채용 절차의 각 단계에서 이뤄지는 의사 결정의 흐름이 눈으로 확인됐다. 건강한 채용 절차에서는 단계가 올라가더라도 남아 있는 후보자의 구성은 제법 일정하게 유지된다. 그러나 건강하지 못한 채용 절차에서는 단계가 올라갈수록 후보자 구성이 달라진다. 그 원인은 여러 가지로 설명할 수 있다. 가령 워킹맘은 경력에 공백이 있을 수 있다. 그러나 채용 관리자가 이 점을 잘 알지 못하면 다양성 지표가 달라질 우려가 있다. 그런데 분석 도구를 통해 도출된 결과가 자료로 만들어지자 리더는 이를 바탕으로 관리자를 교육해 목표로 한 변화를 실행할 수 있었다.

중요한 것은 포용성이라는 명분을 이룰 지표를 만들고 사용하는 것, 그리고 빛 좋은 개살구로 전락할 수 있는 '균형 맞추기'의 운명을 피하는 것이다. 여러 조직에서는 10~20년 전부터 다양한 사람들을 채용 후보로 두는 정책을 적용하기 시작했다. 이 정책이 주목받기 시작한 것은, 2003년 내셔널풋볼리그(NFL)가 각 구단이 "감독 채용 면접 단계에서 유색인 후보를 한 명 이상 추가해야 한다"라는 규정을 발표하면서였다. 피츠버그 스틸러스Pittsburgh Steelers의 전 구단주이자 NFL 다양성위원회 회장인 댄 루니Dan Rooney의 이름을 따서 이 규정은 "루니룰Rooney Rule"로 불리게 됐다. 이로써 흑인 감독이 많아지려면 더 많은 흑인이 면접을 봐야 한다는 사실을 모두에게 알린 셈이었다.

그런데 문제가 생겼다. 루니룰이 도입되던 2003년에 NFL의 흑인 감독은 총 세 명이었다.[13] 이 정책은 16년 동안 다양성 확보의 황금률 역할을 하며 리그 전체에 폭넓게 적용되었다. 하지만 2019년이 되도록 흑인 감독의 숫자는 세 명에서 단 한 명도 늘지 않았다. 후보군에서부터 균형을 맞추게 한 루니룰과 더불어 다양성과 포용성을 증진하고자 계획된 모든 정책을 살펴본 결과 우리가 내린 결론은 이러하다. 정책이 목표 달성에 도움이 된다면 사용하는 게 맞다. 그런데 어떤 이유에서든 도움이 되지 않는다면 그 방법은 버리고 다른 방법을 시도해야 한다. 아무리 좋은 정책도 결과가 좋지 않으면 무용지물이다.

그렇다면 '고용 할당quotas'에 관해서도 이야기하지 않을 수 없다. 고용 할당은 순기능만큼 역기능도 뒤따르는 최후의 방편이다. 다양성을 지닌 사람의 숫자를 늘리는 데는 도움이 될 수 있지만, 소속감을 느끼고 서로 포용하는 것에서 비롯되는 근본적인 원동력을 키우는 데는 별 도움이 되지 않는다. 발전을 염두에 두고 다양성 그룹을 조직하는 과제는 해결이 어려워지고, 그러는 과정에서 오히려 냉소와 분노, 불안이 커질 수 있다. 그러나 '할당'이 필요할 때도 있다. 더 공정한 세상을 향해 발전해야 하지만 다른 방법은 실패

했다면 최후의 방편이라도 써야 하는 것이다.*

2단계: 공정한 기회를 통해 모두가 발전하도록 돕는다

우리의 경험에 따르면, 기회가 발전으로 이어질 때 그 안에는 두 가지 실질적인 원동력이 존재한다. 첫 번째 원동력은 포용성을 중시하며 누구나 발전의 기회를 얻을 수 있는 문화다. 조직에서 문화가 작동하는 원리에 관해서는 앞으로 더 깊이 있게 다루겠지만 그 역할은 여기서 강조할 필요가 있다. 문화는 조직에서 소속감을 느끼는 데 가장 핵심적으로 필요한 요소이기 때문이다.

즉 포용성 문화는 안전, 환영, 인정, 중시의 네 단계를 통해 구축된다. 그림 4-1의 '포용성 다이얼'은 이 네 단계를 시각화한 것이다. 우리 둘은 이 주제를 이야기할 때 먼저 포용성 다이얼로 팀의 포용성 수준을 측정하게 한다. 우리가 말하는 각 발전 단계의 정의는 다음과 같다.

1. 안전. 직원들이 일터에서 자신의 정체성과 관계없이 신체적·정서적으로 안전하다고 느낀다.
2. 환영. 직원들이 일터에서 자신의 정체성과 관계없이 환

---

* 미국과 남아프리카에서 일어난 흑인 민권 운동의 역사를 살펴보면 이 문제를 이해하는 데 도움이 된다. 흑인 민권 운동은 제도적 차별에 대처하는 과정에서 할당제는 필요조건일 뿐 충분조건은 될 수 없음이 드러나는 극명한 사례다.

그림 4-1

포용성 다이얼

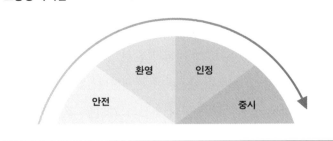

영받는다고 느낀다. 그러므로 아무 불이익 없이 '온전한 자신'을 업무에 쏟아낼 수 있다.

3. 인정. 직원들이 자신의 정체성 '덕분에' 일터에서 인정받는다. 각자 나름의 아이디어와 관점을 통해 업무에 이바지하고 보상받는다.

4. 중시. 포용성 문화가 조직 전체에 스며들어 있다. 리더는 각 직원의 차이점을 경쟁적 우위를 만들어내는 원천으로 여기며 중시한다. 각 구성원은 어느 팀에서 어떤 일을 하든 모두 비슷한 소속감을 느낀다.

당신의 팀은 다이얼의 어느 지점에 있는가? 모든 구성원이 같은 시기에 같은 단계를 경험하는 것은 아니라는 점을 기억하자. 그러나 누군가가 안전, 환영, 중시(혹은 그림4-1에는 없는 다른 것)의 감정을 느끼는 데는 경향성이 있을 것이다.

이 패턴은 포용성 확대에 필요한 일을 실행하는 지침이 될 수 있다. 한편 한 사람 또는 한 무리가 다이얼 오른쪽을 향해가는 동안 의도치 않게 다른 사람이나 다른 무리는 다이얼 왼쪽을 향해 가는 일도 있다. 예를 들어 여성에 대한 포용성 문화가 확대되면서 그 안에 있던 남성들은 무심코 잘못된 행동이나 말이 튀어나와 치르게 될 대가를 전보다 더 두려워하게 되는 일이 있었다. 당신의 팀에서 그런 일이 일어나고 있다면 공감하는 마음으로 직접 대화할 것을 권한다. 포용성을 확대할 지속 가능한 해결책이라면 당연히 모두에게 도움이 되어야 한다.

이제부터는 이 네 단계를 더 자세히 살펴보기로 하자. 기본적으로 모든 직원은 일터에 나와서 안전하다는 느낌을 받아야 한다. 무슨 말이 더 필요하겠는가. 리더는 안전 부재 상황을 경험할 가능성이 상대적으로 높은 직원들을 보호하고 그들에게 힘을 실어주어야 한다. 이런 직원들의 취약성이 나타나는 대표적인 상황이 있다. 여직원은 성희롱을 경험할 위험이 더 높다. 이 위험만으로 마음뿐 아니라 몸의 건강도 나빠질 수 있다.[14] 그렇다면 회사는 이런 비행非行을 방지하고 이에 대한 해결책을 찾기에 좋은 정책을 마련해야 한다. 또한 비행을 묵인하지 않는 문화를 통해 정책을 강화해야 한다.[15] 직원들의 신체적·정서적 안전을 지킬 기본적인 방침조차 마련하지 못한다면 다음 세 단계는 더 깊이 다룰 필요조차 없다. 기본이 지켜지지 않으면 어차피 큰 진전을 보기는 어려울 것이다.

안전 단계가 확실히 해결됐다면 다음 단계에 착수할 차례다. 일터에서는 모두가 환영받는다고 느끼게 하자. 다수와 다르다고 해서 예외가 돼서는 안 된다. 차이는 크게 눈에 띌 수도 있고(예를 들어, 백인이 다수인 환경에서 일하는 소수의 흑인) 종교, 정치 성향, 성적 지향처럼 눈에 잘 띄지 않을 수도 있다. 가령 이십 대 직원이 다수인 사무실이 있다고 하자. 이들은 하루가 멀다 하고 심야 회의가 열린들 개의치 않는다. 그런데 이 사무실에 혼자 아이를 키우는 30대 직원이 있다면, 이 사람은 다수와 다른 부류가 된다. 또 다발성 경화증 같은 '남모를' 지병과 싸우는 이를 집에 둔 직원이 팀에 있다고 하자. 병원을 오가느라 유급 휴가를 몽땅 끌어다 써야 하는 이 사람도 이 팀에서는 다수와 다른 부류다.

다수의 범주에서 벗어나는 직원 역시 다수와 마찬가지로 아무런 불이익 없이 자신을 있는 그대로 드러낼 수 있다고 느껴야 한다. 자신도 주변 사람들만큼 공간을 차지할 권리가 있다고 느끼는 것이 중요하다. 그럴 때 "심리적 안정감psychological safety'이 생겨난다. 심리적 안정감은 우리 둘의 동료이자 친구인 에이미 에드먼슨Amy Edmondson이 만든 개념으로, "사람이 자기 자신을 편안하게 느끼는" 문화(고성과 조직에 꼭 필요한 요소 중 하나)를 설명하는 말이다.[16]

구성원들이 남과 다르더라도 안전하다고 느끼고 환영받고 있다고 생각하게 됐다면, 포용성 문화의 다음 중요한 단계로 넘어가야 한다. 차이 덕분에 중요한 존재로 인식되고 인정받는 단계를 말하는 것이다. 차이를 귀하게 여기는 문화에서 차이는 곧 창의성, 혁신, 조직적 강점의 끝없는 원천이다. 우리는 다양한 기업에 고객 관리 솔루션을 제공하는 회사인 '세일즈포스Salesforce'가 그런 문화를 갖췄다고 믿는다. 세일즈포스의 '최고평등책임자Chief Equality Officer(CEO)' 토니 프로펫Tony Prophet은 설득력 있는 메신저로서 직원과 조직에 깊은 영향을 미치고 있다.

프로펫은 자신의 독특한 직함(업계에서는 보통 '최고다양성책임자Chief Diversity Officer(CDO)'라는 말을 쓴다)을 설명하며 다양성 확보는 시작일 뿐 그것만으로는 충분하지 않음을 강조한다. 그는 "사람들이 나를 인식하고 포용하고 내 가치를 인정한다고 느낄 때" 마법 같은 일이 일어난다고 말한다. 이렇게 다양성이 인정되는 경험이야말로 기업에 경쟁력 있는 자산이 된다. 확연히 다른 조각들이 모여서 훨씬 더 멋진 전체를 만들어내는 모자이크처럼 말이다. "그 결과 아름다움이 탄생하고 아이디어가 결합하는 겁니다." 프로펫의 말이다.[17]

포용성 문화의 마지막 단계는 차이에 대한 인정이 조직에 깊이 뿌리 내리게 하는 것이다. 그럴 때 구성원들은 자신의 고유성이 중시된다고 느낀다. 자신이 누구이든, 어느 팀에서 어떤 일을 하고 있든 그 느낌은 항상 비슷한 수준으로 유지된다. 그렇다면 완전한 소속감이 생겨 과거로 돌아갈 수 없는 지점에 이른 셈이다. 그럴 때 구성원들은 포용성 있는 팀장이 있어서 다행이라고 생각할 필요가 없다. 이제 다수와 다른 구성원이 있다면 모두가 그를 세심하게 배려하며 다들 그 사람이 가진 차이 덕분에 조직이 더 나아질 수 있다는 생각이 확고하게 자리 잡는다.

세계적인 음료 회사 앤하이저-부시Anheuser-Busch의 최고경영자 미셸 두케리스Michel Doukeris는 이런 문화를 만드는 데 집중하는 리더다. 그는 "다양성이 포용성을 낳는 것이 아니라, 포용성이 다양성을 낳는다"라는 믿음이 강하다. 그리고 직원들이 회사 어느 곳에서든 소속감을 느낄 수 있는 문화를 정착하기 위해 힘써야 한다고 말한다. 두케리스는 앤하이저-부시가 포용성 다이얼의 맨 오른쪽에 있는 '중시' 단계로 갈 수 있다면 조직의 잠재력을 온전히 펼칠 수 있으리라고 장담하며 이렇게 말한다. "우리 회사의 가장 큰 강점은 사람입니다. 포용성 문화를 단단히 갖추면 아무도 우리를 막을 수 없을 겁니다."

회의에서의 포용성

현실에서 포용성 문화는 어떻게 강화될까? 이해를 돕기 위해 팀에서 열리는 일상적인 회의를 예로 들겠다. 당신이 백인이 다수인 팀에서 일하는 젊은 유색인 여성이라고 하자. 회의가 계획되자 당신은 회의에 참석하는 것을 안전하게 느낀다. 팀에는 싫다는 의사를 밝혔는데도 밥 한번 먹자며 사내 메신저로 끈질기게 치근거리던 남자가 있었지만, 그는 팀을 나가야 했다.

회의실로 들어가자 백인 동료가 옆자리를 권한다. 당신은 팀에서 환영받고 있다고 느낀다. 팀장(혹은 연장자인 남성)이 다음과 같이 회의를 시작한다. "여러분의 조언이 필요해요. 모두의 의견을 듣고 싶군요." 당신은 아주 기분이 좋다. 편안하고 회의에 참여할 준비가 되었다는 느낌이 든다.

회의가 계속되면서, 계획하는 프로젝트에 대해 팀원들의 의견이 한 방향으로 모이는 듯하다(대부분 조직이 이럴 때 승리를 외치며 아이디어를 실행에 옮기기 시작한다). 그런데 당신은 생각이 다르다. 하지만 분란을 일으키거나 팀에 걸림돌이 되고 싶지는 않다. 그때 팀장이 말한다. "좋습니다. 그런데 만일 이 문제를 다르게 봐야 한다면 어떻게 될까요?" 그러자 몇 가지 새로운 의견이 오고 가기 시작한다. 팀장이 말한다. "아주 좋아요! 그쪽으로는 생각을 못 해봤군요!" 팀장은 팀원들이 더 정교하게 사고할 수 있도록 이들의 의견을 인정한다.

팀장이 다시 말한다. "혹시 더 빠진 점이 있을까요?" 팀장이 이렇게 회의실의 분위기를 바꾸자 당신도 의견을 말하기로 한다. 동료들은 당신의 아이디어를 존중하며 논의를 시작한다. 그러자 당신이 생각하지 못했던 몇 가지 위험이 파악된다. 그러나 다들 당신의 아이디어에 열정을 느끼며 힘을 내는 듯하다. 팀장이 말한다. "자, 성공하리라는 보장은 없지만 OO 씨의 대담한 아이디어가 마음에 듭니다. 다들 이런 방향으로 생각할 수 있으면 좋겠어요." 당신은 다르게 생각할 수 있는 능력 덕분에 회사에서 중시되고 있다고 느끼며 회의실을 나선다. 당신이 이 팀의 일원으로 소속감을 느낀다는 사실은 의심할 여지가 없다. 지난주 다른 관리자가 주도한 다른 회의에서도 같은 느낌을 받았다.

퀴어 정체성을 가진 사람들이 당당하게 자리할 공간을 마련하는 법

미래에는 퀴어 정체성을 가진 사람들이 틀림없이 더 많아질 것이다. 몇몇 지표에 따르면 미래에는 노동 인구 중 이성애자의 비율이 절반 이하로 떨어질 것이며, 성별을 절대 변하지 않는 중요한 특징으로 여기는 사람은 3분의 1도 되지 않을 것이라고 한다.[18] 다음은 이러한 미래에 대비해 성소수자를 포용하는 업무 공간을 마련하는 실질적인 방법을 간략히 정리한 것이다.

1. 미루어 짐작하지 않는다. 성소수자가 항상 눈에 띄는 것은

아니며 당신의 관찰력은 스스로 생각하는 것만큼 미덥지 못할 수 있다. 저쪽에서 (아찔한 하이힐을 신고) 업무 중인 아리따운 여자는 사실 보이는 것과 다른 성별을 지니고 태어난 사람일지 모른다. 멋진 셔츠를 입은 재무팀 남자는 비슷한 스타일의 셔츠를 입는 남편이 있는 집으로 매일 저녁 퇴근하고 있을지 모른다.

2. 불확실한 경계를 편안하게 받아들인다. 인간인 우리는 어디를 가든 패턴을 찾아서 갈래를 정하고 싶어 한다. 그러다 확실히 말할 수 있는 분류나 틀이 파악되지 않으면 금세 마음이 불편해진다. 사람은 모호함을 위험으로 여기는 세상에서 살아남기 위해 아주 오래전부터 그런 성향을 지니게 됐음을 기억하자. 이런 성향을 편안하게 받아들이기 위해 각자 할 수 있는 일을 하자.

3. 공부한다. 여러 훌륭한 개인과 조직들이 퀴어에 관해 가르친다. 업무 공간 속 퀴어 정체성에는 어떤 복잡한 사정이 있는지, 젠더 정체성과 성적 취향은 어떻게 다른지 (그리고 점점 길어지는 통에 발음도 힘든 LGBT+라는 말을 어떻게 쓰는 게 맞는지) 등이 그들이 다루는 주제다. 'GLAAD', '인권운동캠페인 Human Rights Campaign', '스톤월 Stonewall' 등의 단체에서 공부를 시작해보자. 지금 퀴어 문제를 얼마나 알고 있는지 걱정할 필요는 없다. 이 단체들이 내미는 넉넉하고 편안한 손길에 마음을 열어보자.

4. 맞는 대명사를 물어본다. 팀에 새로 들어온 직원은 그he, 그녀she, 그들they 중 어느 대명사로 자신을 지칭하는가? 일부 업계와 지역에서는 이메일 서명란에 자신을 가리키는 대명사를 표기하는 사람이 늘고 있다(예: "베티 러블Betty Rubble, 대명사: 그녀she/her"). 서명란에 이런 정보를 포함하면 대명사에 관한 대화가 편안해지며 모든 젠더 정체성을 존중하는 선례를 남길 수 있다. 상대가 듣고 싶어 하는 대명사가 당신이 생각한 것과 다를 수 있다는 것만이라도 편안하게 받아들여보자.

5. 상대의 사생활을 존중한다. 성소수자들은 종종 살아온 이야기에 관해 질문 공세를 받게 되곤 한다. 이런 대화는 서로에 대한 이해와 존중의 폭을 넓힐 수도 있지만 부디 그럴 때는 최대한 예의를 지키자. '진짜 이름은 뭐예요?' '타고난 성별은 뭐예요?' 같은 질문은 매우 불쾌하다. 그런 것들을 묻고 싶다면 과연 그 답을 알아야만 그 사람을 존중할 수 있는지 먼저 생각해보자.

6. 개인 화장실을 마련한다. 공중화장실 문에는 세상이 말하는 성별의 정의가 그림으로 붙어 있다. 그 정의에 말끔하게 들어맞지 않을 때 공중화장실을 쓰는 일이 얼마나 두렵고 수치스러운지는 말로 다 설명할 수가 없다. 그럴 때 화장실을 같이 쓰는 사람들의 눈빛과 말을 통해 우리는 하루에 몇 번씩 내가 남과 다르다는 사실을 마주해야만

한다. 이런 상황은 화장실에서만 일어나지는 않는다. 감시망이 작동하지 않는 은밀한 곳에서 사람들과 부딪히며 이런 일을 견디다 보면 불편함이 증폭된다. 개인 화장실을 마련하는 것이 재정상 항상 가능한 일은 아니지만 가능하다면 그렇게 할 것을 강력히 권한다.

7. 가족 구성이 복잡할(복잡하지 않을) 수 있음을 기억한다. 퀴어 가정에는 전형적인 틀이나 사정이 존재하지 않는다. 가족사진에 아이가 있을 수도 있고 없을 수도 있다. 아이가 있더라도 그 아이가 어떻게 세상에 나오게 됐는지 알 만하다는 짐작은 금물이다. 부모가 별거 중일 수도 있고, "레즈비언과 게이들의 부모와 가족 친구들Parents, Families and Friends of Lesbians and Gay(PFLAG)" 같은 기관에서 여러모로 도움을 받고 있을 수도 있다. 진지한 파트너가 있을 수도 있고, 결혼은 했을 수도 있고 안 했을 수도 있다. 사랑하는 사람들과 법적으로 연결된 관계가 아닌 경우 역시 있다. 성소수자들의 세계에서는 "선택한 가족chosen family"이라는 개념이 훨씬 더 일반적이기 때문이다.

8. 퀴어 직원들을 적극적으로 지지한다. 무지개 깃발을 다는 것부터(어디에 걸려 있어도 우리는 다 알아본다) 성소수자 직원들을 지지하는 것까지 격려는 다양한 방식으로 표현될 수 있다. 우리가 아주 좋아하는 '세이프존프로젝트The Safe Zone Project'는 업무 환경의 포용성을 교육하는 무료 프로그

램이다. 훈련을 이수하면 스티커를 주는데, 이 스티커를 붙여두면 퀴어 직원들이 있는 그대로의 모습으로 일하도록 돕겠다는 약속을 되새길 수 있다.[19]

9. 퀴어 리더의 커밍아웃을 지지한다. 당신의 조직에서는 성소수자도 성장하고 성공할 수 있음을 분명히 알리자. 그리고 직급 높은 성소수자 동료의 경우 본인이 원한다면 정체성을 드러내도록 격려한다. 애플의 인사 및 소매 담당 수석부사장인 디어드리 오브라이언Deirdre O'Brien은 자신의 경력에서 1990년대에 커밍아웃을 시도한 것만큼 힘든 (그리고 자랑스러운) 결정은 없었다며 이렇게 말한다. "겁이 났습니다. 하지만 저를 있는 그대로 전부 애플에 쏟아내고 싶었어요." 그는 현재 자신의 업무를 소개하며 이렇게 말한다. "애플에서 함께 일하는 소수자들을 지지하는 의미에서 하루도 빠짐없이 자리를 지키는 책임을 맡고 있습니다. 그것은 특권이기도 하고요."[20]

10. 듣는다. 성소수자들이 안전, 환영, 인정, 중시의 감정을 느낄 공간을 마련하기 위해 당신이 해야 할 일을 성소수자 동료들에게 직접 물어보자. 열린 마음에 겸손을 더한 마법 같은 태도로 그들과 대화해보자.

'인재 육성development'이란 구성원들의 성장과 발전을 염두에 둔 계획적 투자를 말한다. 인재 육성은 공식적(훈련 프로그램, 사내 대학 등)으로나 비공식적(멘토링, 어려운 과제 수행)으로 진행될 수 있다. 우리는 두 가지 방법이 모두 유용하다고 믿는다. 또한 인재 육성을 위한 투자가 적절하게 이루어지면 사람은 전광석화 같은 속도로 성장할 수 있음을 확신한다.

그런데 리더들 중에는 인재 육성의 개념을 반대하며 '적자생존sink or swim' 접근법을 선호하는 이들이 있다. 적자생존 접근법의 작동 원리는 다음과 같다. 먼저 가능한 범위 안에서 직원을 채용하고 할 일을 정확하게 알려준다. 그런 뒤 그 사람이 나름대로 발전할 방법을 알아내도록 웬만해서는 관여하지 않는다. 결국 가장 뛰어난 사람이 살아남을 것이다. 골자는 건강한 능력주의는 뜻밖의 결과를 통해 약자 속에서 강자를 가려냄으로써 인재 육성을 대체할 수 있다는 것이다.

이 방식은 겉으로는 합리적으로 보이지만 막상 실행하면 허점이 드러나곤 한다. 여러 이유가 있지만 그중 하나는, 어떤 명목에서든 끊임없이 비공식 인재 육성이 진행될 수밖에 없다는 데 있다. 게다가 비공식 인재 육성의 기회는 모두에게 공평하게 돌아가지 않는 편이다. 몇몇 생존력 강한 사람들은 그런 기회를 쉽게 가져가지만 그렇지 못하는 사람들은 (우리 동료 한 사람의 말마따나) 아이스버킷 챌린지에 임하는 심정으로 하루하루를 보내야 한다. 설상가상으로, 사람들은 다수가 아닌 이들에게 더 어려운 문제를 던져주는 경향이 있다. 다수에 속하는 이들에게는 사사롭게 발판을 내줄 때가 많다는 사실을 깨닫지 못한 채 말이다. 가령 유치원 모금 행사에 나갔다가 우연히 부하 직원을 만나서 일상적인 대화를 나눴다고 하자. 미처 알아차리지 못한 사이에 그 대화는 인재 육성의 기회로 쓰였을 것이다. 설령 적자생존 방식이 맞다고 생각하더라도(우리는 그렇게 생각하지 않지만!) 비공식 인재 육성의 결과로 다른 누군가가 불이익을 겪게 해서는 안 된다.

비공식 인재 육성이란 무엇일까? 예컨대 중요한 고객을 상대하며 특별 프로젝트를 수행할 사람을 뽑는 것, 부장과 함께 중요한 장소에 출장을 떠날 사람을 뽑는 것 등이 모두 그 예가 될 수 있다. 물론 조직을 운영하다 보면 이런 기회는 불가피하게 발생한다. 그러나 그런 상황에만 의존한다면 모든 구성원에게 골고루 기회가 돌아가기는 더 어려워지므로 반드시 다른 방법을 마련해야 한다. 최대한 계획적이고 체계적으로 비공식 인재 육성에 접근할 환경을 마련하자. 남을 육성하는 법만이 아니라 지지와 조언을 통해 내가 육성되는 법 또한 알려줘야 한다. 그리고 이 훈련이 팀원 모두에게 잘 적용되고 있는지 정직하게 평가할 방법 역시 필요하다.

이제 공식 인재 육성으로 돌아가보자. 비공식 인재 육성도 효과는 크지만 특히 고성장 조직에는 보통 그보다 더 많은 것이 필요하다. 우리는 앞서 언급한 우버와 일하면서 배운 점이 하나 있다. 조직에 빠른 속도로 변화가 일어날 때는 시간과 공간이 여의찮아서 비공식 지원과 멘토링을 진행하기가 어렵다는 것이다. 특히 이때 가장 뒷전으로 밀리기 쉬운 사람들이 관리자들이다. 신생 회사는 인적 자원 훈련에 투자를 줄일 위험이 상대적으로 크다. 그러면 인적 자원 육성의 가치와 방법에 관해 자신들이 무엇을 모르는지를 모른 채 지나칠 위험이 생긴다. 이런 불균형을 해결하려면 공식 인재 육성 프로그램이 도움이 된다. 요즘은 어마어마한 예산을 투입하거나 직원들의 일상 업무를 방해하지 않고도 이런 프로그램을 실행할 방법이 점점 많아지는 추세다.

3단계: 정확하고 투명한 시스템을 사용해 가장 뛰어난 인재들을 승진시킨다

승진 절차는 누군가를 승진시킬 필요성이 확실할 때 시작된다. 승진 절차에 필요한 여러 요소 중 하나는 승진 기준을 완전히 투명하게 유지하는 것이다. 이는 승진 후보자와 심사자 모두에게 마찬가지다. 모든 사람은 다음 단계로 올라가는 데 무엇이 필요한지를 정확히 알아야 한다.

투명성이 확보되지 않을 때의 대가는 몹시 크다. 우선 승진에 관한 의사 결정이 주관적으로 이루어질 여지가 생긴다. 그럴 때 일어날 많은 문제 중 하나는 재능은 있지만 상대적으로 간과되기 쉬운 사람들이 소외되고 좌절감을 느낀다는 점이다. 또한 감정이 조직을 지배할 위험이 매우 커진다. 역량이 뛰어난 사람들은 성취를 중시하는 경우가 많아서 승진을 생각하지 않을 수 없다. 그중에는 밤이고 낮이고 머릿속이 온통 승진 생각뿐인 이들도 있을 것이다. 하지만 그렇다면 회사의 이익에 절대 도움이 되지 않는다. 승진 절차가 불투명한 경우, 특히 여성과 유색인은 리더가 누구와 얼마나 가까운지에 따라 승진 절차가 달라지는 건 아닌지 의심하게 된다. 여성과 유색인은 이런 문제와 맞닥뜨릴 때 주로 패자가 되기 때문이다. 이런 시나리오를 피하려면 승진 요건을 명확하게 정하고 확실하게 공개해야 한다.

더불어 특정 부류의 사람에게 승진 절차가 유리하게 작용한 것은 아닌지 확인해야 한다. 이때 조직을 지키고자 하는 좋은 의도를 가진 누군가가 인사 정보를 비공개 자료로 못 박아 보관하고 있을 가능성이 있음 또한 알아두자. 그런 사람들은 회사에 꼭 필요한 역할을 한다면서 의도치 않게 회사의 발전을 가로막는 걸림돌이 된다. 필요한 자료가 있다면 안전하고 적절하게 다루되 문제를 개선하겠다는 의지를 피력해야 한다.

한편 이러한 문제에 접근할 때는 내 생각이 틀릴 수 있음을 알고 반드시 겸손해야 한다. 우리가 하버드경영대학원에서 젠더 평등 문제를 다루기 시작할 당시, 남성 교수들은 여성 교수들보다 승진율이 두 배나 높았다. 선배 교수들과 이 현상의 이유에 관해 논의한 끝에 크게 두 가지 원인이 가능하다는 결론이 나왔다. 첫째, 학교 시스템상 승진에 관한 의사 결정이 편향적으로 이뤄지고 있을 수 있다. 둘째, 남성 교수들이 여성 교수들보다 승진 준비가 잘되어 있을 수 있다.

우리는 나름의 견해는 접어 두고 어느 가설이 맞는지 알아보기 시작했다. 15년간(우리가 학교에서 근무한 기간이 그 정도였다. 즉 그 기간의 승진 대상자는 우리가 모두 아는 사람들이었다) 모인 이력서를 살펴보니 성별에 따라 확연한 차이점이 나타났다. 승진 대상 남성 교수들은 보통 승진 대상 여성 교수들보다 우수 논문 게재 건수가 훨씬 많았다. 이어서 우리는 근본적인 원인을 분석할 때 쓰는 유명한 도구인 '다섯 가지 왜 five whys' 기법으로 눈을 돌렸다. 학계 최고의 여성 학자들의 논문 게재 건수가 상대적으로 적게 나타나는 이유는 무엇일까? 이 재능 있는 여성들이 왜 학문적 생산성은 떨어지는 것일까?

그러다 놀라운 흐름을 발견했다. 전체적으로 여성들은 논문의 초고를 작성하는 데 아주 오랜 시간이 걸렸다. 출판용으로 제출하기까지 1년 이상 걸리는 경우도 비일비재했다. 여성 교수들은 완벽한 논문을 쓰겠다는 목표를 고수하며 초고를 다듬고 또 다듬었다. 남성 교수들은 달랐다. 그들은 작성 중인 논문을 일찍부터 여러 차례 제출하면서 아이

디어에 관해 중요한 피드백을 받았고, 그렇게 해서 논문이
최종 출판될 때까지 걸리는 시간을 줄여갔다. 그들은 완벽
주의에 가로막히지 않은 덕분에 피드백과 향상으로 이뤄진
학계의 순환 주기를 잘 따라갈 수 있었다.

우리는 그때부터 여성 교수들을 독려하기 시작했다. 아
직 논문이 '완벽'하지 않더라도 제출 시기를 당길 것을 권했
다. 그러자 남성 교수와 여성 교수의 논문 출판 건수가 금세
비슷한 숫자로 나타나기 시작했다. 우리는 인과관계를 정확
하게 파악하고서야 진짜 문제를 공략할 수 있었다. 만일 편
향이 근본 원인이라고 가정한 뒤 모든 교수진은 암묵적 편
향에 대한 교육을 받아야 한다고 못 박아버렸다면 목표를
달성하지 못했을 것이다(교수 집단의 혼란과 분노를 야기했을 가
능성 또한 있다).

우리가 다면평가를 회의적으로 생각하는 이유

우리는 몇 년 전 한동안 정부 기관과 일한 적이 있다. 이
기관은 거슬리는 패턴이 관찰되어 고심하고 있었다. 훌
륭한 여성들을 영입했는데 여성들의 승진율이 일정 수준
을 넘기지 못했던 것이다. 여성들은 입사 후 어느 시기가
되면 시스템 안에서 정체되곤 했다. 그러나 누구도 그 이
유를 파악하지 못했다.

우리는 경험상 이런 상황에서 먼저 한 가지 질문이 필요하다는 점을 알고 있었다. "다면평가 혹은 익명 관찰이 포함된 그 외 다른 평가 도구를 사용하고 있는가?" 그동안 지켜본 결과 사람들은 다면평가에서(이 방식을 사용한 의도는 좋았을 것이다) 남성과 여성을 다르게 평가하는 경향이 있었다. 이 경향은 여성이 리더일 때 더 두드러졌다. 같은 역량을 가진 남성 관리자와 여성 관리자가 있을 때 여성 관리자에게는 날카로운 비난의 화살을 돌리는 일이 많았던 반면, 남성 관리자에게는 상처 주는 일이 거의 없었다. 오히려 여성에게는 비난했던 태도를 남성에게는 칭찬하는 일도 있었다.

이 패턴을 간단히 설명하자면, 특히 익명으로 말할 기회가 있을 때 사람들은 여성에 대해 말도 안 되는 평가를 할 가능성이 크다(인터넷을 생각해보자). 이와 관련된 유명한 실험이 있다. 이 실험에서는 MBA 학생들에게, 적극적이기로 유명한 실리콘밸리 기업가 하이디 로이젠Heidi Roizen을 평가해달라고 했다. 그리고 똑같은 프로필에 "하워드Howard"라는 남자 이름을 붙여서 마치 완전히 다른 사람인 양 따로 평가를 부탁했다. 그리고 이렇게 물었다. "당신의 벤처캐피털에서는 이 후보자를 채용하겠습니까?" 학생 중에는 하이디의 프로필을 받은 그룹이 있고 하워드의 프로필을 받은 그룹이 있었다. 후보자의 이름이나 성별과 관계없이 프로필은 정확히 일치했으며, 둘 다 "공격적" "독립적" "업계의 선두 주자" 같은 말이 들어가 있었다. 학생들은 전반적으로 하이디보다 하워드를 훨씬 더 선호했다. 하워드에게는 경쟁적이고 매력적으로 작용한 요소가 하이디에게는 비호감에, 모험을 걸기에는 위험한 요소로 작용한 것 같았다.

여기서 이 논의를 더 자세히 설명하지는 않을 것이다(우리가 끊임없이 이야기한, 젠더에서 비롯되는 부담 이야기는 생략하자). 대신 익명 평가는 남용하지 말아야 한다는 것, 그리고 이 도구가 최선의 결과를 가져다준다는 보장은 없다는 것 정도는 유념하라고 당부하고 싶다. 모든 사람이 서로 상대의 강점과 약점에 관해 의견을 밝히게 할 생각이라면 편견 없이 생산적으로 남을 평가하는 법을 먼저 훈련해야 한다. 동료를 평가할 때는 내 머리에서 비롯되는 잡음과 상대가 보내는 외부의 신호를 분리할 줄 알아야 한다. 그러나 그 방법을 알아내기는 절대 쉽지 않다. 게다가 아무렇지 않게 사람을 궁지로 몰아서는 안 되는데도 다면평가에서는 그런 일이 비일비재하게 일어난다. (이런 위험을 줄일 또 다른 방법은 정보를 수집하고 분석 과정에서 숙련된 조력자의 도움을 받는 것이다. 당연히 조력자는 정황을 파악하고 객관적인 입장을 유지할 줄 아는 사람이어야 한다.)

내가 다른 사람에게 주는 피드백이 나에 대한 평가에 반영되게 하는 방법 역시 고려할 수 있다. 모두에게 같은 점수를 주었다는 것은 평가를 제대로 하지 않았다는 뜻이다. 다른 점수를 주었더라도 기준이 없거나 보복성이었을 때 또한 마찬가지다. 반면 근거에 기반해서 심사숙고하고 자각하는 가운데 회사의 상황을 민감하게 고려해서 상대를 평가하는 사람이라면 회사에 큰 도움이 되니 찬사받아 마땅하다(승진 가산점을 줘야 할 것이다). 핵심은, 평가는 기술이며 기술로서 존중해야 한다는 점이다. 여과되지 않은 익명의 반응에 서로를 옴짝달싹 못 하게 함으로써 평가 자체의 가치를 떨어뜨려서도 안 된다.

다면평가에 엿보이는 또 다른 패턴은 항상 아주 새로운 무언가가 난데없이 등장한다는 점이다. 이 역시 여성의 경우에 더 뚜렷하게 나타나는 현상이다. 이를테면 전혀 예상하지 못한 난관이 튀어나오는 경우를 생각해보자. 당사자는 들어본 적 없는 과거의 일탈 이야기가 별안간 회자되기 시작하는데, 소문의 근원은 알 수 없다. 게다가 가만 보니 채용 절차상 이 사람이 사정을 설명하거나 스스로 방어하기가 어려운 단계다. 이런 일은 건설적인 조언을 주고받는 가장 좋은 방법(3장 참조)에 관해 우리가 이야기했던 내용과 완전히 어긋난다. 건설적인 조언이 생산적으로 이루어지려면 먼저 신뢰라는 토대가 확실히 자리 잡혀 있어야 한다. 그러나 익명성은 말 그대로 신뢰의 토대를 모호하게 한다. 사람들은 익명성을 손에 쥐면 바보 같은 말들을 늘어놓느라 책임감 따위는 던져버리고 만다. 그러는 동안 피드백을 통해 득보다 실이 커질 가능성이 오히려 커진다.

우리가 같이 일했던 정부 기관 이야기로 돌아가보자. 이곳에서는 모든 직원이 다면평가를 받았는데, 다면평가는 승진에 관한 의사 결정 과정에서 큰 비중을 차지했다. 우리는 시험 삼아 경영진들에게 비슷한 평판을 가진 비슷한 역량의 직원들을 목록으로 작성해달라고 요청했다. 조직이 비슷한 수준으로 신뢰하는 남성 직원과 여성 직원을 분류하게 한 것이다. 그런 뒤 이 직원들에 대한 다면평가 결과를 살펴보게 했다.

리더들은 무척 당황한 얼굴로 돌아왔다. 하이디-하워드 실험이 그대로 되풀이된 모양새였기 때문이다. 만일 외부에서 온 누군가가 회사의 사정을 전혀 모르고 이 사람들을 개인적으로 겪지도 않은 상태에서 이 평가를 읽었더라면 이들을 비슷한 역량을 가진 사람들로 결론짓는 건 불가능했을 것이라고 했다. 그런데 사실 이 평가는 내부에서만 돌려보는 자료가 아니었다. 왜냐하면 승진은 주로 다른 조직의 다른 부문으로의 이동을 의미했기 때문이다. 리더들은 이 실험을 거친 뒤 직원 평가 절차에서 익명성을 없애고 피드백을 양지로 끌어내기로 했다.

당신에게도 이 방법을 적극 추천한다.

한편 포용성(더 넓게 말하면 '임파워먼트 리더십')에 대한 의지를 승진 기준에 직접 포함하는 것 또한 방법이 될 수 있다. '마이크로소프트Microsoft'의 최고인사책임자Cheif People Officer (CPO) 캐슬린 호건Kathleen Hogan은 최고경영자 사티아 나델라Satya Nadella와 함께 한 세대 동안 회사의 가장 흥미로운 전환점 중 하나를 끌어낸 인물이다. 그 과정에서 호건이 나델라와 같이 한 일이 바로 포용성을 승진 평가 항목에 포함시킨 것이었다(이 이야기는 '문화'를 다룬 6장에서 더 자세하게 다룰 것이다).

호건이 임원이 될 무렵 마이크로소프트의 승진 절차에서 가장 큰 비중을 차지했던 요소는 개인의 역량이었다. 그런데 회사의 성과 평가 체계가 재정비된 뒤 개인의 역량과 더불어 그만큼 중요해진 요소가 하나 더 있었다. 승진 후보자가 '다른 사람의 성공에 얼마나 이바지했는가'가 그것이었다. 다시 전성기를 맞이한 마이크로소프트는 포용성을 세 가지 핵심 우선 사항 중 하나로 받아들였고, 호건은 포용성을 모든 성과 평가의 핵심 기준으로 정했다.[21] 포용성 문화를 정착시키기 위해 나델라를 비롯한 경영진이 전심전력하고 있음이 드러나는 대목이다. 더불어 이 일을 잘해내는 리더들은 중요하고 남다른 사고방식을 가졌다는 것을 알 수 있다. 구성원 모두가 똑같이 소속감을 느끼는 환경을 마련하는 것은 넓은 의미에서 리더의 몫임을 그들은 안다.

4단계: 인재를 지켜라

재능 있는 사람들을 다양하게 채용하고 육성하고 승진시켰다면, 이제 남은 일은 그들이 회사에 남아 있게 하는 것이다. 오늘날 고용 시장에서는 인재를 붙잡아두는 것이야말로 중차대한 과제다.

해결책은 무엇일까? 내 사람들을 지킬 권리를 확보하는 것이다. 하루도 빠짐없이 말이다. 우선 (집중하시라!) 편집증에 가까울 만큼 많은 것을 생각하는 일부터 시작해보자. 포용성도 있고 일도 능숙하게 잘하는 당신 팀(회사) 인재들을 경쟁 팀(회사)에서 데려가 키워보려고 눈독을 들이고 있다면 어떨까? 팀 최고의 인재들이 매주, 아니 심지어 매일 열의에 찬 헤드헌터한테서 연락을 받고 있다면(우리가 알기로 흑인 소프트웨어 엔지니어들은 평균 하루에 한 번 꼴로 채용 담당자들에게 연락을 받는다)? 그중에 이직을 고민하며 엉덩이가 들썩이는 이들이 있다면? 그런데 그런 사람들이 지금 여기서는 너무 쉬운 일만 받고 평가 또한 제대로 하지 못하는 데다 봉급은 너무 적고 인정받기도 어렵다는 생각을 하고 있다면? 그러다 바로 오늘 좋은 조건으로 이직을 제안받은 김에 당장 가까운 사람들과 함께 이직의 득실을 따지기 시작한다면?

매일 아침 눈뜰 때마다 애초에 직원들이 그런 연락을 기다릴 필요가 없는 환경을 만들겠다고 다짐해야 한다. 조직에 따라 이 과정은 다른 모양새를 띠겠지만 항상 제일 먼저 할 일은 열린 마음과 생각으로 모두의 발전을 가로막는 걸림돌을 파악하는 것이어야 한다. 특히 중요한 것은 가장 많은 측면에서 조직에 이바지하는 이들을 살피는 것이다. 우리가 회사들을 상대로 일을 시작할 때 제일 먼저 하는 일은 여성 관리자나 유색인 직원과 일대일로 자리를 마련하는 것이다. 그러고는 그들에게 이렇게 묻는다. "당신처럼 멋진 사람들을 계속 붙잡아두려면 이 회사가 무엇을 해야 할까요?"

그들이 내놓는 답을 들으면 회사의 리더들은 보통 깜짝 놀란다. 우리가 보기에 가장 노골적인 문제는 소외된 그룹에 해당하는 직원들은 업무만 아니라 "대표세" 납부하듯 해당 그룹의 대표자 역할까지 해야 한다는 점이다. 가령 이런 그룹 사람들을 불러다 신입 사원 면접 자리에 앉혀 놓거나, 중요한 이해관계자가 회사에 방문한다고 하니 이들을 눈에 띄는 자리에 세워두었다고 하자. 만일 그런 일을 맡기는 이유가 이들이 평소에 동료들보다 훨씬 더 하찮은 일을 하기 때문이라면 역효과가 날 수 있다. 우리 친구이자 넷플릭스Netflix 최고마케팅책임자인 보조마 세인트 존Bozoma Saint John 은 이렇게 말한 적이 있다. "왜 내가 모든 걸 바로잡아야 하죠? 흑인 여자라서? 당신들이 우리보다 훨씬 많잖아요. 우리야말로 도움이 필요해요."

또한 '성공'했다고 해서 일상에서 수모를 겪거나 수치심을 느낄 일이 완전히 사라졌다는 뜻은 아님을 기억하자. 지위가 높아지더라도 타인의 편견과 무시에서 비롯되는 고통에 면역이 생기거나 유리 천장에 부딪혀서 생긴 상처가 아물지는 않는다. 승진이 모든 아픔을 치유하는 것 역시 아니다. 누군가 그런 상처가 있다면 사무실 한구석에 마주 앉아 샴페인 한 병을 같이 따고 난 뒤에만 리더의 일은 끝난다고 할 수 있다.

그러므로 일단 해보자. 세 단계를 적극적인 태도로 훌륭하고 즐겁게 밟아가자. 훌륭한 인재들을 끌어와 흥미로운 일을 맡기고, 마치 회사의 미래가 그들의 어깨에 달린 것처럼 그들에게 투자하자. 뛰어난 사람이라면 적절한 시기에 승진시키고, 기다리게 하지 말자. 그들이 당신과 함께 있는 동안 이미 얻었던 역할과 직함, 대우를 좇아 경쟁사로 가게 하는 일은 절대 만들지 말자.

또한 세상에 존재하는 모든 옳고 정의로운 것들의 이름을 걸고 그들이 하는 일에 대해 공정한 대가를 받게 하자. 여성이 일하면서 가장 격분하는 경우 중 하나는 남성 동료가 같은 일을 하고도 월급을 더 많이 받는다는 것을 알게 됐을 때다. 이 점이 특히 두드러지는 곳은 테크 업계다. 우리는 열심히 일하는 재능 있는 여성들이 팀의 남자 후배가 자신보다 월급을 더 많이 받는다는 것을 알고 사기가 꺾이는 모습을 자주 보았다. 최근 미국 프로 축구 선수들의 연봉 문제를 두고 논쟁이 붉어지면서 스포츠계 한가운데서 이러한 분노가 표출되고 있다. 2019년 미국 여자축구 국가대표팀은 미국축구연맹(USSF)을 상대로 소송을 제기했다. 미국축구연맹의 성차별 문제 때문이었다. 여자축구 국가대표팀은 우승 실적과 리그 수익 등의 핵심 지표상 남자축구 국가대표팀보다 성적이 좋은데도 연봉과 지원을 덜 받고 있다고 주장했다.[22]

미국축구연맹은 절대 이 싸움에서 이길 수 없다. 그 이유 중 하나는 메건 러피노Megan Rapinoe 같은 스타 선수들이 단호한 지지를 보내고 있기 때문이다. 메건 러피노는 이 문제에 관해 많은 사람의 마음과 생각을 사로잡았으며 팀에 대한 지지를 원동력 삼아 효과적인 변화를 만들어냈다. 러피노를 비롯한 팀의 선수들이 2019 월드컵에서 또 한 번(통산 네 번째) 우승을 차지하자 모든 관중이 입을 모아 "이퀄 페이! 이퀄 페이! Equal Pay! Equal Pay!(평등 임금, 평등 연봉)"를 외친 것은 우연이 아니었다.

결론은 이렇다. 당연히 받을 만한 것을 두고 여성이라는 이유로 더 열심히 해야만 받을 수 있는 환경을 만들어서는 안 된다. 동일한 일을 했다면 젠더 정체성 및 남과 다른 특징과 관계없이 동일한 대가를 받아야 한다. 또한 그들이 동료들보다 탁월한 성과를 내고 앞서간다면 그만큼 보상하는 것이 마땅하다.

진실과 화해

포용성 문화를 확대하는 여정에서는 대부분 어느 정도 과거를 정리하는 과정을 거쳐야 한다. 그렇게 '역사적 실수와 잘못에 정의를 적용하는 것'은 '더 나은 미래를 위한 투쟁'으로 연결될 수 있다. 2014년 1월, 하버드대학교 경영대학원 니틴 노리아Nitin Nohria 학장은 강당을 가득 메운 졸업생들에게 아주 특별한 담화를 전하며 학교가 그때까지 여성을 대한 방식을 사과했다. 우리가 그 자리에 있지 않았다는 사실이 정말 안타깝다. 기사에 따르면 하버드대학교 경영대학원의 여성들이 "학교에서 존중받지 못했고, 소외됐으며, 사랑받지 못했음"을 학장이 인정하는 동안 강당에 있던 사람들은 누구 하나 숨소리조차 내지 못했다고 한다.[23] 그는 분명하게 말했다. "학교가 여러분에게 더 큰 빚을 졌습니다. 제가 약속합니다. 앞으로 학교는 더 나아질 것입니다."

이 말은 순식간에 동문 사이에 퍼졌고, 우리에게 역시 개인적으로 큰 의미가 되었다. 토니 프로펫은 "사람들이 나를 인식하고 포용하고 내 가치를 인정한다고" 느끼는 것의 중요성을 이야기한 적이 있다. 그런데 이 세 가지가 전혀 충족되지 않는 환경에서 일하게 될 때 사람들은 마음 한편으로 조금씩 화가 나기 시작한다. 그런 곳에서는 무엇이 진짜고 무엇이 가짠지가 혼란스러워지며 정상으로 받아들일 수 없는 다른 부정적인 감정까지 밀려든다. 그런데 누군가 그런 경험을 용납될 수 없는 것으로 말해주면 정말 든든하기도 하고 마음의 상처가 다 아무는 느낌이 든다.

조직이 아픈 과거를 치유하는 법에 관해 질문을 받을 때면 우리는 노리아 학장의 용기 있는 발언을 떠올린다. 우리의 경험에 따르면 리더들은 낙관적이고 정직한 마음으로 조직의 역사를 직면할 필요가 있다. 낙관적으로 된다는 것은 지금껏 우리가 이 책에서 이야기한 겸손과 지략으로 조직의 문제들을 바로잡는 동시에 더 나은 미래를 만들어가는 것을 말한다. 정직해진다는 것은 실수와, 그 실수로 사람들이 치른 대가를 철저히 책임진다는 의미다.

대부분 조직에서는 구성원들이 각자 행동하거나 행동하지 않은 결과를 개인적으로 책임지는 과정 또한 정직을 위한 노력에 해당한다. 우리가 자주 하는 말이 있다. 조직의 변화는 좋은 사람들의 나쁜 행동은 바로잡을 수 있지만 나쁜 사람들의 나쁜 행동은 바로잡을 수 없다. 여기서 말하는 "나쁜" 사람들이란 가해, 차별, 비행의 패턴이 굳어진 사람들을 말한다. 이들의 영향력을 막을 유일한 방법은 이들을 회사에서 나가게 하는 것뿐이라고 생각한다. 누구도 행동을 바로잡을 기회에서 배제되어서는 안 되지만 누군가의 행동 때문에 조직이 개인적으로나 문화적으로 큰 손실을 본다면 모든 사람에게 기회를 줘야 한다는 원칙에만 매달릴 필요는 없다. 다른 사람을 인간 이하로 대했다면 적어도 그들 주변에 머무는 특권을 포기하는 것이 옳다. 이런 사람을 가려내려면 탄탄하고 공정하고 투명한 절차가 필요하다. 그리고 그 절차에서 비롯된 결과를 모두가 신뢰할 수 있어야 한다. 선택적 정의는 누구에게도 도움이 되지 않기 때문이다.

마지막으로 한 가지를 더 분명하게 말하고 싶다. 우리는 많은 상황에서 용서와 구제가 정당한 선택지가 될 수 있다고 믿는다. 여러 차례 우리가 경험한 것에 따르면 사람들에게 실수할 기회를 주고 실수에서 배울 기회를 줄 때 조직에서는 엄청난 효과가 나타난다. 이러한 '호의'는 회사의 생태계에 강력한 새바람을 불어넣을 수 있다. 그럴 때 사람들은 마음 깊이 겸손해지고 다 같이 더 나아지고 싶은 마음이 든다. 우리가 경험한 바 개인과 조직은 특히 이런 환경에서 가장 빨리 진정한 소속감을 느꼈으며 그 과정에서 가장 깊이 치유될 수 있었다.

라이엇게임즈의 호의

라이엇게임즈Riot Games는 스타트업 기업으로서 속도전을 벌이던 초창기 시절, 구성원 간의 차이를 온전히 포용하지 못했다. 이런 과거와 화해하기 위해 이들이 구체적으로 한 일들은 6장에서 더 자세히 다룰 것이다. 니콜로 로랑Nicolo Laurent이 최고경영자가 된 이래, 라이엇게임즈는 포용성을 문화적 가치와 전략적 비전의 핵심으로 삼았다. 로랑은 이 목표를 염두에 두고 회사가 힘쓴 일들을 언급하며 그 사이 자신은 소속감과 성장의 관계에 관해 생각이 달라졌다고 말한다. "포용과 성장은 나란히 가는 관계가 아닙니다. 포용은 성장의 토대죠. 지속 가능한 성장이 이뤄지려면 모든 구성원이 소속감을 느끼도록 포용이 바탕이 돼야 합니다."

우리 두 사람은 조직을 치유하려면 특별한 호의가 필요하다고 생각한다. 로랑이 실천하는 것이 바로 그런 호의다. 그는 회사의 구제를 위한 여정의 일환으로 겉으로 붉어졌던(적극적으로 불만을 듣고 조사해서 알게 된) 큰 고통에 안타까움을 표하고 고위 경영진을 해임하는 등 여러 징계 조처를 단행했다. 그런가 하면 그보다 정서적인 방식으로 접근한 문제도 있었다. 이 방식으로 그가 내린 중요한 결정 한 가지는 회사의 초창기 기술 분야 리더 중 한 명으로 최고운영책임자를 맡고 있던 스콧 겔브Scott Gelb를 지지하기로 한 것이었다. 겔브는 의도치 않게 포용성이 부족한 문화가 자리 잡혀 있던 라이엇게임즈의 초창기에 남성 동료와 전문가답지 못한 농담을 주고받았다는 의혹을 받고 공개적으로 호된 비판을 받았다.

로랑은 회사 정책에 따라 구체적인 사건에 관해서는 공개 발언을 삼가야 했지만 겔브에 관해서만은 예외를 두었다. 경영진으로서 겔브가 맡은 역할을 감안해 그와 관련하여 떠도는 헛소문을 잠재우기 위해서였다. 외부 로펌과 특별위원회의 검토를 거쳐 겔브는 2개월 무급 정직에 민감성 훈련* 처분을 받았다. 겔브가 정직을 앞두고 떠날 준비를 하는 동안 로랑은 전 직원 앞으로 이메일을 보냈다. 모두에게 발전 기회가 돌아가는 라이엇을 만들고자 겔브가 헌신해왔음을 강조하기 위해서였다. 마지막에는 다음과 같은 문구를 덧붙였다. "저는 그가 이 여정을 마무리할 때까지 내내 그를 응원하고 지지할 겁니다. 그리고 돌아오면 그를 훌륭한 리더로 잘 활용할 겁니다. …… 여러분도 저와 뜻을 함께해주시기 바랍니다."

사실 겔브 사건은 보이는 면이 전부가 아니었다. 겉으로 드러난 것 외에 많은 이야기가 존재했다. 겔브는 라이엇과 이전 직장에서 모두 오랫동안 다양성 팀을 만들고 이끌었다. 그는 회사에서 포용성 문화를 확대하는 과정에서 눈에 띄지 않게 가장 큰 공을 세운 장본인이었으며, 아웃사이더로 겪는 경험에 누구보다 민감했다. "중서부 출

---

* [옮긴이] 자신과 타인에 대한 의식을 높일 목적으로 집단 토론과 상호작용을 사용하는 심리학 기법이다.

신의 작고 마른 유대인 아이" "모두가 컴퓨터와 비디오
게임은 시간 낭비라고 생각했던 1980년대에 그런 것들을
좋아해서 괴롭힘을 당했던 괴짜". 이런 말로 설명될 성장
기를 보낸 그 역시 아웃사이더였기 때문이다. 그러나 이
런 경험이 전부는 아니었음을 언급한 사람 역시 겔브다.
그는 어릴 적에 그런 일을 겪었기에 라이엇의 문화적 과
제나 그 안에서 자신이 암묵적으로 맡았을 역할을 충분
히 인식한 건 아니었다고 고백한다. "포용성 문제에 관한
경영진의 노력이 실망스럽다는 말을 직원들한테 직접 들
었어요. 살면서 그렇게 힘들었던 때는 없었죠. 제가 할 일
이 있다는 건 알았어요. 하지만 그 일을 얼마나 해야 하는
지는 알지 못했던 것 같아요."

그 후 12개월 동안 겔브는 리더로서 자신을 다져나갔다.
자신의 일관된 패턴과 선택을 명확하게 들여다봤고 특히
포용성과 진정성 면에서 꾸준히 발전하는 리더가 될 방
법을 고민했다. 1년이 지난 지금 겔브는 라이엇으로 돌아
와 멋지게 성장하고 있다. 회사가 제작하는 게임의 포트
폴리오 확장을 맡아 능숙하게 책임을 수행하는 중이고,
전사 차원의 포용성 확대 프로젝트 역시 가장 유능하게
해내는 리더가 됐다. 라이엇의 신임 최고다양성책임자인
앤절라 로즈보로Angela Roseboro는 라이엇을 업계 최고 소속
감 강화 모델로 도약시키는 일을 하고 있다. 그가 이 일

에 가장 헌신하는 동료 중 하나로 손꼽는 사람이 바로 겔
브다.

겔브 이야기에서 중요한 점은 로랑을 비롯한 라이엇 사
람들이 중요한 순간에 그의 곁을 지켰다는 점이다. 여러
동료가 공개적으로 그를 지지했으며, 겔브가 든든한 리
더로서 흔들림 없이 지지해준 덕분에 자신들이 성장할
수 있었다고 밝혔다. 이렇게 말한 이들 중에는 겔브가 멘
토링하고 관리한 여성 관리자들도 여럿 있었다. 그런가
하면 회의 뒤에나 복도를 지나다가 조용히 다가와서 부
당한 추측을 해서 미안하다고 말하는 이들도 있었다. 모
두 겔브가 지난해에 겪은 가장 인상적이고 감동적인 순
간이었다. 그런 사람들이 있었기에 그는 라이엇을 포용
성이 중시되는 공간으로 만들겠다고 다짐할 수 있었다.
포용성이 중시되는 미래는 멀리 있지 않다. 라이엇 사람
들이 겔브를 비롯한 모든 구성원을 위해 보편적 인간성,
취약성, 성장이 꽃필 기회를 만들어낸 것은 분명 그런 미
래를 앞당기는 데 도움이 되었을 것이다. 이를 위해 라이
엇이 한 선택을 우리는 다른 말로 '호의'라고 부른다.

흑인 워킹맘

이 일을 시작할 무렵 우리는 소속감 문제를 바로잡고자
하는 사람들에게 간단한 공식을 알려주곤 했다. 여성이 더

일하기 좋은 조직을 만들면 모두가 더 일하기 좋은 조직이 될 수 있다는 것이었다. 시간이 흐르면서 그 조언은 다음과 같이 진화했다. "흑인 여성이 더 일하기 좋은 조직을 만드세요!" 소외된 정체성을 둘 이상 갖는 데서 비롯되는 어려움을 암시한 말이다. 셰릴 샌드버그는 최근에 같은 맥락에서 이런 말을 했다. "흑인 워킹맘이 일하기 좋은 조직을 만듭시다." 흑인 워킹맘이 조직의 나머지 모든 사람과 똑같이 조직에서 발전할 기회를 얻고 있다면 모든 문제가 바로잡혀가고 있다는 뜻이다.

흑인 워킹맘이 진정 인정받고 있다고 느끼려면 아직 갈 길이 한참 멀다. 그러나 그 사실을 깨닫더라도 실망하지 말자. 온전한 포용성을 반대하는 이들이 있으면 압도감을 느끼기가 쉽다. 요즘처럼 모두가 모두를 지켜보는 시대에는 행여 실수를 저지르지는 않을까 많은 기업이 불안해한다. 우리가 경험하기로 그 불안의 해독제는 전념이다. 포용성은 시급하지만 달성할 수 있는 목표라고 생각하며 진심으로 전념해야 한다. 단순하게 앞으로 나아갈 때, 모두에게 소속감을 선사하기로 하는 어려운 과제에 '그래도 할 수 있다'는 레즈비언 정신으로 다가갈 때 어마어마한 힘이 생긴다는 것을 우리는 배웠다. 불안과 관성을 낙관주의와 전진으로 바꾸면 어떤 조직이든 당신의 매력에서 벗어날 수 없을 것이다.

그렇다면 리더십 여정에서 가장 큰 도약이 필요한 시점

이 왔다. 이제는 리더가 함께하던 시간에서 함께하지 않는 시간으로 넘어가야 한다. 소속감은 리더로 일하는 과정에서 빼놓을 수 없는 부분이다. 신뢰나 사랑에 힘쓸 때와 마찬가지로 당신이 함께하며 해결할 문제다. 지금부터는 리더가 함께하지 않는 상황으로 넘어가서 리더가 함께하는 선택지가 없을 때 구성원들이 자유롭게 역량을 발휘하게 할 방법들을 알아보기로 하자.

✓ 당신의 조직에서는 어떤 사람들이 성공하는가? 성과와 참여도 면에서 두각을 보이는 사람들에게 일관되게 나타나는 패턴이 있는가? 승진과 근속 면에서는 어떤가?

✓ 회사의 직원 한 명 한 명이 진정성 있게 일하며 역량을 모두 발휘할 수 있다고 느낀다면 회사에 어떤 이점이 생길까?

✓ 다음 중 당신 조직의 소수자 직원들이 느낄 감정을 설명한 말로 적절한 것은 무엇인가? 1. 안전하다 2. 환영받는다 3. 인정받는다 4. 중시된다. 팀의 문화를 포용성 다이얼의 오른쪽으로 움직이기 위해 지금 당신이 할 수 있는 일은 무엇인가?

✓ 포용성과 소속감에 관한 목표를 달성하려면 누구의 지원, 지지, 또는 참여가 필요한가? 포용성은 급하지만 달성할 수 있는 목표임을 확신해야 할 사람은 누구인가?

✓ 당신이 목표를 이루고자 할 때 장애가 될 요인은 무엇인가? 그러한 장애를 어떻게 극복하겠는가?

2부

조직을 떠난 뒤에도
유효한 리더십

1부에서는 리더가 함께하며 구성원에게 힘을 실어주는 법을 알아보았다. 리더가 함께하지 않는 상황을 다루는 2부에서는 리더십을 정의하는 두 번째 부분으로 넘어가서 리더가 함께하며 쌓은 영향력이 함께하지 않을 때까지 지속되게 할 방법을 알아볼 것이다. 우리는 이즈음 리더십이 가장 흥미로운 전환점을 맞는다고 생각한다. 이제 리더는 팀을 넘어선 조직 단위(그리고 또 그 너머)에서 구성원들의 삶에 변화를 일으키고 일의 실행 속도를 높여간다. 리더가 말 그대로 핵심에서 물러나는 것 역시 이때쯤이다. 심지어 이제 리더는 실제로도 구성원들과 같은 공간에 머물지 않는다.

좀더 자세히 설명해보겠다. 지금까지 우리는 같은 공간에서 함께 지내는(적어도 가까운 사무실이나 온라인에서 함께 일하는) 개개인이나 팀을 이끄는 방법을 살펴보았다. 신뢰, 사랑, 소속감은 리더가 리더로 있는 동안 구성원들과 직접 주고받는 '통화currency'다. 당신이 이 일을 잘해낼 때 구성원들이 내는 성과는 그림 1-1과 같다. 다시 말해 당신은 구성원과 함께하면서 그들이 점차 더 활발하게 잠재력을 펼치도록 돕게 된다.

그러나 당신이 떠나면 이 그림은 어떻게 될까? 가장 일반적인 경우 리더가 (일시적으로라도) 자리를 떠나면 구성원들의 성과는 침체곡선 또는 하향곡선을 그린다. 한편으로 이는 리더의 가치(그리고 리더의 존재감)를 강조하는 의미일 수 있다. 그러나 또 다른 한편으로는 리더의 영향력이 일상적으로 교류했던 사람들로만 한정됐음을 의미하기도 한다. 리더는 조직을 이끄는 동안 대다수 구성원과 동떨어진 공간에 머문다. 적어도 구성원들의 관점에서는 말이다. 당신의 조직에 있는 사람들은 보통 당신이 없는 곳에서 의사 결정을 한다. 그러므로 당신이 함께하지 않을 때도 구성원들이 잠재력을 펼치게 하려면 다른 리더십 도구가 필요할 것이다.

다행히 리더에게는 동료들이 있는 현장과 전혀 가까이 있지 않을 때도 쓸 수 있는 아주 강력한 무기가 두 가지 있다. 바로, 전략과 문화다. 이 두 요소는 조직이 나아갈 방향을 결정하고 구성원들(그리고 그 밖의 **많은** 사람)에게 힘을 실어주는 보이지 않는 원동력이다. 전략과 문화가 잘 자리 잡혀 있다면 리더가 구성원과 함께하는가 함께하지 않는가는 중요하지 않다.* 그러므로 가장 성공한 리더들은 전략과 문화를 정비하고 회사의 구석구석까지 이것들을 알리는 데 지나치다 싶을 만큼 많은 시간을 쏟는다.

이 일을 잘해냈을 때 리더는 조직 곳곳의 모든 사람에게 힘을 실어주는 한편 성과 곡선을 바꿀 수 있다. 본래는 다음 쪽 그림의 일반적인 리더들처럼 B, C에 가까운 형태였겠지만 이제 A 형태를 따라가게 되는 것이다. 그럴 때 구성원들은 리더가 함께하지 않아도 성과를 높일 수 있다(A는 리더의 부재absence를 뜻하는 글자라고 하자).

---

* 피터 드러커Peter Drucker는 "아무리 좋은 전략도 결국 문화에 먹히기 마련이다Culture eats strategy for breakfast"라는 말로 둘 중 어느 것이 더 강한가에 관한 논쟁에 불을 붙였다고 한다. 실제로 이 대결에서는 보통 문화가 승리를 거두곤 한다. 그러나 그것은 단지 전략이 모든 직원에게 영향을 미칠 만큼 잘 설명되는 일이 드물기 때문이다. 우리가 좋든 싫든 문화는 끊임없이 비공식적 신호와 행동의 실마리를 던져주며 현란하게 그 의도를 선포한다. 그러는 동안 전략은 몇몇 최고 책임자들의 머릿속에만 갇혀 있거나 1년에 한 번 떠들어보는 전략 계획 보고서 속에 잠자고 있을 때가 많다. 솔직히 말해 이건 공평한 싸움이 아니다.

곡선 "A"의 리더들은 조직을 떠난 뒤 며칠, 몇 년, 심지어 몇십 년이 지나서도 지속할 영향력을 만들어낸다. 이들이 이끄는 사람들은 리더를 떠난 뒤에도 세상에서 성장과 성공을 경험한다. 이것이 바로 임파워먼트 리더십의 성공 여부를 판가름하는 궁극의 잣대이자 5장과 6장의 핵심이다.

확장된 리더십 성과 곡선

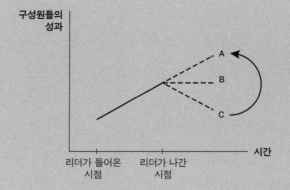

5장

전략

///////////////////////////

　　리더가 자리를 떠나서 사용할 수 있는 첫 번째 무기는 전략이다. 잘 만든 전략은 구성원들에게 리더 없이 스스로 통제할 수 있는 자원(시간, 집중, 자본 등)의 배치 방법을 알려줌으로써 조직에 힘을 불어넣는다. 리더의 영향력이 이 정도로 확대되려면 구성원들이 전략을 충분히 이해한 뒤 그에 따른 자신의 결정을 정확히 알릴 수 있어야 한다. 우리의 경험에 따르면 최상위 관리자 이하 구성원 대다수가 전략을 혼동한 나머지 회사의 성장을 가로막는 일이 비일비재하다. 달리 말해 구성원의 재량은 리더가 전략을 전달해내는 만큼만 커질 수 있다. 5장은 이 인위적인 한계치를 없애는 것에 관한 이야기다.

　　가장 먼저 할 일은 올바른 전략을 세우는 것이다. 이번 장 초반부에서는 소비자 만족, 공급자 보호, 주주와 직원을 위한 보상 강화를 목적으로 한 전략 수립의 틀을 짚어볼 것이다. 우리는 '가치 기반' 전략이라는 말을 좋아한다. 가치가 창출되고 확보되는 곳에 집중할 수 있기 때문이다. 그러나 전략은 형식적인 의사 결정 과정을 순서대로 모아놓은 것일 뿐이라는 생각에는 반대한다. 우리는 전략에 리더가 그대로 드러난다고 믿는다. 전략은 리더의 가치와 믿음을 조직의 태도와 행동에 고스란히 새겨넣는다. 회사에서 리더가 직접 챙길 수 없는 곳까지 리더를 그대로 전달한다. 따라서 자신의 권한을 최대한 발휘해 모든 구성원이 각자 잠재력을 펼칠 수 있게 힘을 실어주는 리더가 되어야 한다.

전략이란 무엇인가?

전략에는 기본적으로 조직이 승리할 방법이 담겨 있다. 전략을 구성하는 요소는 분야에 따라 달라지지만 일반적으로 전략을 세울 때 가장 핵심적으로 고려하는 사항은 소비자, 경쟁자, 공급자다. 이 외부 이해관계자들이 내리는 결정에 따라 성공과 실패가 갈라진다.[1] 논란의 여지가 있겠지만 우리는 이 핵심 고려 사항에 직원을 포함하기로 했음을 미리 밝힌다. 이 색다른 이야기는 이번 장 후반부에서 다루기로 하자.

전략가로서 리더가 가장 먼저 할 일은 회사의 주 소비자층이 가장 중요하게 생각하는 측면에서 경쟁자들보다 월등해지는 것이다. 아주 간단한 이야기로 들리겠지만 꼭 그렇지는 않다. 사실 대부분 상황에서 이 말은 그 외 다른 측면, 즉 주 소비자층이 덜 중요하게 생각하는 측면에 관해서는 경쟁사보다 열등해져야 함을 의미한다. 우리는 서비스 계통 회사들을 십여 년간 연구한 끝에 큰 교훈을 하나 얻었다(이 점은 책으로도 썼다). 모든 면에서 최고가 되기 위해 참고 노력하는 회사는 결국 "그저 그런 실적만 내고 나가떨어지는 결과"를 맞기가 쉽다는 것이다.[2] 귀에 익은 말로 들리지 않은가?

이 문제는 이렇게도 생각할 수 있다. 구성원들과 물리적으로 분리되어 있을 때 리더가 가장 핵심적으로 할 일은 구성원들에게 힘을 실어주는 것이다. 리더가 어깨너머로 지켜보고 있지 않더라도 각자 통제할 수 있는 자원을 잘 활용하게 하기 위해서다. 그들은 경쟁적 우위를 만들어낼 자원들을 모두 똑같은 비중으로 분배할지 모른다. 그러나 더 전략적인 투자가 필요하다. 구체적으로 말해 가장 중요한 것에 충분히 투자하려면 덜 중요한 것에는 투자를 줄여야 한다. 좋은 것을 잘하기 위해 덜 좋은 것은 좀 못하자는 뜻이다.

허브 켈러허Herb Kelleher는 리더로서 자신이 이 일을 해야 한다는 사실을 기꺼이 받아들였다. 그는 사우스웨스트항공Southwest Airlines의 상징적 공동창립자이자 최고경영자다. 사우스웨스트항공은 "항공사는 손해를 보거나 소비자를 실망시키는 수밖에 없다"라는 불문율에서 늘 예외가 되는 회사다. 그림 5-1의 왼쪽 수직축에는 사우스웨스트의 주 소비자층이 가장 중요하게 여기는 점과 가장 중요하지 않게 여기는 점이 나타난다. 우리는 이 전략 그래프를 우선순위 지도[3]라고 부른다. 사우스웨스트의 우선순위 지도에 따르면 켈러허가 주로 공략하는 시장에서는 "낮은 가격"이 가장 중요하고 "친절한 서비스"가 그다음으로 중요하다. 맨 아래 표시된 가장 중요하지 않은 사항으로는 "다양한 연결편"과 "기내 편의용품" 등이 있다.

켈러허가 리더로 있는 동안 사우스웨스트는 회사의 주 소비자층이 가장 중요하게 여기는 우선순위에서 최고가 됐다. 그럴 수 있었던 이유를 구체적으로 말하자면, 가장 덜 중요한 것에 관해서는 꼴찌가 되기로 한 덕분이었다. 사우스웨스트항공이 운항하는 공항은 접근성이 떨어지는 지역에 있다(가령 사우스웨스트의 워싱턴 DC 허브는 워싱턴주가 아니라 메릴랜드주 볼티모어에 있다). 그러나 회사는 그 덕분에 비용을 낮출 수 있었고, 비행기를 싸게 탈 수 있다면 편의성은 기꺼이 포기하는 가격에 민감한 소비자들에게 이익을 돌릴 수 있었다. 사우스웨스트는 승객의 탑승 편의 역시 전혀 고려하지 않았다(승객은 원하는 좌석을 지정할 수 없었다!). 그렇게 해서 탑승구에서의 턴어라운드turnaround* 시간을 대폭 줄였고, 덕분에 값비싼 항공 시스템 속에서 경쟁사들보다 더 넉넉하게 비행 시간을 확보해 항공료를 더 낮출 수 있었다. 그것이 야말로 사우스웨스트 소비자들이 가장 바라는 바가 아니었을까![4]

이런 결정을 내리려면 큰 용기가 필요하다. 누구에게든 실망감을 안기지 않으려 하는 리더라면 더더욱 그럴 것이

그림 5-1

사우스웨스트항공의 우선순위 지도

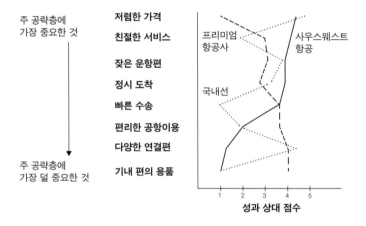

출처: Frances Frei and Anne Morriss, *Uncommon Service: How to Win by Putting Customers at the Core of Your Business* (Harvard Business Review Press, 2012).

---

* [옮긴이] 비행기가 승객을 내리고 정비를 마친 다음 새 승객을 태우고 이륙하는 데 걸리는 시간.

다. 사우스웨스트항공은 다른 항공사로 수화물을 연결해주지 않는다는 정책이 있다. 이와 관련한 유명한 일화를 소개한다. 한번은 켈러허 앞으로 항의 편지 한 통이 도착했다. 발신자는 사우스웨스트의 수화물 연결 정책 때문에 자기 할머니가 화가 났다고 했다.[5] 그러면서 할머니가 손주들을 만나러 갈 텐데 그때 간단히 수화물만 좀 연결해달라고 부탁했다. 켈러허는 답장을 보냈다. 이 정책을 뒤집으면 사우스웨스트의 비즈니스모델은 살아남지 못한다는 점을 강조한 내용이었다(켈러허는 이 이야기를 조직에 널리 공유하며 이 일을 조직에 교훈이 될 기회로 삼았다). 다른 항공사에서 벌어지는 복잡하고 불확실한 문제들과 엮이느라 금쪽같은 턴어라운드 시간이 새나가면 사우스웨스트가 누리던 이점은 사라지고 만다. 정말 안타깝지만 그래서 사우스웨스트는 당분간 그 누구의 수화물도 연결해줄 수 없었다.

우리는 이 이야기가 정말 마음에 들어서 다른 곳에서처럼 여기서도 소개하지 않을 수 없었다. 완벽하게 합리적인 할머니가 완벽하게 합리적인 요구를 했다. 유독 사우스웨스트만 고집하는 정책 탓에 상심한, 역시 완벽하게 합리적인 소비자들을 대변하는 모양새였다. 그런데 거기다 대고 안 된다고 말하기가 얼마나 어려운지 우리는 안다. 한편으로 할머니의 요청을 거절하는 것은 전략상 매우 고통스러운 결정이었을 것이다. 쟁쟁한 경쟁사들은 모두 제공하는 기본적인 서비스를 못 하겠다고 해야 하다니. 그러나 이런 식으로 소비자를 길들이자 켈러허는 역사상 가장 성공한 항공사를 만들게 됐다.

못하기를 자처하는 리더

한쪽에서 뛰어난 성과를 얻기 위해 다른 쪽에서는 수준 이하의 성과를 내는 회사들에 관해 이야기할 때마다 돌아오는 질문이 있다. "이 논리가 사람한테도 적용되나요?" 단도직입적으로 말하면 물론이다. 4장에서 승진을 위해 빠른 길을 택했던 우리 남자 동료들을 기억하는가? 완벽하게 마무리되지 않은 논문을 제출했던 남성 교수들 말이다. 이들은 직업상 의식적이고 전략적으로 이러한 트레이드오프trade-off*를 실천했다. 미비한 점을 빨리 수정해서 나중에 탁월한 결과를 내기 위해 검토 절차 초기의 부족한 논문을 그대로 제출하기로 한 것이다. 이들은 중요한 때 잘하기 위해 덜 중요한 때는 부족해지는 편을 선택했다. 그러나 검토 절차의 모든 단계에서 완벽해지려고 애쓴 여자 동료들은 오히려 최종적으로는 덜 만족스러운 결과를 낼 때가 많았다.

가장 성공하는 리더들은 끊임없이 이런 트레이드오프를 시도한다. 그들에게 근무일은 가차 없이 우선순위를 정하는

---

* [옮긴이] 하나를 달성하기 위해 다른 것을 희생하거나 미루는 것.

시간이다. 이들은 모든 것을 잘할 수는 없음을 받아들이고 가장 중요한 일들을 선택한다. 패티 아자렐로Patty Azzarello는 33세에 HP의 최연소 팀장이 됐고, 35세에는 수십억 달러 규모 소프트웨어 사업을 주도했다. 그리고 38세에 최고경영자가 됐다. 아자렐로는 자신의 특출한 경력을 돌아보고 주변에서 유능한 리더들의 공통적인 패턴을 살핀 끝에 "가장 성공한 사람들은 절대 모든 것을 다하려 하지 않는다"라는 사실을 알게 됐다. 아자렐로의 말마따나 그들은 "우선순위를 칼같이 지킨다." 그러나 우리처럼 평범한 사람들은 "중요한 일을 잘해서 가치를 높이는 대신 전부 다 열심히만 하는 쪽을 택한다."[6]

못하기를 자처할 때의 잠재적인 보상은 일대일 관계에서 가장 쉽게 짐작할 수 있다. 이와 관련해서 책상에 앉아 동참할 수 있는 활동을 소개한다. 삶에서 관계를 더 돈독하게 하고 싶은 사람을 한 명 골라보자. 상사, 파트너, 집에 있는 사랑하는 사람 등 누구든 좋다. 이런 사람을 염두에 두고 다음 '트레이드오프'를 고려한다. 이 사람이 가장 중요하게 생각하는 일이 있을 때 당신이 최고의 모습으로 함께해주면 어떨까? 이 말은 곧 그 사람이 가장 덜 중요하게 생각하는 일이 있을 때는 평범한 모습, 혹은 살짝 아쉬운 모습으로 함께한다는 의미다. 그 결과 이 사람과의 관계는 어떻게 달라질까? 당신의 효율성과 정신 건강은 어떻게 달라질까?

이 점을 우선순위 지도로 나타내보자. 우선 당신이 이 사람과 함께하는 활동이나 이 사람을 위해 하는 일 가운데 이 사람에게 가장 중요한 것은 무엇이고 가장 덜 중요한 것은 무엇인지 순위를 매긴다. 그런 뒤 당신의 현재 상태와 최적 상태(합리적인 기준에서 훌륭하다는 의미)를 비교해서 1~5점 사이로 점수를 준다. 1점이 가장 낮고 5점이 가장 높다.*

그림 5-2

우선순위 지도 예시

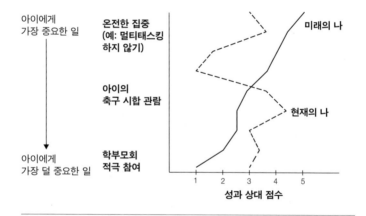

* 겪어보니 사람들은 대체로 당사자와 대화할 시도조차 하지 않은 채 부족한 정보만 들고서 이 활동을 마무리한다. 나와 이해관계에 있는 사람들에게 이렇게 질문해보면 어떨까? "내가 할 수 있는 많은 일 중에 당신한테 가장 중요한 건 뭐지?" 이런 대화는 당신이 그 사람에게 많은 것을 투자하고 있음을 알려주는 분명한 신호가 될 수 있으며 그 자체만으로 유의미할 수 있다.

우선순위 지도를 그리게 하면 사람들은 대부분 그림 5-2의 점선과 같은 모양을 내놓는다. 이 예시의 경우 아이가 가장 중요하게 생각하는 것은 당신이 같이 있는 동안 온전히 자신에게만 집중하는 것이다. 그러려면 당신은 집에 있는 동안 핸드폰을 내려놓아야 한다. 헐크와 슈퍼맨이 싸우면 누가 이길지 이야기하는데 회사에서 터진 문제를 생각하면 안 된다. 레고 놀이를 하다 말고 화장실로 들어가서 몰래 이메일을 확인하는 것 역시 안 될 말씀이다. (우리가 그렇다는 건 아니다. 정말이다!)

아이가 생각하기에 가장 덜 중요한 일은 학부모회에 꼬박꼬박 참석하는 것이다. 이 부분에서 못하기를 자처하려면 학부모회에 들일 정성은 내려놓는 편이 좋다. 그렇게 해서 생긴 시간은 회사 일을 집으로 가져가지 않도록 하는 데 쓴다. 학부모회 행사에서 도우미 역할을 하며 쓸 시간을 아이의 축구 시합에 쓸 수도 있다. 아이의 축구 시합이야말로 아이에게 더 적극적으로 눈에 띌 수 있는 시간이므로 당신에게 정말 의미 있는 시간 아닌가! 한 번 더 강조하지만, 여기서 핵심은 중요한 일을 잘하기 위해 중요하지 않은 일은 잘하지 않아야 한다는 것이다. 그러려면 능력이 무한하다는 환상을 버릴 용기와 의지가 필요하다. 그렇게 하면 진정 성장하고 발전할 여지를 마련할 수 있다.

이제 이 책의 목적으로 돌아가보자. 지금 우리는 훌륭한 리더십을 발휘하기 위해 개인적 · 직업적으로 필요한 트레이드오프에 관해 이야기하는 중이다. 그런데 사람들이 리더십을 말할 때 쉽게 간과하는 점이 있다. 훌륭한 리더가 되는 데는 어마어마한 에너지가 든다는 사실이다. 이 점을 솔직하게 받아들여야 한다. 신뢰를 쌓고, 높은 기준과 깊은 헌신을 유지하며, 더 많고 더 다양한 사람이 잠재력을 펼치게 한다는 것은 절대 쉬운 일이 아니다. 그런데 이 일을 탁월하게 잘해내고 싶다면 그 외 다른 일에 관해서는 부디 못하기를 마다하지 않아야 한다.

수익보다 (훨씬 더) 큰 가치 창출하기

전략적으로 얻을 것과 잃을 것을 선택하여 가치를 창출할 방법을 결정했다면 이제 그 가치를 손에 쥐고 사업을 구축할 차례다.[7] 이 일을 해낼 핵심 기제는 '가격'이다. 가격은 생산자와 소비자 사이에서 가치라는 케이크를 나누는 칼이다. 그다음으로 풀어야 할 과제는 가격 책정 방법을 결정하는 것이다. 못하기를 자처하고, 우선순위를 고려하고, 소비자의 필요 사항을 반영해서 전략적으로 설계한 결과물이 있다면 어떻게 가격을 정해야 할까? 편의상 이 결과물은 '제품'으로 부르자.

소비자가 제품에 낼 수 있는 최고 가격, 즉 '지불용의 최고가Willingness to Pay(WTP)'를 이해하면 가격 책정이 수월해진

그림 5-3

전략적 가치 스펙트럼

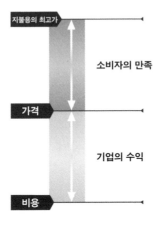

다. 소비자를 끌어당기고 사업을 유지하려면 가격은 지불용의 최고가와 비용 사이에 있어야 한다. 가격이 지불용의 최고가보다 1센트라도 높으면 소비자는 등을 돌린다. 가격이 비용보다 1센트라도 낮으면 기업은 돈을 잃게 된다. 사업을 유지하는 생명줄이 끊길 위험에 처하는 것이다.* 어떤 식으로 가격을 결정할지 그림 5-3처럼 나타내보자.[8] 가격보다 높

---

* 그러나 이 생명줄이 그대로 연장되는 경우가 있다. 투자자가 생각하기에 다른 가치 (예: 성공)가 수익성보다 중요할 때, 규모 경제가 작동하거나 다른 구조적 변화가 일어나면서 점차 비용이 떨어질 때 그런 일이 일어난다. 수익성은 일반적으로 조직의 건강성을 측정하는 지표로는 저평가되어온 면이 있다. 창업 초기의 회사에서는 더욱 더 그런 일이 많다.

지만 지불용의 최고가보다 낮은 범위에서는 항상 소비자에게 이익이 돌아간다. 그래서 우리는 이곳을 '소비자 만족' 영역으로 부른다. 가격보다 낮지만 비용보다 높은 범위에서는 항상 수익의 형태로 회사에 이익이 돌아간다(최고재무책임자가 좋아하는 영역이다).

어느 선에서 가격을 책정하겠는가? 가격 결정은 큰 논쟁의 불씨가 되는 일이 많다. 보통은 먼저 누군가가 이렇게 주장할 것이다. "수익을 극대화하고 회사의 생존력을 유지해야 하니 지불용의 최고가에 바짝 붙여서 가격을 책정합시다!" 그런 뒤에는 주로 좀더 온건한 목소리를 내는 사람이 지불용의 최고가와 비용 사이 중간쯤에서 가격을 정하는 게 좋겠다고 말한다. 그리고 마지막으로 소비자를 왕으로 모시는 누군가가 나타나 더 많은 소비자를 끌어당기고 박리다매를 챙기려면 가격이 그보다 더 낮아야(일반적으로 비용보다 아주 비싸지 않아야) 한다며 열변을 토한다.

이런 논쟁은 아주 뜨겁게 진행될 때가 많다. 보편적으로 적용할 만한 정답이 없기 때문이다. 수익을 극대화하자는 것은 당연한 주장일 것이다. 그러나 입소문의 산실인 충성스러운 소비자를 만족시키는 것 또한 중요하다. 그러므로 소비자를 만족시킬 여지를 가치 스펙트럼 안에 충분히 확보하는 것 역시 사업상 현명한 방향일 수 있다. '애플'의 가격전략은 이런 접근이 나타난 좋은 예다. 애플은 제품 가격을 책정할 때 의도적으로 소비자가 생각하는 가장 높은 지불용의 최고가보다 살짝 낮게(그래도 비용은 한참 웃돈다) 잡는다. 그렇게 해서 소비자들로부터 광란에 가까운 헌신을 끌어낸다.[9] 애플 소비자들은 업계의 기준에서 상당한 웃돈을 내고도 대부분 승자가 된 기분으로 매장을 나선다. 그러는 동안 애플의 수익은 고공행진을 이어간다.

우리는 애플의 가격 책정 방법을 따르는 것이 현실적이라고 조언한다. 특별히 가격에 민감하지 않은 시장의 한 귀퉁이를 놓고 경쟁을 벌이는 중이더라도 가치 스펙트럼의 중간쯤을 목표로 삼는 것이 좋다. 좋은 제품은 이해관계로 묶인 사람들의 지속적인 파트너십을 기반으로 만들어진다. 기업과 소비자가 함께 가기로 함으로써 양측이 받는 보상이 점점 더 커질 때 좋은 제품이 나온다. 직관에 어긋나 보이더라도, 소비자를 위해 가치를 마련해두는 것은 소비자에게 소비 활동에 따른 보상을 주는 방법이다. 이는 거래라는 진심 어린 순간에 한데 담긴 신뢰, 사랑, 포용의 표현이다.

리더십에 관해 우리가 좋아하는 말 중에 본질적으로 이 아이디어와 일맥상통한 문구가 있다. "수익보다 큰 가치를 창출하라." 전설적인 기업가이자 오픈소스open source의 선구자인 팀 오라일리Tim O'Reilly가 지난 몇십 년간 IT 기업들을 향해 당부해온 말이다.[10] 우리는 이 말이 어떤 종류든 조직을 구축하는 모든 사람, 그리고 조직의 리더가 되고자 하는 모든 사람에게 명확한 원리를 제시한다고 생각한다.

다시 말해 가격은 리더가 무엇을 얻게 되는지를 들어본 뒤 회사의 전략팀과 함께 형식적인 의사 결정을 거쳐 내놓는 결과물이 아니다. 가격은 회사가 소비자 서비스에 전념하고 있음을 알리는 기능 또한 대신한다. 가격에는 다음과 같은 의미가 있다. "고객은 기업과 운명공동체다. 가격에는 고객이 함께함으로써 비롯되는 가치가 반영되어야 한다."

가치의 관점에서 리더는 타인을 위해 가치를 창출할 책임이 있다. 물론 리더 역시 수익을 확보하고 싶겠지만 리더의 목적은 수익 확보가 아니다. 이때 수익을 확보한다는 것은 생존, 안전, 부를 창출한다는 의미다. 필요한 내용이기는 하지만 이것들을 확보하는 법을 여기서 다루지는 않겠다. 그러나 이 점은 명확하게 구분하자. 당신은 리더로서 가치를 창출한 뒤 개인으로서 가치의 일부를 확보하게 된다. 그러므로 오라일리의 말은 이렇게 바꿀 수 있다. "수익보다 훨씬 더 큰 가치를 창출하라."

공급자 고려하기

가치 스펙트럼의 반대편에는 공급자가 있다. 공급자란 노동력과 원자재, 업무 공간 등을 제공하는 사람이나 조직을 가리키는 말이다. 당신이 살살 잘라 고객과 나눈 '가치 케이크'에 설탕과 달걀을 댄 주체 말이다. 당연히 이 케이크의 크기는 공급자의 공급재에 기업이 지급하는 금액에 따라 크게 달라진다. 기업은 공급자에게 적은 금액을 들일수록 큰 케이크를 가져가고, 큰 금액을 들일수록 적은 케이크를 가져가게 된다.

그렇다면 공급자에게 얼마를 지급하는 것이 좋을까? 소비자가 제품에 지급하고자 하는 금액의 최고치(지불용의 최고가)를 이해하면 가격 책정이 수월해지듯 공급자가 상품과 서비스를 팔고자 하는 금액의 최저치인 '납품용의 최저가'를 알면 비용 책정이 수월해진다. 기업이 지급하는 금액이 공급자의 납품용의 최저가보다 1센트라도 낮으면 공급자는 등을 돌린다. 납품용의 최저가의 임계점부터 기업이 지급하는 금액(비용) 사이에서는 항상 공급자에게 이익이 돌아간다. 그림 5-4는 그림 5-3에 추가 변수를 더하고 섞은 것이다. 이 틀은 '가치 스틱 value stick'이라고 부른다.

다시 말해 비용을 낮추면 기업과 소비자에게 돌아갈 가치를 키울 수 있다. 그렇다면 공급자를 압박해서 납품용의 최저가의 임계점을 넘지 않을 만큼 최대한 비용을 절감하는 편이 나을까? 대형 소매업체나 주요 자동차 업체는 이런 접근법을 쓰기로 악명이 높다. 시장 지배력을 확보하기 위해 이런 방식을 사용하는 것은 리더가 얻는 자연스러운 특권이라고 말하는, 나름 합리적인 사람이 많을 것이다.

우리는 피해가 갈 만큼 공급자를 압박해서는 안 된다고

그림 5-4

전략적 가치 스틱

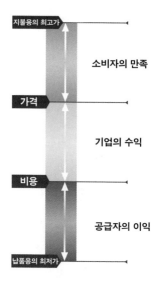

지불용의 최고가

소비자의 만족

가격

기업의 수익

비용

공급자의 이익

납품용의 최저가

출처: Adam M. Brandenburger and Harborne W. Stuart, "Value-based Business Strategy ," *Journal of Economics & Management Strategy* 5 (March 1996): 5-24.

조언한다. 이유는 간단하다. 공급자가 만족하지 못하고 성공하지 못하면 회사를 유지하기가 훨씬 더 어려워지기 때문이다. 정당한 대가를 받지 못하는데 열심히 일할 공급자는 없다. 그러므로 공급자의 이익을 보호하는 것은 소비자를 위해 가치를 마련해두는 것만큼 훌륭한 전략이 될 수 있다.

우리가 보기에는 너무 많은 회사가 공급자를 만족시켰을 때 돌아올 보상을 과소평가한다. 그러나 이런 실수를 절대 저지르지 않는 회사가 있다. 서비스에 "미친" 온라인 신발 쇼핑몰 '자포스Zapos'가 바로 그 주인공이다. 자포스는 공급자를 대할 때 과감하게 업계 규범을 무시한다. 자포스의 최고경영자 토니 셰이Tony Hsieh*가 공급자와 건강한 관계를 맺고자 투자하는 데는 뚜렷한 이유가 있다. 공급 업체는 사정이 어려워지거나 수익이 나지 않으면 서비스를 줄이고 혁신을 놓아버리는 등 결국 자포스에 해로운 선택을 하게 되리라는 것이다. 그런데 공급 업체가 성공하도록 힘을 실어주면(자포스가 하는 일이다) "수없이 많은" 이점이 생긴다.[11]

자포스는 공급자와 한 약속은 반드시 지킨다. 납품 업체 사람들은 자포스에 연락하면 몇 시간 안에 답변을 받는다. 라스베이거스의 자포스 본사에 방문할 때면 자포스 직원이 공항으로 마중을 나오고 본사에 도착하면 극진한 대접을 받는다. 자포스는 매년 라스베이거스 유명 번화가의 한 클럽에서 납품 업체를 대상으로 대규모 감사 파티를 연다. 심지어 이들은 자포스 내부 성과 보고서에 접근할 권한까지 받는다. 자포스는 공급자들은 이 자료를 참고해서 자신들의 회사 역시 더 원활하게 운영할 수 있으며 자포스에 더 나은 공급자가 될 수 있다. 셰이는 가격을 협상할 때면 공급 업체의 이익을 전략적 투입량으로 생각한다. 그는 이렇게 썼다.

* [옮긴이] 미국에서 이 책이 출간된 뒤인 2020년 11월에 사망했다.

"공급자는 압박이 아닌 협력의 대상이다. 얼마나 큰 위험을 감당하고 얼마나 빨리 사업을 성장시킬 것인지 …… 우리는 함께 결정한다."[12]

이 논리는 회사의 모든 공급자에게 적용되며 노동을 공급하는 '사람' 역시 예외가 아니다. 대다수 회사에서 노동을 공급하는 사람이란 직원을 의미한다. 즉 인사와 관련된 의사 결정이 우리가 지금껏 이야기한 어떤 것 못지않게 전략적으로 중요하다는 뜻이다.* 그렇다면 반드시 답해야 할 질문이 있다. 훌륭한 노동력을 꾸준히 공급받기 위해 그 대가로 리더가 할 일은 무엇일까?

기본적으로 직원은 생활을 유지하는 데 필요한 만큼 임금을 받아야 한다. 그런데 이 금액이 최저 생계비보다 훨씬 높아야 한다고 강력하게 주장하는 사람이 있다. MIT의 제이넵 톤Zeynep Ton 교수는 "좋은 일자리"를 주제로 획기적인 연구를 진행한 적이 있다. 이 연구에 따르면 저비용 저소득 사업 모델에서조차 적정 임금을 지급하고 품위 있는 업무를 보장하면 성과가 올라간다.[13]

가격을 놓고 경쟁을 벌이는 회사는 직원을 돌볼 여유가 없다고들 하지만 제이넵 톤은 그런 생각을 한 방에 날

---

* 현실에서는 좀더 복잡해지는 면이 있다. 소비자가 노동의 원천이 될 수 있기 때문이다. 최근에 이케아 선반을 조립하면서 사랑하는 사람과 티격태격한 적이 있는가? 그때 당신은 대다수 회사에서 숙련된 전문가가 담당하는 제조 공정의 마지막 단계를 떠맡았던 셈이다.

려준다. 이와 관련해서 톤이 자주 언급하는 본보기는 '퀵트립QuickTrip'이라는 회사다. 퀵트립은 오클라호마에 본사를 둔 편의점 체인으로 현재 미국 내 11개 주에서 800여 개의 점포를 운영하는 110억 달러 규모 기업이다. 이 회사는 저숙련 노동을 하는 직원들에게 시장 임금의 중간값*을 지급하고 여러 작업에 익숙해지도록 훈련한다. 실질적인 관리자가 자리를 비울 때는 이들에게 중요한 결정을 내리는 권한을 부여한다.[14] 이러한 투자의 결과 직원들의 적극성과 생산성이 올라가고 근속 기간이 늘면서 오히려 다른 곳으로 들어가던 운영비가 낮아졌다. 제이넵 톤은 이런 방향의 투자가 판매 실적 및 고객 만족 증가로 이어진다고 말한다. 결국 퀵트립 같은 회사는 인건비를 올렸음에도 불구하고가 아니라 인건비를 올린 덕분에 성공한다.

톤이 연구하는 회사들은 직원들을 절대 믿어서는 안 될 존재로 보거나 대체할 수 있는 원가 항목으로 보지 않는다. 오히려 이들은 일선을 지키는 직원들에게 투자를 아끼지 않는다. 인건비를 높여 운영비를 줄이고 직원들의 수익을 확대하며 직원들이 업무 환경에서 공동체 의식과 소속감을 느낄 수 있는 문화를 육성한다. 훌륭한 문화에서 비롯되는 한 가지 이점은 이러한 문화가 실제로 직원들의 납품용의 최저

---

*   [옮긴이] 통계집단의 대푯값을 알아볼 때 변량 사이 편차가 심하면 평균값은 의미가 없어지므로 변량을 크기순으로 늘어놓았을 때 중앙에 위치하는 중간값을 사용한다.

가를 낮춘다는 것이다. 이들은 결국 그렇게 해서 더 큰 가치를 확보한다.* 톤의 말마따나 회사는 이런 선택을 통해 직원들의 만족도를 높이고, 결국 최고 인재들을 끌어모아 오래 유지한다. 그리고 이들이 회사를 더 낫게 만들어가는 주인공이 되도록 이들에게 힘을 실어줄 수 있다.[15] 우리는 아침에 찰스강변을 걸으면서 톤 교수와 이야기를 나눈 적이 있다(전 세계가 열광하는 연구를 이끌던 톤 교수가 우리에게 짬을 낼 수 있는 유일한 시간이었다). "이런 회사들은 그냥 좋은 정도가 아니라 엄청나게 좋은 일자리를 제공하죠. 결국 그런 곳들은 좋은 일자리를 발판 삼아 성공합니다."

톤 교수의 연구는 소위 '긱경제gig economy'**를 포함한 오늘날의 많은 비즈니스 모델의 전제와 흥미로운 대척점에 서 있다. 일반적인 긱경제 기반 사업 모델에서는 고객의 만족을 극대화하기 위해 인간의 기본적인 필요 사항(음식, 교통, 방금 다 쓴 쓰레기봉투 등)을 눈 깜짝할 순간에 충족시킨다. 버튼 하나만 누르면 편리하게 모든 것이 해결되고 터무니없이 값이 싸다. 시장에서 이런 서비스는 전부 오십보백보 차로

---

* 직관에 어긋나 보이는 면이 있으므로 간단한 예를 소개하겠다. 프랜시스는 하버드경영대학원 교수가 되기 위해 다른 기관보다 급여를 덜 받기로 했다. 하버드에 재직하면서 얻게 될, 돈으로 환산할 수 없는 보상을 고려하면 전혀 아쉽지 않았다. 훌륭한 동료와 학생들, 활력 넘치는 강의 등을 누리게 되는 것 아닌가. 프랜시스는 급여는 줄었지만 만족감은 (적게 잡아도) 세 배로 커졌다.

** [옮긴이] 산업 현장에서 필요에 따라 관련 있는 사람과 임시로 계약을 맺고 일을 맡기는 경제 형태.

보일 때가 많다. 따라서 낮은 가격이 경쟁을 좌우하는 핵심 요소로 부상하고 그 덕에 소비자는 만족도가 올라간다.

긱 모델은 노동을 공급하는 주체(서비스 마지막 단계에서 고객을 직접 상대하는 일선 계약직 노동자)가 합리적인 수익을 확보할 수 있을 때만 작동하는 것으로 보인다.[16] 지금까지 많은 회사가 이 문제를 해결하려고 고군분투했는데, 그중 탁월한 통찰을 제시하며 해결 방안을 찾아낸 곳이 있다. 태스크래 빗은 여러 측면으로 긱경제를 도입했다. 태스크래빗의 진화 에서 배울 수 있는 한 가지 교훈은 긱경제를 기반으로 하는 회사 역시 모두가 승자가 되는 사업 모델을 구축할 수 있다 는 점이다. 소비자와 기업은 물론 공급자까지 만족시킨 태 스크래빗의 이야기를 살펴보자.

태스크래빗의 전략적 변신

태스크래빗의 최고경영자 스테이시 브라운-필폿(1장에 나 왔던 그 사람!)은 무언가 새로운 일을 해야 할 것 같다고 느낄 무렵 구글에서 태스크래빗으로 자리를 옮겼다(처음 맡은 역할 은 최고운영책임자였다). 조직에 힘을 실어줄 기회가 생긴다는 데 마음이 동하지 않을 수 없었다. 그는 이런 고민을 시작했 다. '사람들이 혼자보다 여럿이 함께할 때 더 많은 것을 이 루게 하려면 내가 어떻게 힘을 보태야 할까?'[17] 태스크래빗 에서 획기적인 사업 모델을 접한 그는 소비자와 프리랜서를 연결하는 형태로 사업을 구축할 수 있겠다는 생각이 들었다. 빈틈이 좀 보이는 모델이었지만 자신이 문제를 해결할 수 있을 것 같았다. 구글에 있는 동안 10년 가까이 성장과 관련된 커다란 골칫덩어리들을 해치운 터라, 브라운-필폿은 이 일을 해낼 만반의 준비가 되어 있었다.

태스크래빗은 일상의 문제를 두고 수요와 공급이 충족되는 공간을 마련한다는 취지로 2008년에 설립됐다. 회사는 문제를 해결해야 하는 사람(클라이언트client)과 문제를 해결할 수 있는 사람(태스커tasker)을 연결해주었다. 청소부터 생활 속 자잘한 볼일 보기, 이케아 가구 조립(회사에 들어오는 가장 많은 의뢰 항목 중 하나였다)에 이르기까지 일상의 문제는 참으로 다양했다. 클라이언트는 시간이 없거나 미숙해서 자신이 할 수 없는 일을 맡겨왔고, 시간을 유동적으로 쓰고 싶은 태스커는 원하는 시간에 수입을 벌 수 있었다.

기존에 태스크래빗에서는 경매 방식을 통해 태스커와 일이 연결됐다. 클라이언트가 일을 올리면 여러 태스커가 이를 두고 입찰 경쟁을 벌이는 식이었다. 이 모델에서는 입찰가에 따른 목록이 생성됐고 클라이언트는 대개 가격과 시간을 보고 태스커를 선택했다. 전략적 관점에서 경매 방식은 가치 스틱의 꼭대기에 있는 소비자, 즉 클라이언트 위주로 가치를 창출하는 효과가 있었다. 공급자인 태스커의 수익을 줄여서 만들어낸 결과였다. 게다가 노동 스펙트럼의 최상위에 있는 태스커들에게는 마법이 일어나는 반면(전문성 있는 일을 하고 후한 대가를 받는 일이 많았으므로) 저숙련 노동을 제공하는 대다수 태스커들은 가능한 한 싼 가격을 제시하며 최저가 경쟁을 해야 하는 상황이었다(그림 5-5 참조).

한편 태스커는 올라온 일을 분류해서 원하는 일을 찾는 데도 만만치 않은 시간을 들여야 했다. 입찰할 만한 일을 찾기까지 일주일이면 평균 두 시간이 소요됐다. 시스템과 실

그림 5-5

태스크래빗의 가치 스틱(개선 전)

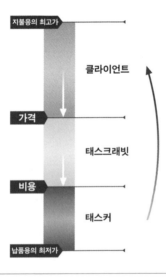

랑이하느라 쏟아붓는 시간과 그러느라 따라붙는 괴로움 또한 부담이었다. 2013년에는 태스크래빗의 클라이언트와 태

스커 숫자가 최고치를 달성했다는 뉴스 헤드라인이 등장했지만, 그 이면에는 골치 아픈 뉴스가 숨어 있었다. 사실 태스크래빗의 서비스 수행 성공률은 50퍼센트밖에 되지 않았다. 다시 말해 클라이언트가 의뢰하는 일의 둘 중 하나는 적당한 태스커를 만나지 못하고 있었던 것이다.[18]

브라운-필풋은 이 문제를 해결하기 위해 가치 스틱의 맨 아래 지점을 공략했다. 공급자의 수익을 확대하고 보호할 방법을 찾기 시작한 것이다. 새 플랫폼 모델에 따르면 태스커는 자신의 시간당 수당을 정할 수 있었는데, 이 금액은 시장의 최저 임금보다 높아야 했다. 그뿐 아니라 태스커는 자신의 일정을 알아서 정하고 원하는 일의 종류를 명시할 수 있었다. 이제 태스커는 자신의 기술과 흥미를 시장의 수요에 맞추느라 사이트에서 몇 시간씩을 허비할 필요가 없었다. 대신 회사가 태스커를 위해 많은 일을 하고 있었기 때문이다.

태스커들이 훨씬 안정적인 수익을 얻게 되자 클라이언트들이 평균적으로 치러야 할 가격은 높아졌다. 그러나 브라운-필풋은 서비스 이행 성공률이 높아지면 시장에서 이 가격을 받아들이기가 쉬워지리라고 장담했다. 그렇더라도 클라이언트가 느끼는 만족감은 유지되어야(그리고 높아져야) 하므로 회사는 클라이언트가 태스커를 지정하기까지 거쳐야 할 절차를 간소화했다. 그 결과 클라이언트는 사이트에

그림 5-6

태스크래빗의 가치 스틱(개선 후)

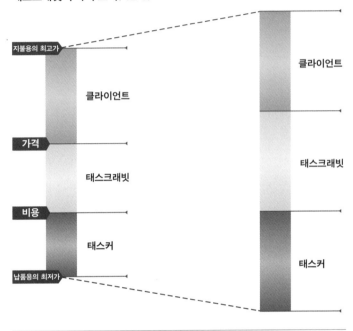

한 번만 접속하면 적절한 태스커를 찾을 수 있었고 결국 클라이언트의 지불용의 최고가가 높아졌다(그림 5-6 참조).

새 모델은 런던에서 대단한 성공을 거뒀다. 새 모델을 처음으로 시도한 런던은 태스크래빗이 처음으로 들어가는 지역이었으므로 이해관계자들을 대상으로 번거롭게 새 시스템을 교육할 필요가 없었다. 런던에서는 다른 시장에서보다 클라이언트가 세 배 빨리 증가했고 이들은 일에 두 배로 많은 돈을 썼다.[19] 서비스를 반복해서 사용하는 클라이언트 역시 다른 곳보다 훨씬 많았다. 클라이언트가 느끼는 만족도와 호감도 또한 전반적으로 높았다. 가장 중요한 수치인 서비스 수행 성공률은 90퍼센트까지 올라갔다.[20]

회사가 기존 지역에서 이 모델을 도입하는 동안 브라운-필폿은 수입이 감소할 것을 우려한 태스커들의 초기 반발을 극복해나갔다. 그는 이 일을 경험하면서 변화 관리와 소통의 중요성에 관해 값진 교훈을 얻었다. 특히 공급자의 생계가 걸려 있을 때는 더 주의를 기울여야 했다. 또한 공급자가 생각하고 느끼는 것과 동떨어지지 않은 가치를 유지하는 것이 중요함을 알게 됐다. 그는 태스커들로 고문단을 꾸리고, 태스크래빗의 직원들 역시 개인적인 목적으로 태스커를 고용하거나 직접 태스커가 되어 서비스를 수행해보게 했다. 오늘 당신이 태스크래빗에 서비스를 신청한다면 브라운-필폿이 태스커로 나타날지 모른다.

브라운-필폿은 새 모델을 태스크래빗의 모든 시장으로 확대한 뒤 놀라운 점을 알게 됐다. 태스커들이 단순히 경쟁에만 몰두하지 않고 서로 도움을 주고받기 시작한 것이다. 이들은 더 전문적인 서비스를 통해 수익을 높이는 법을 주제로 강의를 열고 영상을 올렸다. 태스커들이 배우고 성장할 기회가 많아지고 있었다(사실상 회사는 전혀 비용이 들지 않았다). 이들은 서로서로 잠재력을 펼치도록 도와가며 일을 통해 새 의미를 발견해갔다. 브라운-필폿이 함께하는 것이 아닌데도 이 많은 사람이 플라이휠 효과flywheel effect* 속에 서로 힘을 실어주고 있었다.

전략에 작용하는 중력에 저항하기

이제 가치 기반 전략이 훨씬 더 흥미로워지는 시점이 되었다. 전략의 목적은 제품에 대한 가치 스틱의 각 구간, 즉 '웨지wedge'**를 더 넓게 벌리는 것이다. 소비자의 만족, 기업의 수익, 공급자의 이익이 모두 커지도록 말이다. 어느 웨지도 좁아져서는 안 된다. 웨지라는 말을 쓰는 이유는 확장과 축소를 시각적으로 이해하기 위해서다. 사실 한 구간을 줄이면 다른 구간을 늘리기가 더 쉬워진다. 케이블 TV 회사에서는 소비자 가격을 올릴 때(분노도 같이 올라간다) 이 방법을 쓴다. 그러면 지불용의 최고가는 손댈 필요가 없다.[21] 그러나 모든 웨지를 확장할 만큼 좋은 전략을 따라가려면 그보다 큰 노력이 필요하다.

모든 웨지를 확장하기 위해 쓸 수 있는 한 가지 전형적인 방법은 소비자의 지불용의 최고가를 높이는 것이다. 시장이 형성되기 시작한 이래 전략가들은 이 문제를 두고 끊

---

* [옮긴이] 바퀴를 처음 돌릴 때는 힘들지만 계속 돌아가다 보면 속도가 빨라지고 결국 회전에 가속도가 붙으면서 스스로 돌아가게 되는 현상을 말한다.
** [옮긴이] 서로 평행하지 않은 두 선이 한쪽으로는 점점 좁아지고 다른 쪽으로는 점점 넓어지는 형태, 여기서는 각 이해관계자에게 돌아가는 몫을 뜻한다.

임없이 골머리를 앓았다. 기업은 더 낫고 멋지고 사용하기 쉽고 재밌고 편리한 제품을 만들어 그때그때 소비자를 향해 지불용의 최고가를 높여 달라는 압력을 키운다. 그렇게 가격을 올려 이윤을 높이는 선택지를 쥐는 동시에 고객의 만족 또한 높일 수 있다.

브랜딩과 스토리텔링을 개선할 때도 지불용의 최고가를 높일 수 있다. 그러려면 제품을 보완하는 무언가를 찾거나 만드는 방법(핫도그에 케첩 뿌리기)이 있고 네트워크 효과network effect를 이용하는 방법(사용자가 많아지면 가치 또한 올라간다)도 있다. 이런 아이디어를 모아 책을 쓴다면 '지불용의 최고가'라는 주제로 서가를 가득 채울 수 있을 것이다. 그러나 지금도 훌륭한 책이 많은데 거기 하나를 더하려고 우리가 이 책을 쓰는 것은 아니다. 그 대신 우리는 '전략에는 리더의 모습이 그대로 드러난다'는 사실을 알리고 싶다. 전략에 힘, 스틱, 웨지 같은 말을 곁들이니 비인간적으로 들리는 면이 있지만, 전략은 인간인 리더를 회사의 태도에 고스란히 담아내는 도구다. 리더는 전략을 통해 조직 곳곳의 모든 사람에게 힘을 실어준다. 심지어 리더의 손길이 직접 닿을 수 없는 곳에 있는 사람조차 전략을 통해 역량을 펼칠 힘을 얻는다.

도요타가 공급자들과 경쟁 대신 협력하기를 택한 것은 그런 이유 때문이었다. 자동차 업계는 OEM 공급 업체들을 가혹하게 상대하기로 유명하지만 도요타는 이런 관행에서 벗어나 공급 업체에 더 큰 이익이 돌아가도록 많은 공을 들였다.[22] 이는 업계의 간단하고 현실적인 셈법에서 비롯된 전략이었다. 공급 업체의 효율이 높아지면 당연히 도요타는 비용을 줄일 수 있었다. 도요타는 이 논리로 그 유명한 '도요타 생산 방식Toyata Production System, TPS'의 지혜를 공급 업체들과 공유했다. 공급 업체들은 도요타의 생산 방식을 통해 운영비 절감법을 익혔고, 도요타는 점점 더 낮은 가격에 부품을 공급받게 되었다. 공급 업체들은 교육으로 맺어진 이 독특한 파트너십 덕분에 도요타뿐만 아니라 다른 모든 고객사와의 거래에서까지 이윤을 확대할 기회를 얻었다.

다시 말하지만, 이해로 묶인 주변 모든 관계에 이런 사고방식을 적용해보기 바란다. 내부 비용을 절감해서 가치 스틱의 중간 웨지를 확장할 방법을 찾을 때는 직원들에게 돌아갈 보상을 무엇보다 깊이 고민해야 한다. 그렇다고 반드시 임금을 인상해야만 하는 것은 아니다. 물론 임금 인상이야말로 전략상 큰 이익을 가져다주는 투자일 수 있다(이 점을 더 자세히 알아보려면 톤 교수의 연구를 참고한다). 그러나 유연성과 자율성의 폭을 넓히고 새로운 기술에 대한 배움의 기회를 확대할 때 역시 직원들의 만족감이 올라간다. 직원들이 회사에서 하는 경험을 통해 사명감을 느끼고 의미를 발견하도록 유도할 방법을 찾아보는 것 또한 도움이 된다. 수많은

연구에 따르면 이런 점들을 급여만큼 중요하게 생각하는 사람이 많다.[23]

사람들은 흔히 한쪽이 승자가 되려면 다른 쪽은 패자가 되어야 한다고 생각한다. 지금까지 여러 생생한 사례들을 소개한 것은 이런 생각에 이의를 제기하기 위해서였다. 우리는 리더인 당신이 소비자와 주주, 직원, 그리고 공급자의 이익을 조정할 수 있다고 믿는다. 특히 조직을 전체적이고 장기적인 관점으로 바라본다면 이 일은 더 수월해질 것이다. 다음 부분에서는 먼저 이 아이디어를 직접 시험해볼 수 있다. 그런 뒤 조직에 힘을 실어줄 실질적인 전략을 알아볼 것이다. 그전에 우선 대다수 직원은 리더가 없는 상황에서 의사를 결정해야 한다는 사실을 명심하자. 어떤 전략을 설계해야 리더가 없는 동안 직원들이 잘 따라갈 수 있을까? 그 전략에 리더를 담아내려면 무엇이 필요할까?

웨지를 찾아라

우리의 경험에 비추어 좋은 전략은 창의적이고 혁신적이며 무엇보다 긍정적이다. 이 점을 제대로 이해한 리더는 소비자나 직원의 이익은 회사의 지출에서 비롯된다는 말을 인정하지 않는다. 공급자들을 고정된 자원을 갉아먹는 경쟁자로 대하지도 않는다. 대신 이들은 최고의 전략가답게 가치 스틱의 모든 웨지를 더 넓게 벌리고 모두가 더 풍요로워지도록 힘쓴다.

개인과 조직에 이러한 전략적 사고를 자극할 수 있는 간단한 활동이 있다. 그룹의 규모가 크든 작든 어렵지 않게 시도할 수 있다(우리는 100명이 모인 자리에서 이 활동을 한 적이 있다). 우리가 진행하는 교육에 참여한 사람들은 항상 현실로 돌아가서 전략을 계획할 때는 무엇이 필요한지 묻는다. 이 활동은 그 질문에 대한 하나의 답이다. 꼬박꼬박 다가오는 연례 전략 회의가 두려운 사람이라면 여기서 도움을 받기 바란다.

2~4명 정도의 동료들과 함께 둘러앉아 다음 활동을 따라가보자.

1. 우리 회사의 웨지와 관련된 이야기를 짚어본다. 조직의 역사를 돌아보며 그간 거쳐온 전략상 굵직한 변화들을 가치 스틱의 틀에서 짚어보자. 본래 전략의 토대를 형성했던 것은 어느 웨지였는가? 시간이 지나면서 그 전략은 어떻게 달라졌으며 그 과정에서 어느 이해관계자가 이익을 얻고 손해를 봤는가? 지금 당신은 어느 웨지를 가장 중요하게 생각하는가? 그 웨지를 키우기 위해 줄어든 웨지는 어느 것인가?
2. 다른 웨지를 줄이지 않고 한 곳 이상 웨지를 늘릴 새로운 아이디어 한 가지를 찾는다. 핵심은 새로운 아이디어를 끄집어내

는 것이므로 전에 시도한 적 없는 방법을 찾으려고 노력해보자. 앞으로 커질 수 있는 웨지 또한 곰곰이 생각해보자. 다음은 창의적인 사고를 자극할 수 있는 질문들이다. 가격을 대폭 인상하지 않고(조금만 인상하고) 소비자 만족도를 높일 방법이 있을까? 공급 업체가 더 적은 시간과 자본으로 훌륭한 서비스를 제공하게 하려면 어떻게 도와야 할까? 임금 인상이 사업상 다른 곳에서 비용을 절감하는 데 도움이 될까? 임금 인상 없이 직원들의 만족도를 높일 방법이 있을까?

3. 가장 좋은 아이디어 하나를 골라서 발표하고 반대 의견을 받는다. 원하는 장소에 팀원들을 모아 가장 괜찮은 아이디어와 주장을 몇 가지 발표하는 자리를 마련해보자. 가치 스틱의 틀에서 각 아이디어를 실행할 때 잃는 것과 얻는 것을 설명해보자. 이때 어느 웨지에 어떻게 영향이 가고 가지 않는지 언급해야 한다. 피드백을 받고 생각을 다듬으면 아이디어를 더 견고하게 구축할 수 있다.

4. 이 활동에서 나온 아이디어를 한 가지 이상 시험한다. 아이디어는 '당장' 실행해야 함을 강력한 신호로 전달하고 창의적인 아이디어는 보상을 주어야 한다. 활동에서 나온 가장 좋은 아이디어 한두 개를 곧바로 실행하면 좋을 것이다. 이 시도를 '파일럿 pilot'으로 규정하고 결과를 보며 바로 배울 수 있는 구조를 마련하자.

전략을 말로 전달하라

진심으로 고백하건대 우리는 〈샤크 탱크Shark Tank〉*를 정말 좋아한다. 넘치는 에너지와 기업가 정신(우리 두 사람의 삶에 다채로운 색감과 형태를 선사했던 것들이다)이 프로그램의 원동력이라는 점이 마음에 든다. 프로그램에 등장하는 '샤크shark'(참가자인 스타트업 기업 창업자들이 설득해야 하는 투자자)들은 더 좋은 비어코지beer cozy(맥주 또는 찬 음료의 냉기를 보존하는 용도로 쓰는 홀더)를 만들겠다는 백인 남자한테만큼 곱슬머리용 헤어 제품을 만드는 흑인 커플에도 열렬히 반응한다. 그야말로 우리가 바라는 삶이 텔레비전 속에 들어가 있는 것 같다. 좋은 아이디어만 있으면 정체성과 관계없이 자본과 관심을 얻기 위해 자신의 힘으로 경쟁할 수 있는 세상이라니!(앞으로 현실의 샤크 탱크에 뛰어들어 창업을 꿈꾸는 사람들을 위한 조언 한 가지: 샤크[투자자]를 얻음으로써 생길 잠재적인 이점을 정확하게 셈해두자. 샤크의 1달러는 다른 사람의 1달러보다 훨씬 가치가 크다).

이 프로그램에서 또 한 가지 마음에 드는 점은 한 회차 안에 마법처럼 깨우침의 순간이 펼쳐진다는 것이다. 이번 장에서 이야기한 개념들은 거의 전부 〈샤크 탱크〉에서 비슷하게 다룬 것들이다. 에런 크라우스Aaron Krause는 '스크럽대

---

* [옮긴이] 스타트업 기업 창업자들이 투자자들 앞에서 사업 계획을 설명하고 투자를 얻어내는 텔레비전 리얼리티 프로그램이다.

디Scrub Daddy'(따뜻한 물에서는 부드러워지고 찬물에서는 거칠거칠 딱딱해지는 기발한 수세미)를 발명하면서 적은 비용으로 기존의 스펀지 제조 업체들보다 '지불용의 최고가'를 월등히 높일 방법을 찾아냈다. 일일 샤크로 참여한 앨리 웹Alli Webb(비누 제조 업체 드라이바Drybar 창립자)은 마지못해 컬믹스CurlMix에 대한 투자를 거절하던 순간, 목표 조율의 '밀당'에 뒤따르곤 하는 감정을 드러냈다. 사실 웹은 컬믹스 창립자들과 그들의 사업 모델이 마음에 드는 눈치였다. 그러나 그는 곱슬머리를 직모로 바꾸는 데 투자하는 사람이지 곱슬머리를 곱슬머리 대로 좋아 보이게 하는 데 투자하는 사람이 아니었다. 다른 것들이 아무리 좋아도 서로 추구하는 가치 노선이 달랐던 것이다.

전략을 이루는 요소 가운데 〈샤크 탱크〉에서 거듭 강조하는 한 가지는 전략을 신속하고 설득력 있게, 모두가 이해할 수 있는 언어로 전달하는 능력이다. 샤크는 당신이 하는 일을 잘 모를 수 있다. 그러나 당신이 계획을 말하면 샤크는 물론 집에서 텔레비전을 보는 시청자도 이해할 수 있어야 한다. 사업에서 승자가 될 방법을 간략하게 설명하지 못하면 〈샤크 탱크〉에 나와서 우승을 차지한들 아무 의미가 없다.

현실에서 리더십을 발휘할 때 역시 마찬가지라고 생각한다. 엄밀히 말해 조직의 나머지 사람들이 당신의 전략을 이해하고 그것을 바탕으로 나름의 결정을 내리지 못한다면 이번 장에서 지금껏 이야기한 것들은 모두 무용지물이다. 도입부에서 이야기했듯 구성원들의 재량은 리더가 전략을 전달해내는 만큼만 커질 수 있다. 그러므로 이제부터 전략을 알리는 방법을 이야기해보겠다.

목표는 깊은 이해를 바탕으로 단순하게 설명하는 것이다. 전략을 심도 있게 이해했더라도 어려운 말을 섞어가며 복잡하게 설명할 수밖에 없다면 그 전략은 조직에서 그런 난해한 말을 쓰는 소수에게만 전달될 것이다. 리더가 자신의 전략을 피상적으로만 이해하고 있을 때도 문제다. 조직에서는 계획을 포기하라며 가차 없는 압력이 가해질 때가 있는데 전략을 그런 식으로 이해해서는 그런 무자비하고 역동적인 상황에서 절대 살아남을 수 없다. 한편 구성원들은 끊임없이 전략에서 벗어나고 싶은 유혹을 느낀다. 그럴 때는 보통 고객이 요청한 서비스에 답하는 것이 먼저라는 등의 훌륭한 이유가 있다. 그러나 전략이 북극성 역할을 하면 누구든 경로를 유지하며 싸워볼 기회가 생긴다.

먼저 어떤 종류든 당신이 좋아하고 당신에게 확실히 유리한 소통 방식을 고른다. 아마존Amazon 설립자 겸 최고경영자인 제프 베이조스Jeff Bezos는 매년 주주들 앞으로 긴 편지를 보낸다. 아마존의 전략을 이루는 주축들을 강조하기 위해서다. 명시된 수신인은 회사의 지분을 가진 투자자들이지만 편지를 살펴보면 그가 자신의 경계 안에 포함된 모든 이해관계자를 수신인으로 여기고 있음이 분명하게 드러난다. 베이조스의 글은 명쾌하고 설득력 있다. 그가 매년 쓰는 이 편지들은 "깊이 있고 간결한" 소통의 탁월한 본보기다.

베이조스는 2017년에 주주들에게 보낸 편지에서 아마존 내부의 금기 사항에 관해 이야기했다. 아마존 임원들은 상대에게 새 아이디어를 알릴 때 슬라이드 발표 자료를 쓰지 않는다. 대신 앞뒤로 세 장을 가득 채운 더 긴 형식의 보고서를 선호한다. 이해다툼을 최소화하기 위해 초안은 여러 사람이 잡고, 작성자들을 표기하지 않은 채 돌려본다. 아마존의 전략 회의는 다 같이 "여섯 쪽" 보고서를 꼼꼼하게 읽는 것으로 시작된다. 그런 뒤 서로 아이디어를 내기 시작하는데 아마존에서 임원을 지낸 누군가는 이 회의를 "어느 회사에서도 경험하지 못한 가장 효율적이고 신나는 회의"라고 말했다.[24] 가장 최근에 회의를 이런 말로 설명해본 것은 언제였는가? 효율적인 회의, 신나는 회의라니!

베이조스는 이 관행을 자신이 시도한 가장 영리한 일로 꼽았다. 왜냐하면 문장과 문단 짓는 훈련을 하다 보면 더 깊이 있게 사고해야만 하기 때문이다.[25] 글쓰기는 다른 사람에게 영향을 미치는 도구라고들 하지만, 자신의 생각을 정리하는 용도로써 인간이 발명한 가장 훌륭한 도구이기도 하다.[26] 더 나은 전략을 세우고 싶다면 하루라도 빨리 그리고 더 자주 전략을 적어보기 바란다. 먼저 빈 종이를 펼치고 아이디어를 펼칠 진짜 시간과 공간을 갖자(몇 시간이 아니라 며칠을 들여도 좋다). 적은 것을 동료들과 공유해서 논리를 발전시키는 데 도움을 받자. 그때부터 당신은 그들의 선택에 영향력을 미칠 수 있다. 그렇게 생긴 영향력은 당신이 함께하지 않을 때도 계속될 것이다.

책, 낡았지만 여전히 건재한 전략 소통 도구

얀 칼손Jan Carlzon은 우리가 이 일을 하면서 만난 전략 커뮤니케이션의 최강자 중 한 명이다. 그는 1980년대에 스칸디나비아항공Scandinavian Airlines의 경영 쇄신을 이끈 리더로, 전환점을 만들기까지의 과정을 놀라울 만큼 세세하게 담아 《결정적 순간 15초Moments of Truth》를 썼다.[27] 온 세상의 전략가들을 위한 선물 같은 책이다. 우리는 하버드경영대학원에서 이 책의 내용을 발췌해서 가르친다. 2만 명이라는 감당하기 힘들 정도로 큰 규모의 조직에서 '매일' 태도와 행동을 바꿔간다는 것에 담긴 의미를 학생들에게 알려주기 위해서다.

칼손은 특히 임파워먼트 리더십과 관련된 전략 커뮤니케이션의 역할을 깊이 고민해왔다. "조직 곳곳에서 의사 결정을 하는 수천 명에게 리더가 전략을 알려야 한다고 하

자. 이들은 리더가 말하는 일반적인 전략을 이해해 구체
적인 상황에 적용해야 한다. 그렇다면 리더는 더 멀리까
지 살펴야 한다. 메시지를 말하는 데 그치지 말고 모든 직
원이 그 메시지를 정말로 이해하게 해야 한다."[28] 스칸디
나비아항공 근무 시절 이를 위해 칼손이 한 일 중 하나는
《들어가 싸우자Let's Get in There and Fight》라는 제목의 빨간색 소
책자를 만든 것이다. 스칸디나비아항공 사람들은 나중에
이 책을 "빨간책"이라고 불렀다. 빨간책은 삽화가 들어간
만화책 형식의 작은 책자로 글자는 크고 글은 적었다. 만
화에는 비행기 캐릭터가 등장해서 이제부터 회사는 출
장 여행객을 주 고객층으로 삼아 시장 중심 전략을 펼치
리라는 점을 소개했다. 빨간책의 골자는 과거를 존중하
고, 필요한 변화를 도모하며, 앞으로 나아갈 긍정적인 방
향을 제시하는 것이었다. 이 3단계 구조는 많은 기업에서
경영 쇄신을 시도할 때 우리가 거듭 보아온 과정이다.
칼손에 따르면, 그 당시 주변에서는 스칸디나비아항공의
고학력 직원들이 그런 단순한 소통 도구를 좋아할 리 없
다며 빨간책을 회의적으로 생각하는 사람이 많았다. 그
러나 정반대 상황이 벌어졌다. 빨간책은 조직의 위아래
를 넘나들며 "단순할수록 좋다"라는 칼손의 관점을 설파
했다. 급격한 경영난을 겪던 스칸디나비아항공은 빨간책
이 나온 지 3년 만에 위기를 극복하고 다섯 배 높은 매출

을 달성했다. 업계 최고의 순이익률을 기록했고, 특히 출장 여행객 사이에서 순식간에 만족도가 개선됐다.

우리는 전 세계 많은 회사의 임원진과 일하며 각 회사에 맞는 "빨간책"의 밑그림을 그렸다. 소매 업체부터 보건, 에너지 분야까지 효과는 즉각 나타났다(같이 일한 다국적 기업 한 곳은 이렇다 할 정책을 마련하지 못하고 몇 년 동안 정체기를 겪고 있었는데 고위 경영진이 나름의 빨간책을 만든 뒤 돌파구를 찾았다). 빨간책을 만들 생각이라면 초안은 3쪽을 넘지 않는 것이 좋다. 1쪽은 "화려했던 지난날" 2쪽은 "피할 수 없는 변화" 3쪽은 "밝은 날을 향하여"가 어떨까. 안에는 집에 있는 사랑하는 사람(업계에 대해서는 지나가다 본 정도로만 아는 문외한)조차 이해할 수 있을 만큼 쉬운 말과 그림을 넣는다. 먼저 다양한 초안을 만들어서 이야기에 일관된 흐름을 만들고 그다음에 내용을 추가한다.

디지털 소통 방식이 대세인 시대에 책과 인터넷은 비교 대상이 아니라고 말한다면, 체인형 라멘 전문점 모모푸쿠Momofuku의 선구안을 가진 30대 CEO 마거릿 제이바 마리스칼Marguerite Zabar Mariscal을 소개한다. 마리스칼은 모모푸쿠의 직원이 1000명에 육박할 즈음 동료들에게 주머니에 쏙 들어갈 만한 예쁜 "가이드북"을 만들 것을 주문했다. 지점이 너무 많아진 나머지 리더가 직접 가르치는 것만으로는 모모푸쿠의 차별화 방식을 전 지점에 일반화하기가 어려워졌기 때문이다.[29] 마리스칼은 책(!)을 통해 말한 다는 가장 고전적인 방식을 이용해 함께하지 않고도 리 더 역할을 해낼 강력한 새 도구를 마련했다.

　물론 말과 그림이 리더가 소통에 쓸 수 있는 유일한 수 단은 아니다. 가장 목소리가 큰 것은 뭐니 뭐니 해도 행동 이다. 그러므로 '몸'이라는 확성기 역시 전략적으로 사용하 기 바란다. 허브 켈러가 수화물 연결 서비스 요청을 거부했 다는 소식은 순식간에(보고서로는 견줄 수 없을 만큼 빨리) 사우 스웨스트항공의 모든 탑승 수속 창구에 전해졌고, 직원들은 곧바로 자사의 화물 운송 정책을 되새겼다. 스테이시 브라 운-필폿이 조용히 태스커 대열에 합류하자 태스커래빗의 모 든 직원은 회사의 성공이 일선을 담당하는 태스커들에게 달 렸음을 되새겼다. 도쿄에 기반을 둔 대형 전자 상거래 기업 라쿠텐Rakuten의 최고경영자 미키타니 히로시三木谷浩史는 변 화를 시도하며 영어를 회사의 공용어로 채택했다. 그는 회 사가 세계로 도약하려면 '세계의 비즈니스 언어'를 받아들 여야 함을 확신하고 자신의 모든 권한을 동원해서 대대적인 규모로 직원들의 태도와 행동에 변화를 일으켰다. '영어 공 용화Englishnization'라고 하는 이 캠페인은 하버드의 우리 동료 교수 세달 닐리Tsedal Neeley가 쓴 흥미로운 저서에 구체적으로 소개되어 있다.[30] 미키타니는 업무 시간에는 모든 사람이 영어를 쓰도록 하고 이에 관한 장려책과 저지책(이 정책에 반기를 드는 사람은 승진에 불리하게 하는 등)을 내놓았다. 그러나 그중 가장 강력한 효과를 낸 것은 본인이 사무실에서 일본어를 쓰지 않기로 한 일이었을 것이다. 미키타니는 수십 년간 함께 일한 일본인 동료들과 단둘이 대화할 때조차 일본어를 쓰지 않았다. CEO가 영어에 회사의 미래를 걸었다는 메시지를 그보다 더 분명하게 전할 방법은 없었다. 닐리의 말마따나 그는 "자신이 상상한 변화를 모든 대화에서 펼쳐 보일 수 있을 만큼 헌신적이고 용감했다."

CEO의 낡은 양복

우리가 관찰하기로 전략상 가장 유능한 리더들은 미키타니 같은 사람들이었다. 그들은 전략을 깊이 내면화하여 자신들의 가장 근본적인 선택을 구성원들에게 알렸다. 한번은 금융 서비스 회사 뱅가드Vanguard의 전 최고경영자가 다 낡은 수트에 밑창을 수십 번은 간 듯한 구두를 신고 프랜시스의 사무실에 찾아온 일이 있었다. 뱅가드 본사를 출발해서 프랜시스의 사무실에 도착하기까지, 비행기로 몇 군데 경유지를 지나고 공항 셔틀버스와 지하철을 갈아타는 등 험난한 과정을 거쳤다고 했다. 뱅가드의 전략은 금융 서비스 분야에서 가장 낮은 비용으로 승부사가 되는 것이다. 이는 고객이 곧 주인인 독특한 구조*와 집착에 가까울 만큼 효율성에 매달리는 전사적인 노력을 통해 이루어지고 있다. 프랜시스는 이 최고경영자에게 단도직입적으로 물었다. "보여주기 위한 건가요, 정말로 검소하신 건가요?" 그는 근본적인 답을 내놓았다. "둘 다죠." 리더의 자리에 올라서면 좋든 싫든 일거수일투족이 중계되는 상황을 피할 수 없다. 리더로서 당신이 보이는 모습은 진짜인가, 보여주기 위한 것인가? 답은 항상 '둘 다'여야 한다.

그와 대화한 시간이 우리는 정말 마음에 들었다. 전략에 강한 리더란 어떤 사람인지 되새기는 계기가 됐기 때문이다. 그런 리더는 회사의 전략에 모든 것을 바치며 그래서 그 전략은 매일 아침 그들이 입는 옷에까지 고스란히 드러난다. 이 이야기는 조직이 전략적 이익을 따져 움직이도록 힘을 더해주려면 어떤 수단이든 동원할 수 있음이 나타난 본보기다. 닳아빠진 구두를 신든 낯선 언어를 쓰든 비행기 캐릭터로 만화책을 만들든, 구성원들에게 다르게 일하는 방법을 알려줄 수 있다면 어떤 것이든 좋다. 최고의 전략이란 그런 것이다.

한편 계획을 바꾸는 것 역시 최고의 전략이 될 수 있다. 전략에는 유효 기간이 있기 마련이다. 상황은 달라질 수 있

---

* [옮긴이] 뱅가드는 자사에 자금을 맡기는 투자자들에게 최대한 많은 수익을 돌려주기 위해 자사의 투자자가 곧 자사의 주주가 되는 시스템을 사용한다.

고 아무리 좋은 의도여도 현실에 적용하려면 수정이 필요하기 때문이다. 경쟁사에서 제품을 업그레이드하는 순간 본래 가지고 있던 우선순위 지도는 유효 기간이 끝난다. 공급자가 혁신을 시도하거나 소비자가 구매 기준을 바꿀 때마다 가치 스틱의 경계는 다시금 흐릿해진다. 많은 회사가 매년 꼬박꼬박 전략 계획을 수립하지만 365일은 정말 긴 시간이다. 그사이에 핵심 이해관계자들의 움직임이 달라지면 수동적으로 변화에 적응하려고 애쓰는 것만으로는 충분하지 않다.

구성원과 함께하지 않으면서도 리더의 역할을 해내려면 전략을 바로 세워 모두에게 알리고 일찍부터 그리고 자주 확인해야 한다. 거기서 리더의 역할을 더 극대화하고 싶다면 이제 조직에서 사용할 수 있는 가장 강력한 레버를 당길 차례다. 문화의 힘을 이용해야 하는 것이다. 리더로서 문화의 힘을 유리하게 사용하려면 어떻게 해야 할까? 다음 장에서 이야기해보자.

✓ 동료나 직속 부하 직원들(당신을 리더로 삼는 사람들)은 업무 중 재량이 필요한 순간을 어떻게 아는가? 그들은 관리자의 지시에 어느 정도로 의존하는가?

✓ 조직의 전략을 어렵지 않은 말로 간단하게 설명할 수 있는가? 주변 사람들은 어떤가?

✓ 당신의 조직에서 일하는 직원들은 조직의 전략을 어떤 과정을 통해 알게 되는가? 이 과정을 강화할 새로운 방법을 떠올릴 수 있는가?

✓ 소비자, 공급자, 직원을 잃지 않고 당신의 조직이 승리할 방법을 떠올릴 수 있는가? 회사와 주요 이해관계자들을 위해 더 큰 가치를 창출하려면 어떻게 해야 하는가?

6장
문화

////////////////////////

　문화는 조직을 이끌 때 전략과 함께 사용할 또 하나의 중요한 레버로, 전략보다 목소리가 크다. 팀을 넘어선 범위에서 전략이 명확하게 해결하지 못한 부분이 있다면 단연코 문화가 그 틈을 채울 것이다. 문화는 리더가 방을 떠난 뒤에도 구성원들이 팀에 몸담고 일할 방식을 정립하며 현장에서 실제로 일이 이루어지는 방식을 설명한다.

　문화를 알면 회의에서 어떻게 행동할지 알 수 있다. 공석이 생기면 누가 당연하게 책임을 이어가고 실무를 담당할지는 문화에 드러난다. 절차를 따를지 무시할지, 정보를 공유할지 비밀에 부칠지, 상황을 개선하기 위해 위험을 무릅쓸지 현상 유지에 만족할지 역시 문화가 말해준다. 양과 질, 행동과 분석, 직언과 체면치레 중 무엇이 중요한지 또한 문화에서 드러난다. 전략은 실마리를 던지지만, 문화는 분명한 답을 제시한다.

문화는 조직의 중심에서 가장 멀리 떨어진 구석구석까지, 즉 리더가 갈 수 없는 곳과 만날 수 없는 사람들에게까지 손길을 미친다. 페덱스의 부활 이야기는 회사의 창립 멤버 마이클 배쉬Michael Basch가 즐겨 말하는 주제다.[1] 1973년, 페덱스는 파산 위기로 궁지에 몰려 어느 부분 제 속도를 내지 못하고 있었다. 회사의 상징적인 창립자 겸 CEO였던 프레드 스미스Fred Smith는 조직을 살리기 위해 생각나는 것은 다 해봤다고 했다. 지푸라기라도 잡는 심정으로 수중에 남은 자본을 몽땅 들고 라스베이거스로 날아가서 도박에 손을 댔을 정도다(놀랍게 그 덕에 시간을 좀 벌긴 했다). 그러나 그 외에는 더 쓸 카드가 없었다.

이렇게 회사에 실존적 위기가 전개될 무렵 한 고객이 울음 섞인 소리로 전화를 걸어왔다. 결혼식이 24시간도 채 남지 않았는데 아직 웨딩드레스가 도착하지 않았다고 했다. 다이앤Diane이라는 이름의 고객센터 직원은 곧바로 행동에 돌입했다. 드레스의 위치를 추적한 뒤 세스나 경비행기를 빌려서 배송을 의뢰한 것이다. 다이앤은 누군가에게 승인을 받느라 단 1초도 귀한 시간을 낭비하지 않았다(노력해봤지만, 다이앤의 성은 알아내지 못했다). 그런데 결혼식까지 과정이 워낙 떠들썩했던지라 하객 중 기업의 중역으로 일하던 몇 사람이 페덱스에 관심을 보이기 시작했다. 일주일 뒤, 이들은 자기 회사의 제품 배송 업무 일부를 불안한 신생 기업 페덱스에 맡겨보기로 했다. 처음에는 하루 세 개, 나중에는 30개까지 물량도 늘려주었다. 그만하면 페덱스를 살리기 충분한 양이었다.

그 무렵 막 문을 열었던 페덱스의 전략은 단순했다. "시간을 다투는 물품은 빠르고 정확하게 배송한다." 그러나 스미스와 경영진은 여기에 페덱스만의 강력한 '진보라'(페덱스 로고 색깔) 문화를 더해넣었다. 이 문화의 특징은 무조건 해낸다는 정신과 인종, 성별, 사내 지위 같은 외적 요소를 중시하지 않는 분위기였다. 페덱스에서는 모두가 중요했다. 모든 구성원은 의미 있는 방식으로 회사에 이바지할 자유와 책임이 있었다. 다이앤의 대담한 결정으로 페덱스는 구명 밧줄을 얻었다. 이때 회사를 살릴 변화를 만들어낸 것은 카리스마 있는 최고경영자나 명확한 전략이 아니었다. 물론 최고경영자와 전략이 결승점으로 가는 방향(물품의 빠른 배송)을 가리켰을 수는 있지만, 다이앤이 아낌없이 역량을 발휘한 것은 페덱스의 문화 덕분이었다.

문화란 무엇인가?

사람들은 문화에 변화가 필요하다는 사실을 깨닫고서야 문화에 관심을 둔다. 그런데 조직에서 이 깨달음은 필요보다 늦게 오는 때가 많다. 저자인 우리가 이 책을 통해 반드시 하고 싶은 일 중 하나는 그 시기를 앞당기는 것이다. 교육의 효과를 높이기 위해 지금부터는 당신 조직에 당신이 바꾸고 싶어 하는 문화가 있다고 가정해보자.

만일 리더로서 조직 문화를 바꿀 수 있다면 무엇을 바꾸고 싶은가? 바꿔야 할 것이 둘 이상인가? 몇 분 정도 생각한 뒤 답을 적어보자. 처음부터 이런 질문을 하는 이유는 답을 고민하게 하는 것이 곧 힘을 실어주는 일이기 때문이다. 사람들은 대부분(가장 높은 자리에 있는 리더들조차) 문화는 그저 견뎌야 하는 것이지, 스스로 힘써 바꿀 수 있는 것이라고는 생각하지 못한다. 이는 완전히 틀린 생각이다.

문화는 바꿀 수 있음을 소개하는 의미에서 전 MIT 교수 에드거 H. 샤인Edgar H. Schein이 제시한 상징적 틀에 관해 이야기해보자. 샤인은 조직 문화를 크게 인위적 산물, 행동 양식, 공유된 기본 전제로 구분한다.[2]* 샤인의 설득력 있는 주장에 따르면, 구성원들이 항상(리더가 없을 때도) 리더가 바라는 행동 양식을 취하게 하려면, 그들이 항상 리더가 바라는 방향으로 전제하게끔 유도하는 것이 필요하다.

데이비드 닐먼David Neeleman의 유명한 일화를 아는가? 그는

---

* [옮긴이] 인위적 산물artifacts은 조직의 구조, 각종 상징물, 관행, 용어 체계 등 조직에서 가장 표면적으로 드러나는 요소를 의미한다. 행동 양식behaviors은 조직이 중시하는 가치에 따른 구성원들의 행동 방향으로, 하위 단계인 '옹호된 가치espoused values'가 강조되기도 한다. 공유된 기본 전제shared basic assumptions는 구성원들의 머릿속에 뿌리 깊게 자리 잡은 믿음과 인식을 말한다.

항공사 제트블루Jetblue를 창립한 뒤 한 달에 한 번씩 승무원이 되어 비행기에 올랐다.[3] 닐먼은 앞치마를 두르고 커피를 나르며 통로를 오가는 동안 승객들에게 다정하게 인사를 건넸다. "안녕하세요, 데이브라고 합니다." 그럴 때마다 그는 조직에 감동을 안기며 조직이 공유할 기본 전제를 굳게 다져나갔다. 제트블루 사람이라면 지위와 상관없이 누구든 승객에게 최고의 서비스를 제공해야 한다는 믿음(기본 전제)을 굳혀준 것이다. 당시에는 다소 극단적으로 보이는 면이 있었지만, 닐먼이 직원들을 염두에 두고 표면화한 가장 중요한 전제는 고객은 사람이라는 점이었다. 제트블루의 기업 사명은 "비행의 기쁨을 돌려드립니다bring humanity back to air travel"였다. CEO가 승객을 인간 대 인간으로 대하는 모습은 모두에게 경고 신호로 작용했다. 이 신호에는 제트블루의 항공기에는 삼등석 승객이 따로 있지 않다는 메시지가 들어 있었다. 제트블루에서는 모든 것이 실제로 그런 기조로 운영됐다.

　문화는 '모두가 동의하는 사실'이라는 말로도 설명할 수 있다. 무엇이 진실이고 무엇이 중요하고 무엇이 위기인지, 또 어떨 때 축하하고 자랑스러워하고 혹은 수치스러워하는지에 관한 모두의 합의가 곧 문화다. 문화는 웃음처럼 근본적인 것까지 규정한다. 유머는 보편적 진실이 아니라 문화적 진실이다. 예컨대 초창기 라이엇게임즈는 게임 하는 젊은 남성들이 주를 이룬 상대적 동질성이 큰 집단이었다. 그 시절 라이엇게임즈에는 웃긴 것, 무해한 것으로 규정되던 행동 양식("몸 개그" 등)이 있었다. 그런데 다양한 정체성을 가진 사람들이 합류하면서 그것들이 더는 웃긴 것도 무해한 것도 아니게 되자 문화적 난관이 발생했다.

이제 그만 멈춰야 한다는 열 가지 신호

유머는 여전히 여러 조직에서 혼란의 원인이 되곤 하므로 여기서는 가장 직접적인 말을 쓰려고 한다. 분명히 말하지만, 인간으로 살아가며 겪는 부조리를 버티려면 웃음은 꼭 필요하다. 일상의 일터에서도 웃음은 절대적으로 필요한 요소일 것이다. 그러나 리더가 유머를 구사하는 것은 운동 대표팀의 일원으로 시합에 나가는 것과 같다. 그렇다면 당연한 조언은? 정말 잘할 수 있다는 근거가 확실할 때만 벤치에서 일어나라는 것이다. 다음은 유머를 들고 큰 리그에서 뛰기에는 준비가 덜 됐음을 알리는 열 가지 신호다.

1. 최근에 "농담일 뿐"이라는 말을 한 적이 있다. 일터에서의 유머는 좋은 의도가 분명하게 전달될 때만 효과가 있다. "농담이었어요" 같은 말을 자주 내뱉게 된다면 선을 넘게 될 위험이 크다. 그럴 때 대부분 정말 해야 할 말은 "미안

합니다"이다.

2. 농담을 하기 전에 그 자리에 누가 있는지를 먼저 살핀다. 웃긴 말을 하기 전에 주변을 살피며 이 말을 하는 것이 안전할지 확인한다면, 굳이 위험을 감수하거나 흡족한 결과를 기대하지 말자. 그런 유머라면 덮어두고 당신을 믿어 줄 홈그라운드 사람들(가까운 친구나 사랑하는 사람들)을 위해 아껴두자. 정말 웃길 자신이 있어도 참는 것이 옳다.

3. 듣는 사람들의 비언어적 신호가 일관적이지 않다. 당신의 유머가 괜찮았는지는 사람들의 태도를 보면 분명히 알 수 있다. 하지만 주의하자. 당신의 유머를 듣고 상대가 개방적인 몸짓을 보이는가, 폐쇄적인 몸짓을 보이는가? 그 사람이 당신과 시선을 마주치는가, 피하는가? 한 가지로 답하기가 어렵다면 스스로 "여기서 그만"을 외치는 것이 좋다.

4. 농담의 핵심이 다른 사람의 몸과 연결된다. 사람들의 일반적인 기준이 높아짐에 따라, 이런 범주의 농담이 초래하는 가장 명백한 잘못은 바로잡히는 중이다(자기 몸을 긍정하자는 움직임이 커지고 있다는 점만 봐도 그렇다). 그러나 아직 할 일은 남았다. 한 가지 간단한 규칙을 알려주겠다. 타인의 몸에 관한 생각은 전부 머릿속에만 간직하자. 이성애자 남성이 다른 이성애자 남성의 키, 몸무게, 머리 모양, 몸매, 옷 등을 이야기하는 정도는 괜찮다고 생각해서는 안 된다.

5. 다른 사람의 이해를 도울 셈으로 제일 먼저 요란하게 웃는다. 유머는 듣는 사람에게 자연스럽게 웃음을 가져다주고 말하는 사람에게 힘이 되어야 한다. 그것이 유머의 핵심이다. 그런데 듣는 사람에게서 자꾸만 억지로 웃음을 유도하려 한다면 좋은 신호가 아니다.

6. 농담을 뱉은 뒤 "심했나?"라는 말로 수습하는 일이 다반사다. 정말 솔직하게 말해서 우리 역시 이 잘못은 여러 번 저질렀다. 이런 말은 예상치 못한 시점에 적절하게 집어넣으면 화룡점정이 될 수 있지만, 습관처럼 쓴다면 다른 사람들의 불편한 감정을 대수롭지 않게 생각한다는 신호가 될 수 있다.

7. 남이 당황할 만큼 짓궂은 말이나 행동이 농담에 들어간다. 돌려 말하지 않겠다. 회사에서는 절대 이런 식으로 농담하지 말자. 기가 막히게 똑똑한 코미디언인 데다 주간 토크쇼를 진행하고 10여 년간 다양한 시청자를 웃겨온 사람이라면 예외일지 모른다(〈엘런 쇼〉를 한 회차만 찾아보시라). 그 정도가 아니라면 화분 뒤에 숨어 있다가 동료들 앞에 불쑥 나타나고 싶은 충동은 부디 접어 두기 바란다.

8. 회사 초창기라면 잘 먹혔을 농담을 한다. 회사의 규모가 더 작고 직원의 구성이 훨씬 더 단조로웠을 때는 다들 재밌어했을 농담이라도 이제는 그렇지 않을 수 있다. 조직 문화의 다른 요소와 마찬가지로 회사가 성장하면서 다양한

사람들이 함께하게 되면 보통은 유머도 발전해야 한다.

9. 다른 사람의 짓궂은 농담을 방관한 전력이 있다. 누군가의 말이 부적절하다는 것을 알지만 무리에 섞여 웃어 넘기는 경향이 있다면 당신의 직관은 정말 믿을 것이 못 된다. 모든 방관자는 명심하자. 공모자로 남아서는 안 된다. 그렇다고 앞에 나서기는 너무 불안하다면 차라리 자리를 뜨자. 행동하지 않는 것은 지지하는 것이다.

10. 농담을 하면 피해자가 생기곤 한다. 당연하게 들리겠지만 일터에서 효과적으로 유머를 구사하면 즐거움, 유대, 통찰이 자극된다. 그런 유머는 전혀 해롭지 않다. 누군가를 희생해서라도 웃기고 싶다는 생각이 들 수 있지만 그래서는 개인과 문화에 모두 해로운 결과가 생긴다. 무엇보다 그럴 때 당신은 개인의 경계와 안녕 따위는 아무렇지 않게 침해해도 괜찮다는 신호를 보내는 셈이다.

심지어 샤인은 이렇게 쓰기도 했다. "리더가 하는 일 가운데 유일하게 진짜 중요한 일은 문화를 만들고 관리하는 것이다."[4] 이 말에는 정말 동의하지 않을 수 없다. "유일하게"라는 부분이 좀 걸리기는 하지만(1~5장 참조) 그야말로 맞는 말이다. 문화는 분명 가장 중요하다. 여러 이유 중 하나는, 리더가 조직을 떠난 뒤에도 문화는 남기 때문이다. 당신이 회사를 떠나더라도, 단단하게 다져진 문화는 몇 세대 동안 변함없이 자리를 지킬 것이다.

문화는 놀라울 만큼 영향력이 강해서 조직의 경계를 훌쩍 뛰어넘기도 한다. 문화는 사람을 바꾸고 사람은 사람을 바꾼다. 변화는 그렇게 계속된다. 스타벅스에 들어가본 뒤 전보다 스타벅스를 긍정적으로 느꼈던 사람이라면, 작은 카페에 들어갔다가 생각보다 멋지다고 느껴본 사람이라면, 문화가 모든 사람에게 영향을 미칠 수 있음을 인정할 것이다. 리더로서 최대한 영향력을 키우고 싶다면 문화 전사가 되는 법을 배워야 한다.

넷플릭스에서 최고인재책임자Chief Talent Officer(CTO)를 지낸 패티 매코드Patty McCord는 이 시대를 살아가는 문화 전사들 가운데 가장 유능한 사람 중 하나다. 넷플릭스의 회의실 벽에 붙은 슬로건 중에는 무의미한 문장이 하나도 없었다. 적어도 매코드가 있는 동안은 그랬다. 매코드는 넷플릭스를 거대 매체로 키워가며 회사가 가장 중시하는 아홉 가지 행동 양식을 명문화했다. 그리고 채용, 보상, 투자금 회수 등과 관련된 회사의 모든 의사 결정에 이 기준을 적용했다. 그는 넷플릭스의 독특한 문화를 그 유명한 100장짜리 슬라이드 자료로 만들어 신입 사원들에게 이 행동 양식을 훈련했다. 그런 뒤 각 항목을 꾸준히 강화해나갔는데, 가령 동료를 앞에 두고 피드백을 주저하는 직원이 있으면 '정직'(8번)을 언급하는 식이었다. (셰릴 샌드버그는 '넷플릭스 컬처덱Culture Deck'*으로 알려진 매코드의 이 자료를 "지금까지 [실리콘] 밸리에서 나온 가장 중요한 문서"로 꼽았다.⁵) 매코드는 직원들에게 동료가 넷플릭스의 문화에 어긋난 행동을 하면 문제를 제기하도록 강조하며, 그것이 명백히 '용기'(6번) 있는 행동이라고 말했다. 그가 10여 년간 최고인재책임자 자리를 지킨 뒤 회사를 떠날 무렵, 넷플릭스는 그가 최고경영자 리드 헤이스팅스Reed Hastings와 함께 그렸던 모습으로 돌아가고 있었다. 넷플릭스는 호기심이 가득했고(4번) 혁신적이었으며(5번) 열정이 넘쳤다(7번). 매코드가 컬처덱을 공개한 지 얼마 지나지 않아, 넷플릭스는 〈하우스 오브 카드House of Cards〉의 한 시즌을 통째로 상영 중단하며** 전 세계 콘텐츠 소비 방식을 완전히 바꿔놓았다.⁶

매코드는 넷플릭스의 문화를 구상할 당시 높은 성과를 자랑하는 창의적인 리더들을 끌어모으겠다는 목표가 있었다. 그런 사람들은 높은 수준의 자유를 누리는 환경에서 성장하고 성공한다. 또한 그들은 스스로 동기를 부여하고 절제하며 자신을 돌아볼 줄 알기 때문에 그런 자유를 누리는 것이 마땅할 것 같았다. 이렇게 "혁신적이고 개성 넘치는 인재"들은 대부분 일반적인 역할과 조직에 갇히는 것을 질색

---

* [옮긴이] 회사의 문화를 정의한 문서를 말한다.

** [옮긴이] 출연자 케빈 스페이시가 미성년자 성추행으로 고발당한 사건 때문이었다.

한다. 재량으로 할 수 있는 일에 관해 직속 상사에게 지시를 듣는 것이나 회사의 지침서를 읽느라 시간을 낭비하는 것을 전부 끔찍하게 생각한다. 이들은 휴가나 경비 정산 등과 관련된 제약 역시 싫어하는데, 넷플릭스는 일찍부터 그런 규칙을 깡그리 없앴다. 대신 이들이 사용하는 경비 사용 정책은 다음과 같다. "넷플릭스에 가장 큰 이익을 가져다줄 방향으로 행동한다."

매코드는 이렇게 자율적으로 일할 인재들을 회사로 데려오기 위해 자신이 가진 힘을 모두 발휘했다. 그런 다음 넷플릭스의 문화를 교육해서 그들을 회사 안에 자유롭게 놓아주었다. 문화가 알아야 할 모든 것을 말해주었기 때문이다. 매코드와 헤이스팅스는 인재들을 위해 길을 터주었고, 다른 리더들 역시 그렇게 하게 했다. 다시 말해 넷플릭스의 고위 경영진은 자주 의도적으로 자리를 비우며 주변으로 물러나기를 자처했다. 그들은 중심이 아닌 주변에서 가장 크게 가치를 빛냈다. 자유를 소중히 생각하는 넷플릭스의 직원들은 물러날 줄 아는 리더를 선호했다. 넷플릭스 이야기에는 이처럼 리더십에 관한 또 다른 근본 진리가 드러난다. 당신이 가진 최고의 인재 중에는 당신이 가끔 사무실을 비워주기 바라는 이들이 있을 것이다. 그럴 때 문화를 믿으면 편안하게 자리를 비울 수 있다.

우리 회사도 혹시?

2017년 6월, 우버에 기업 문화를 바꿔야 한다는 요구가 그 어느 때보다 강하게 몰아치고 있었다. 당시 최고경영자였던 트래비스 캘러닉은 가만있을 수 없었다. 마이크 아이작Mike Isaac이 저서 《슈퍼펌프드Super Pumped》에서 밝힌 것에 따르면 캘러닉은 우버를 떠나며 회사 앞으로 끝내 보내지 못한 이메일을 썼다고 한다.* 이메일에는 우리가 그해 봄에 본 겸손하고 사려 깊은 모습의 캘러닉이 고스란히 드러나 있었다. 서두에서 그는 우버의 문화적 난관을 냉정하게 인정했다. "지난 7년 동안 회사는 크게 성장했지만 회사의 문화는 그렇지 못했습니다."[7]

캘러닉은 회사가 문화적으로 잘못된 길을 가게 된 책임을 자기 탓으로 돌렸다. 물불 가리지 않고 성공을 강조한 것, 이해관계자들과의 관계를 업무적으로만 접근한 것이 모두 자신의 잘못이라고 생각했다. 우버는 '전 세계 시가총액 1위 스타트업 기업'이라는 역사적으로 믿기지 않는 위치까지 올라갔지만, 그 결과를 견인한 가치는 예상치 못한 부작용을 일으켰다고 했다. "우리가 추구하는 가치 뒤에는 여러 좋은 의도가 있었습니다." 그러나 그런 가치는 잘못 이용되거나 잘못 해석되기도 했음을 그는 인정했다. 그리고는 누

---

* 이 무렵 우버의 이사회는 이미 캘러닉 해임 절차를 밟고 있었다.

구라도 정신이 번쩍 들 말로 이런 왜곡을 설명했다. 가치가 "무기화weaponized"되었다는 것이다.

무기화라는 말은 지나치게 무심하게 쓰이는 일이 있지만 우버를 말할 때는 그렇지 않았다. 가치를 무기화한다는 것은, 누군가의 힘을 빼놓거나 (극단적으로는) 누군가에게 해를 가할 목적으로 모두가 지지하는 가치를 조작하는 일을 뜻한다. 이는 가치를 무기화하는 장본인과 그 사람의 이익이 가장 중요해진다는 의미에서 임파워먼트 리더십과 반대된다. 무기화된 가치는 새로운 믿음으로 무장하고 기존 가치의 탈을 쓴다. 그러고는 나머지 조직의 동의 없이 '진실'의 의미를 바꿔버린다. 가령 우리는 "신뢰가 기본"이라는 문구를 회사의 핵심 가치 중 하나로 꼽는 회사와 일한 적이 있다. 본래 이 문구는 어떤 상황에서도 서로를 믿어야 함을 모두에게 일깨우는 목적이 있었다. 훌륭하지 않은가? 그러나 이 가치는 건강한 반대를 원천 봉쇄하는 용도로 쓰이기 시작했다. 직속 부하 직원이 계획에 의문을 제기하거나 대안적인 관점을 제시하면 관리자가 "신뢰가 기본인 건 알죠?"라고 말하는 식이었다.

우버의 문화에도 분명 무기화된 것들이 있었다. 캘러닉이 프랜시스에게 우버에 합류해달라고 한 것도 그런 이유 때문이었다. 우리가 그 요청을 조금 더 일찍 받았더라면 어땠을까? 혹여 우버가 고통을 덜 겪지 않았을까? 우리는 지금까지도 그런 생각을 한다. 경험으로 보아, 가치가 무기화되는 패턴은 건강하지 못한 문화를 드러내는 일종의 늦된 지표다. 우리는 상황이 이렇게 위태로운 국면으로 접어들기 전에 조직의 문화를 진단하고 바꿔볼 도구를 제공하고 싶다. 단순 복구면 충분한 시점에서 사용할 수 있도록 말이다 (속까지 전부 개조해야 해서 뼈대만 남기고 전부 도려내야 하는 상황이 되어서는 안 된다).

문화적 진실을 마주할 순간이 되었다는 것은 어떻게 알 수 있을까? 진부한 답 같지만, 보통은 구성원들이 말해줄 것이다. 수전 파울러는 우버에서 더없이 의문스러운 한 해를 견디는 동안 자신의 경험을 먼저 내부에 보고했다. 외부에 공개하기 한참 전에 말이다.[8] 그러나 우리가 이해하기로 파울러의 보고는 단 한 번도 캘러닉에게 전달되지 않았다. 그러나 파울러를 비롯한 많은 문화적 내부고발자가 용기를 낸 덕분에 우리는 지금 문화에 관한 피드백이 그것을 들어야 할 모든 이에게 전달되는 세상에 살고 있다.

문화라는 개념이 전보다 더 제대로 이해되는 분위기 역시 힘이 되고 있다. 이런 분위기가 형성된 것은 조직 문화가 인재를 끌어들이는 핵심 가치로 자리잡힌 덕이 크다. 뛰어난 직원들은 자신과 가치가 같은 고용주가 있는 환경에서 일하고 싶어 하며 점점 더 이 점을 분명하게 요구한다. 당신의 조직도 문화를 쇄신할 필요가 있는 것 같다면 밀접한 거리에서 동료들을 만나볼 것을 권한다. 현재 회사의 조직 문화에서 무엇이 잘 작동하고 무엇이 그렇지 않은지 물어보자. 샤인의 주장이 옳다는 확신으로 동료들의 답변을 분석해보자. 그것이 리더로서 당신이 해야 할 가장 중요한 일이다.

동료들과 이런 대화를 하는 목표는 더 체계적으로 검증할 수 있는 합리적인 가설을 세우는 것이다(283쪽의 "문화를 바꾸려면 전략이 필요하다" 참조). 이런 비공식적 자료를 수집할 때는 소그룹을 짓거나 일대일로 만나는 등의 긴밀한 소통 방식을 거치는 것이 좋다. 팀의 공감 '안정점'에서 시작해보자. 타고난 공감력으로 다른 사람의 경험에 동화되곤 하는 사람들부터 만나보라는 뜻이다. 주저 없이 진실을 말할 줄 아는 사람이나 잃을 것이 전혀 없는 사람들도 좋다. 또한 회사를 떠나는 사람과 면담할 기회가 있으면 항상 회사의 문화에 관해 이야기해본다(경험상 이런 경우 특히 유용한 질문이 한 가지 있다. "회사의 문화에 대해 고민이 많은 사람으로서 묻고 싶어요. OO 씨나 다른 분이 회사에서 경험한 일 가운데 제가 알아야 할 것이 있나요?") 이때는 직위나 직무 등 진실을 경험할 때 변수가 될 만한 요소들을 고려해서 만날 사람을 결정해야 한다. 그중 누군가를 만날 때 확실한 이유(문화적으로 심리적 안정감이 보장되지 못하는 등)로 솔직한 답을 듣기 어려울 것 같다면, 그 사람을 보호하기 위해 가능한 조처를 한다.

우리의 경험에 근거해, 조직 문화를 파악하는 직관을 기르는 과정에서 대화의 문을 여는 데 도움이 됐던 질문들을 소개한다.

- 직원들이 성공하는 데 우리 조직의 문화가 얼마나 도움이 된다고 생각하세요? 혹시 우리 문화가 직원들의 효율성을 깎아내리는 면이 있나요?
- 조직의 가치나 우리가 만든 약속이 '무의미'했거나 '무기화'된 적이 있었나요?
- 우리 조직의 문화는 현재의 어려움이나 기회를 마주하기에 적합한가요?
- 우리가 세운 가장 야심 찬 목표를 달성하려면 문화적으로 어떤 변화가 필요할까요?

조직 문화에 대한 직관을 기르는 과정에서 이보다 더 어려운 것은 듣는 일일지 모른다. 고고학자의 호기심과 리더의 철저한 책임감으로 상대가 하는 말에 진심으로 귀를 기울이기란 쉬운 일이 아니다. 들을 때는 구성원과 함께하든 함께하지 않든 그들의 경험을 책임지는 사람이 되어야 한다. 또한 듣는 행위를 가로막는 자존심이나 내적 방어를 내려놓아야 한다. 목표는, 구성원들에게 문화를 바꿔야 함을 확신시키기 위해 리더가 먼저 그 사실을 확신하는 것이다.

내 걸림돌을 확인하는 법

생각해본 적 있는가? 조직에서 작동하는 게임의 규칙은 어느 날 갑자기 하늘에서 떨어진 것이 아니다. 보통 그런 규칙은 조직의 문화를 구축한 개인의 경험, 즉 그 사람의 행동 양식을 형성한 전제에서 비롯되는 일이 많다. 다시 말해 '진실'에 관한 조직 전반의 합의는 리더의 마음과 생각, 그리고 개인적인 이력에 뿌리 박고 있을 가능성이 크다.

우리가 알기로 문화를 가장 유능하게 다루는 리더들은 대부분 개인적인 경험을 출발점으로 삼는다. 그러나(지금부터가 진짜 성공의 비결이다) 그들은 과거의 경험에 갇히지 않는다. 삶이 자신에게 가르쳐준 것(자신을 성공 또는 실패로 이끈 전제와 행동 양식)이 회사의 문화에 당장 필요한 것과 일치하지 않을 수 있다는 점을 그들은 항상 열린 마음으로 받아들인다. 예컨대 아직 창립자가 자리를 지키는 단계의 회사들을 보면 캘러닉의 "앞만 보고 달리기Always be hustlin" 기조가 다양한 모습으로 문화에 적용된 경우가 종종 있다. 조직을 이끌며 상상 속 성공을 현실로 만든다는 것은 놀라울 정도로 대단한 성과이므로 당연히 그럴 수 있다. 게다가 이런 기조는 관련된 사람들에게 강한 구심점이 될 수도 있다. 앞만 보고 달리지 않고 성공하는 기업가는 드물다. 그런데 모두가 그렇게 할 수만은 없는 까닭은 무엇일까?

몇 가지 타당한 이유가 있을 것이다. 우선 조직이 더 체계적으로 운영될 단계일지 모른다. 특정 팀(예를 들면 법무팀)에는 다른 사고방식으로 일할 문화적 자유가 필요할 수 있다. 회사의 법무자문위원이라면 온종일 앞만 보며 내달리기보다는 이해관계자들을 보호하기 위해 꼼꼼하게 방법을 고민하는 편이 나을 것이다. 핵심은 그동안 머릿속에 있던 전제가 지금 조직에 필요한 행동 양식과 다를 때 방향을 바꿀줄 아는 유연성을 갖는 것이다. 그럴 때 리더는 자기 경험의 경계에서만 움직이기를 거부함으로써 리더로서 역량을 펼칠 길을 스스로 마련할 수 있다.

이러한 민첩성을 기르려면 자신의 믿음과 그것이 미칠 영향을 인식해야 한다. 이는 리더로서 맡은 가장 어려운 일 중 하나일 것이다. 우리 둘은 이 목표를 달성할 해결책 앞에 겸연쩍은 마음이 든다. 우리 중 한 사람은 주말이면 자기 계발에 힘쓰며 즐거워하지만 나머지 한 사람은 그래서 지옥을 맛보기 때문이다(우리 둘은 극과 극이다). 당신이 우리 둘 중 어느 쪽에 가깝든, 자아 성찰 과정에 다른 사람을 개입시키는 방법을 추천한다. 이런 사람들의 도움을 받으면 스스로 깨닫기는 어려운 패턴을 알아차릴 수 있다.[9] 그러나 지금은 이렇게 해보자. 문화의 전사로서 다시 크게 일을 벌이는 것은 잠시 접어 두고, 잠깐이나마 스스로 자신의 탐구 대상이 되어 자신에게 집중하는 것이다. 샤인이 제시한 틀에 비추어 자기 나름의 '문화'를 파악하는 의미에서, 먼저 다음 질문들에 관해 생각해보자. 이 질문들의 목적은 명확한 답을 찾는 것이 아니다. 당신과 조직 사이에 더 의식적인 경계를 두기 위해 공간을 벌리는 일을 시작한다는 데 의의를 두자.

- 당신이 리더로 성공하는 데 가장 중요하게 작용한 행동 양식과 전제는 무엇이었는가? '성공의 비결'을 주제로 우리가 당신을 인터뷰한다면, 그중 어떤 것들을 이야기하겠는가?

- 각각에 제목을 붙여보자. '빨리 움직인다' '절대 만족하지 않는다' '굶주린 상태를 유지한다' 등을 예로 들 수 있다. 이 메시지를 전달하기 위해 사무실에 붙일 멋진 포스터를 만든다고 하자. 어떤 문구나 그림을 넣고 싶은가(새벽녘 새가 날아가는 풍경을 뒤로하고 함께 노를 젓는 사람들을 그릴 수도 있다)?

- 이 각각은 회사가 현재 겪는 어려움을 해결하는 데 얼마나 도움이 된다고 생각하는가? 회사의 어려움이나 포스터 속 시나리오가 서로 어울리지 않는 면이 있는가? 조직에서 이 포스터를 걸기 꺼려지는 곳이 있

는가?

- 장차 당신이 리더로서 미칠 영향력을 고려할 때, 현재 당신이 가진 행동 양식과 기본 전제 가운데 가장 중요하게 유지해야 할 것은 무엇인가? 그중에 바꾸거나 없애야 할 것이 있는가? 필요하지만 빠진 점은 없는가?

캘러닉은 보내지 못한 이메일에서 자신의 사고방식에서 반드시 바꿔야 할 점들을 이야기했다. "저는 공감보다 논리를 좋아했습니다." "의사 결정을 단순한 일 처리로만 여겼습니다." "무엇보다 살아남기 위해서만 안간힘을 썼습니다." 그리고 이어진 문단에서는 자신의 개인적인 가치관이 우버라는 회사에서 확대되고 투영된 과정에 관해 책임을 통감했다. "리더로서 간섭은 줄였지만 더 큰 사람이 되지는 못했습니다." 모든 리더의 내면에서는 현재로 오게 한 힘과 (리더로서 바라는 영향력을 꿈꾸며) 미래로 가게 할 힘을 두고 긴장이 벌어진다. 그러나 소위 테크 업계의 악동이 그 긴장을 마주했다면, 분명 우리도 할 수 있다.

캘러닉은 "선은 넘으라고 있는 것_{toe-stepping}"이라는 악명 높은 문구를 내놓은 적이 있다. 이 문구는 다라 코스로샤히가 최고경영자 자리에 오른 뒤 공개적으로 퇴출당한 첫 번째 가치 중 하나였다.* 코스로샤히가 이와 관련해 링크드인에 올린 글은 많은 조회수를 기록했다. 그 글에 따르면, "'선은 넘으라고 있는 것'이란 문구는 나이나 직위와 관계없이 회사의 모든 직원이 아이디어를 개진하게 하려는 뜻에서 출발한 말이지만 결국 형편없는 행동을 변명하는 말로 사용되는 일이 너무 잦았다."[10] 나아가 코스로샤히는 한 가지 불편한 진실을 인정했다. 우버를 여기까지 올려놓은 기본 전제와 행동 양식을 고수하는 한 훨씬 더 멀리까지 가기는 힘들다는 것이었다. 이 상태로는 지속 가능한 기업으로 성장하거나 성공하는 것이 불가능했다.

이는 최첨단 기술을 다루는 스타트업 기업의 세계에만 국한되지 않는, 매우 일반적으로 벌어지는 긴장 상황이다. 사실 우리는 대부분 조직의 내부에서 이 문제가 다양한 형태로 일어나고 있다고 믿는다. 우리가 아는 거의 모든 회사는 아직 기존의 기본 전제와 행동 양식에 많은 것을 의존한다. 현재에 맞게 수정해야 할 것들에 말이다. 당신이 있는 조직의 문화에서는 지금 시점에 어떤 점이 해롭게 작용하는 것 같은가? 여기까지 오는 데는 힘이 되었지만 훨씬 더 멀리 가기 위해 능력을 발휘하는 데는 걸림돌이 되는 것이 있지

---

*   캘러닉이 우버의 문화를 소개하며 만든 50쪽짜리 문서에 따르면 그는 본래 이 가치를 "실적이 우선, 선은 넘으라고 있는 것meritocracy and toe-stepping"으로 명명했다. 우버에서는 누구나 좋은 아이디어를 낼 수 있어야 한다는 그의 확신이 드러난 말로, 목소리를 내려면 서로 경계를 침범하는 것이 용납되는 문화를 만들자는 뜻이었다.

않은가? ("내 걸림돌 확인하는 법" 참조)

라이엇게임즈의 영혼을 찾아서

2018년 여름, 라이엇게임즈 경영진은 오늘날 기업의 CEO라면 누구든 악몽으로 여길 법한 사건을 겪었다. 어느 날 아침 눈을 떴더니 자신들이 경영진으로 있는 회사에 막장 성차별 문화가 만연하다는 속보가 터진 것이다.[11] 며칠 뒤 회사는 공개 사과문을 내고 반드시 문제를 발본색원하겠다고 약속했다.[12] 라이엇게임즈는 자사의 블록버스터 게임 〈리그 오브 레전드League of Legend〉의 유저들에게 충실하기로 유명했다. 그들은 이제 직원들에게도 게이머들에게만큼 헌신하며 공감하려 애쓰겠다고 했다. 경영진은 진심으로 소리 높여 변화를 약속했고 우리는 그 모습을 보고 라이엇게임즈 경영진과 힘을 모아보기로 했다. 라이엇의 리더들은 여기까지 오는 데 힘이 됐던 기본 전제와 행동 양식에 진지한 개혁이 필요하다는 사실을 분명히 알고 있었다.

경영진이 제일 먼저 한 일은 적극적으로 듣는 것이었다. 기사가 나온 뒤 며칠이 지나는 동안 회사의 리더들은 수백 명의 직원을 만났다. 작은 규모로 이루어진 이 만남에서 경영진과 직원들은 무엇이 잘못됐는지를 서로 이야기했다. 침착할 수만은 없는 대화가 이어지는 동안 가장 많이 나온 주제 중 하나는, 회사가 커가는 동안 아랑곳없이 제자리걸음만 해온 혈기 왕성 브로 컬처 bro culture(젊은 남성 중심의 문화)에 대한 좌절감이었다. 본래 라이엇은 질서 따위 관심 없는 공격성 짙은 스타트업 기업으로 출발했다. 몇 안 되는 직원들은 게임 업계에서 낙오자가 될 것이란 말을 들으며 동료 게이머들을 위해 더 나은 서비스를 제공하는 데 꿈과 열정을 바쳤다. 회사 초창기에 나온 '라이엇 선언 Riot Manifesto'은 구구절절 "관습에 대한 도전"으로 대표되는 갖가지 행동 양식을 북돋는 데 초점이 있었다. 그러나 회사의 직원이 수천 명으로 늘어나자 이런 행동 양식을 권장하는 분위기는 사라져버렸다. 관습에 대한 도전은 마음에 안 드는 "모든 것에 대한 도전 Challenge Everything"으로 바뀌어 있었다. 그러더니 "게임은 진지하게 Take Play Seriously"라는 문구가 등장하면서 진정한 게이머로 분류되지 않는 동료들을 소외시키는 구실이 됐다. 진정한 게이머란 주로 여성을 배제한 주관적인 범주를 가리키는 말이었다.

라이엇의 리더들은 직원들의 말을 들어보는 것 외에 전 직원을 대상으로 한 설문 조사를 의뢰했다(조사의 초안은 문화를 바꾸기 위해 새로 꾸린 팀에서 만들었다). 목적은 오랫동안 감동을 주는 게임을 만드는 데 필요한 문화를 알아보는 것이었다. 조사는 단순하고 직접적인 세 가지 질문만으로 구성됐다.

- 라이엇에 이상적으로 작용할 기업 문화를 만드는 데 필요하다고 생각하는 핵심 가치를 설명해주세요. 최대한 자세하고 구체적으로 적어주세요!
- 현재 라이엇의 문화에서 자신이 위에 설명한 문화를 누리는 데 방해가 되는 점이 있다면 무엇입니까?
- 현재 라이엇의 문화에서 동료들이 위에 설명한 문화를 누리는 데 방해가 되는 점이 있다면 무엇입니까?

직원들은 꾸밈없고 현실적인 답을 내놓았다. 조사 결과 정말 많은 직원이 현재 상황을 불편하게 느꼈고, 더 끈끈하게 협력하는 업무 환경을 원했다. 한편 회사가 기존의 비전을 더 포용성 있게 확장하길 바란다는 응답자도 많았다. 회사가 뜻을 이루려면 다양한 구성원이 필요했고, 직원들은 회사의 창립 이념이 그런 구성원에 걸맞게 수정되기 바랐다. 한 응답자는 더욱더 포용성 있는 조직에 대한 바람을 이렇게 말했다. "최고의 라이엇이란 유저들에게 잊지 못할 경험을 선사한다는 공동의 목표 아래 한데 모이는 곳을 말합니다. …… 라이엇 사람들은 게임에 대해 같은 열정을 가진 덕분에 같은 목표를 향해 똘똘 뭉칠 수 있습니다. 그러나 다양성 역시 우리의 힘입니다. 모든 직원은 저마다 풍부한 경험과 관점이 있고 그것들은 전부 똑같이 중요합니다."[13]

마지막으로 경영진은 희망하는 모든 직원을 문화적 '비

전 구축'의 자리에 초대했다. 리더들은 이 자리에서 직원들에게 초창기 '라이엇 선언'을 재검토하도록 요청했다. 이 일은 상징성이 매우 컸다. 라이엇 선언은 회사의 문화를 드러내는 가장 중요한 '인위적 산물'이었기 때문이다. 그런데 직원들은 그런 라이엇 선언을 바꾸거나, 필요하다면 완전히 없앨 수 있는 권한을 받은 것이었다. 펜과 종이로 무장한 그들은 더 나은 문화를 설계했다. 자신도 동료들도 모두 동등하게 발전의 기회를 누릴 수 있는 문화 말이다.

놀랍게 라이엇 사람들은 기존 비전의 핵심을 그대로 유지하고 싶어 했다. 라이엇이 창립 당시 염두에 두었던 많은 가치가 아직 유효하다고 생각하는 사람이 많았다. 물론 그것들이 제대로 실현될 때(회사가 정말로 약속을 지킬 때), 그리고 그러한 가치가 현재의 라이엇과 잘 어우러질 때 그렇다는 말이었다. 이제 라이엇은 업계의 질서를 무시하지만 말고 앞장서 이끌기도 해야 하는 위치에 있었다. 오늘의 라이엇은 혁신을 이끄는 동시에 실무력을 높여야 했고, 창의성을 보듬는 동시에 폭넓게 협업해야 했으며, 유저들에게 책임을 다하는 동시에 동료들 역시 든든하게 챙겨야 했다. 과거에는 트레이드오프라 생각하며 한쪽을 포기했지만 이제 그 긴장 관계를 더 방치할 수 없었다.

라이엇의 새로운 가치는 먼저 문서로 발표됐고 몇 달이 지난 12월에 리더들이 전사에 공유했다. 혁명적 열의를 내

뿜던 '선언'이란 말은 빠졌지만 다른 곳들은 대부분 비슷했다. 유저들의 경험이 무엇보다 중요하다는 점은 달라지지 않았지만 신뢰를 훼손하거나 정의를 배제할 용도로 쓰이던 말은 전부 사라졌다. 라이엇 사람들은 "함께하는 번영thrive together"이라는 새 약속을 특히 중요하게 받아들였다.

수정된 가치에 나타난, 회사가 문화를 바꾸면서 시도할 나머지 중요한 사항에는 최고인력책임자Chief People Officer(CPO)와 최고다양성책임자Chief Diversity Officer(CDO)가 새로 생긴다는 것도 있었다. 두 신임 경영진(둘 다 여성, 그중 하나는 유색인)은 곧 모든 채용 절차와 성과 관리 시스템을 검토했다. 이들은 포용성을 기르고 고성과 조직을 구축하는 방법을 전 직원에게 교육하고자 그 토대를 만드는 데 많은 공을 들였다. 이 두 사람의 책임은 회사의 새 이상에 걸맞은 현실이 마련되도록 힘을 보태는 것이었다.

무엇보다 우리는 포용성에 관한 라이엇의 포부가 조직의 경계 너머로 확장됐다는 사실이 흥미로웠다. 라이엇의 리더들은 꾸준히 직원들의 소속감을 키워주는 한편 더 넓은 범위에서 포용성을 기르는 일에도 큰 정성을 들였다. 지금 라이엇은 게임 업계의 다양성 및 포용성Diversity and Inclusion(D&I) 전문가들을 지원할 실무단 구축에 앞장서고 있다. 게임(한 '달' 사용자 수 8000만 명) 콘텐츠의 표현 방식을 다른 중요한 창의적 요소들만큼 진지하게 다루는 점 역시 눈에 띈다. 그 결과 라이엇의 게임에서는 여성과 유색인 캐릭터가 중요하게 부각됐고, 성소수자들의 사랑 이야기가 정교한 구성으로 등장하기 시작했다. 라이엇의 다양성 및 포용성 전담팀에는 게임과 관련된 포용성 측면을 집중적으로 관리하는 직원이 생겼다. 이런 역할을 하는 직책을 둔 회사는 우리가 알기로 라이엇이 유일하다. 라이엇은 게임 콘텐츠 표현 방식 면에서 대단한 역사를 자랑해왔지만, 이러한 노력은 새로운 반향을 일으키고 있다. 라이엇에서는 문화를 바꾸는 것에 관해 우리가 가장 좋아하는 측면 또한 두드러진다. 바로 변화는 억제할 수 없다는 것이다. 문화는 그것을 접하는 사람들을 바꾸고, 문화의 변화는 사람을 탈바꿈한다. 라이엇이 문화를 바꾸는 놀라운 여정을 가는 동안 이를 접한 라이엇 사람들은 이제 문화의 전사가 되어가는 중이다.

문화를 바꾸려면 전략이 필요하다

학습적인 의미의 '연마 작업'은 이만하면 충분한 것 같다. 신선하고 새로운 통찰을 새로 칠할 만큼 잘 준비됐기 바란다(희한하게 프랜시스는 교육을 이야기할 때 항상 이런 상징을 즐겨 쓴다). 잠시 이번 장 도입부에 나왔던 질문을 다시 생각해보자. 만일 당신이 리더로서 조직의 문화를 바꿀 수 있다면 어떤 점을 바꾸고 싶은가?

다음으로 넘어가기 전에, 조직 문화에 문제가 있음을 확신할 수 있을 때까지는 직관 기르기 단계(이번 장 초반에 제안한 것처럼 여러 사람을 만나서 조직의 문화에 관해 대화해보자)를 반복하는 것이 좋다. 조직에 생긴 문제의 답이 항상 문화 속에 있는 것은 아니지만, 문화에 생긴 문제의 답은 전부 조직 속에 있음을 명심하자. 달리 말해, 문화에 문제가 생겼다면 원인을 자잘하게 나눠보면 해결할 수 있다. 가장 버겁고 민감하게 보이는 문제들도 예외는 아니다. 당신이 주도하는 다른 일들과 비교해서 이 과정이 특별히 더 복잡하지는 않을 것이다. 그러므로 최대한 긍정적으로 생각하며 할 수 있다는 자세로 접근해보자.

준비가 끝났다면 다음에 나올 "지침"이 디딤돌이 되어줄 것이다. 정보를 바탕으로 문제를 확신하는 데서 출발해, 바뀐 문화를 조직 전체로 확대하기까지의 과정이 기다리고 있다. 이 일을 하며 10여 년을 보내는 동안 우리가 다듬고 검증한 절차를 소개한다.

1단계: 문제의 심각성을 뒷받침하는 정보를 수집한다

문화를 바꿔서 해결될 문제가 있다면 먼저 그 내용을 자세하게 적어본다. 다른 우선순위 때문에 안전이 뒷전으로 밀려나 있는가? 특정 집단이 더 좋은 평가를 받거나 승진을 많이 하는가? 회사가 지나치게 소극적인가? 모든 일을 지극히 업무적으로만 처리하는가? 현실에 안주하는가? '심각성'

이 드러난 정보는 빙산의 일각일 뿐으로, 회사가 아무 문제 없지 않음을 뒷받침하는 가시적인 근거다. 나중에 다시 평가할 수 있고, 문제 해결 과정을 눈으로 보여줄 수 있는 형태로 이 자료를 정리해둔다.

2단계: 정리된 자료는 (일단은) 공개하지 않는다

자료를 통해 알게 된 점을 곧바로 알리고 싶은 유혹이 들겠지만 참아야 한다. 물론 운영의 투명성을 높여야 하는 요즘 같은 때 이는 직관에 어긋나는 일일 수 있다. 하지만 생산적인 해결 방안 없이 큰 문제가 있다는 자료만 제시하면 좋다는 의도로 무장한 사람들이 자료의 정확성과 대표성을 두고 논쟁을 벌이며 추진력에 찬물을 끼얹을 가능성이 크다(당연히 나머지 사람들은 큰 좌절감을 느낄 것이다). 좋은 의도로 문제에 뛰어든 조직들이 현실적인 방안 없이 문제를 공유하고 논쟁을 벌이다 몇 년이 지나도록 추진력을 되찾지 못하는 모습을 본 적이 있다. 3단계는 잠재적 해결 방안을 테스트하는 순서인데, 이 자료는 그 단계에 필요한 사람들과만 공유하면 충분하다. 지금 단계에서는 알아야 할 사람들만 정보에 접근하게 하자.

3단계: 엄격하고도 긍정적인 방법을 찾아서 테스트를 진행한다.

문화를 바꾸기 위해 프로그램을 테스트할 때는 목표, 설계, 실행의 세 가지 핵심 요소가 필요하다.

테스트의 목표는 성공할 수 있음을 보여주는 것이다. 좋은 사람들이 다치지 않고 문제가 (생각보다) 빨리 해결될 수 있음을 조직에 알리자. 보통 이 단계에서는 누군가를 비난하는 것이 목표가 아님을 동료들에게 다시금 확인해줄 필요가 있다. 조직이 온전히 잠재력을 펼치게 하는 것이 가장 우선이라는 것을 밝히자. 경험 많은 직원들이 좋은 의도로 나름 합리적인 선택을 했으리라는 생각에서 출발해야 한다. 테스트가 성공하면 이 직원들은 앞으로 그보다 더 합리적인 선택을 하게 될 것이다. 그것이 중요하다.

설계 국면에서는 행동과 깊은 직관으로 문제에 접근하는 경향이 강한 리더들로 팀을 꾸려야 한다. 조직에서 바꿔야 할 행동 양식과 여기에 가장 효과적으로 쓸 수 있는 수단을 이 팀과 함께 결정하자. 다시 샤인의 틀을 끌어와서, 구성원들이 머릿속에 갖고 있던 '기본 전제' 가운데 어떤 점이 그런 '행동 양식'을 빚어냈는지 가려내보자. 어떻게 하면 사람들의 사고방식에 좋은 변화를 일으킬 수 있을까? 우리의 경험에 따르면, 변화를 주제로 한 캠페인(인위적 산물)을 오래 지속하다 보면 결국 사람들의 사고방식에 영향이 가기 마련이다. 즉 이 단계에서는 조직의 행동 양식만이 아니라 인위적 산물(캠페인)에도 직접 손대는 편이 공정하다.

프로그램을 실제로 실행하는 단계로 옮겨갈 때는 최대한

창의적이고 대담하게 움직이면서 다양한 조건에서 영리하게 테스트해야 한다. 프로그램을 진행하는 데 방해 요소가 적은 팀이나 장소를 선택하는 것은 위험하다. 테스트가 너무 쉽게 성공하도록 유도했다는 비난은 피해야 하기 때문이다. 그럴 때 우리가 자주 하는 조언은 테스트를 진행하기 가장 어려운 조건을 고르라는 것이다. 그렇게 하면 가장 가파른 학습 곡선을 도출함으로써 회의적인 시각을 극복할 수 있다.

마지막 단계는 이 과정에서 시도하고 알게 된 내용을 전부 문서화하는 것이다. 테스트 과정에서 얻은 정보는 주장에 설득력을 더하고자 할 때 도움이 될 형태로 보관한다. 이렇게 문서화한 자료에서는 프로그램의 성공을 어떤 점을 통해 확신할 수 있는가? 이 프로그램으로 안전(신뢰, 포용성)이 보장되는 문화가 구축됐음은 어떤 점을 통해 확인할 수 있는가? 실행 국면을 마무리할 무렵에는 이 질문들에 명확히 답할 수 있어야 한다.

4단계: 문제 해결 과정에 모두를 참여시킨다

이제 모두에게 좋은 소식을 전할 차례다. 조직의 문화에 문제가 있지만 근거에 기반한 엄격한 통찰을 통해 해결책까지 마련했음을 이제 밝힐 수 있다. 테스트 전후 상황을 정리해둔 자료를 공유하고, 테스트 과정에서 무엇을 시도하고 배웠는지 자세히 이야기하자. 이때는 앞으로 긍정적인 방향으로 문제를 해결하리라는 점을 강조한다. 다 같이 어느 한쪽을 비난하거나 냉소적으로 될 필요는 없음을 확실히 말해야 한다. 더 넓은 범위에서 더 효과적으로 문제를 해결하려면 많은 사람에게 참여를 부탁하는 것이 좋다. 이 단계에서 창의적인 생각들이 쌓이고 실행에 가속도가 붙으면 종종 마법 같은 일이 일어난다는 사실을 명심하자. 테스트 팀에서는 해내지 못했던 일을 여기서는 해낼 수 있다! 조직은 이런식으로 잠재력을 펼칠 자유를 얻을 것이다. 받아들이자!

하버드경영대학원에 적용한 행동 전략

약 1년 전, 프랜시스와 동료 교수들은 하버드경영대학원(HBS) 학생들을 위해 젠더 문화를 바꿔냈다. 100년의 역사를 자랑하는 HBS는 여성 학생과 교수들에 대한 차별과 괴롭힘이 만연했다.[14] 우리는 그 후에도 많은 리더를 도와 여러 조직의 문화를 강화했지만, 대범하고 재능 있는 동료들과 함께 더 좋은 학교를 만들어가고자 노력하는 과정은 좀더 특별했다. 문화를 바꾸는 것에 관한 근본적인 진실을 배웠기 때문이다.

그러는 동안 우리는 문화에 어떤 문제가 생기든 자잘하게 쪼개서 들여다보면 해결할 수 있음을 배웠다. 성 불균형 같은 감정적인 문제 역시 다르지 않았다. 과거를 존중하는 한편 더 나은 미래를 창조할 도덕적 시급성을 당당하게 강조하는 법도 배웠다. 공동체가 다 같이 나서서 앞장설 때 무한한 에너지와 창의력이 분출될 수 있음도 알았다. 이러한 것들은 모든 변화의 필요조건(조직 문화 혁신 전략의 기둥)이다. 우리는 진실을 재정의하고자 하는 HBS의 용기와 의지를 통해 이 점을 처음으로 알게 되었다.

1단계: 문제의 심각성을 뒷받침하는 정보를 수집한다
2010년, 학교는 분명 젠더 문제를 겪고 있었다. 캠퍼스의 여성들은 깊은 좌절감을 느꼈고 많은 성과 지표에서도 부정적인 경향성이 나타났다. 여학생은 남학생보다 학업 성취도만 아니라 MBA 생활 만족도도 떨어졌다. 이 시점에서 새로운 정보를 더 수집할 필요는 없었지만, 개선에 대한 책임을 확실히 하는 의미에서 지표를 선택할 필요는 있었다. 그렇게 해서 선택된 지표는 '학업 성취'와 '생활 만족'이었다. 두 가지 지표에 관해 눈에 띄는 변화를 도출할 방법을 알아낸다면 해결점을 향해 나아가고 있음을 확신할 수 있을 터였다.

2단계: 정리된 자료는 (일단은) 공개하지 않는다
우리가 이 정보를 들고 제일 먼저 한 일은 무엇일까? '아

무엇도 하지 않는 것'이었다. 적어도 당분간은. 자료 중에
는 새 학장의 문화적 비전과 관련된 것들이 있었다. 경영
대학원에 새로 부임한 학장은 유명한 조직행동학자 니틴
노리아Nitin Nohria였다. 노리아 학장은 다양성을 지닌 사람
들을 리더로 앉히며 프랜시스를 1학년 커리큘럼 책임자
로 지명했다. 그리고 우리 둘에게 반드시 모든 학생이 성
장하고 성공할 기회를 얻게 하라는 책임을 맡겼다.[15] 학장
은 리더들이 어떤 문제든(수십 년간 HBS를 움직였던 기본 전
제와 행동 양식이 여기에 포함됐다) 망설이지 않고 토론하고
개선하도록 힘을 실어주었다.

3단계: 엄격하고도 긍정적인 방법을 찾아서 테스트를 진
행한다.
우리는 '기조 변화'를 핵심으로 삼고 다양한 범위에서 테
스트를 진행했다. 드디어 900여 명의 신입생이 학장의 환
영사를 듣기 위해 버튼대강당Burden Auditorium(모든 리더가 캠
퍼스의 모든 여성에게 책임의 무게burden를 느끼고 있던 차에 강당
의 이름이 새삼스럽게 느껴졌다)으로 모여들었다. 이들은 이
전 선배들이 들었던 것과 사뭇 다른 메시지를 들었다. 과
거에는 HBS의 입학식이라고 하면 다들 성공을 축하하는
떠들썩하고 남성적인 분위기를 떠올리곤 했다. 그러나
이 학생들의 첫 번째 공식 회합에서 가장 강조된 것은 임

파워먼트 리더십을 이루는 세 가지 축(목적, 의무, 타인의 안녕에 대한 책임)이었다.

이러한 변화는 강의 중 토론과 더불어 1년 동안 계속된 강의 밖 만남으로 꾸준히 이어졌다. 프랜시스는 MBA 신입생 전원을 대상으로 한 번에 90명씩 한 해 동안 꾸준히 대화를 이어갔다. 그리고 그때마다 학생들에게 리더십과 HBS 생활에 관해 개인적으로 머리에 담고 있던 전제를 재구축하도록 독려했다. "HBS에 온 이유가 리더십이 무엇인지 배우고 싶어서라고 했죠? 우리가 생각하는 리더십은 서로를 돌보는 겁니다. 상대에게서 최고의 모습을 끌어내는 거죠. 내 선택만이 아니라 내가 이끄는 사람들의 선택도 책임지는 것이 리더십입니다. 학교를 떠나 리더가 되어가는 과정에서 여러분은 그런 기회와 책임을 만나게 될 겁니다. 여기서 생활하는 동안도 그 점을 기준으로 삼기 바랍니다."

프랜시스와 동료들은 새로운 기조를 테스트하는 한편 학교가 가장 신성시했던 '인위적 산물'을 재점검하고 싶었다. 사례 제시법 case method*을 말하는 것이다. 성취에 관해 나타나는 치우친 경향성은 주로 강의에 참여하는 정도의 차이에서 비롯되는 것으로 드러났다. 그 당시 여러 회사

---

* [옮긴이] 학습자에게 실제 상황을 제시함으로써 토의, 분석, 제안을 유도하는 교수법을 말한다.

에서 학교로 전달하는 피드백에 따르면, HBS 졸업생 중에는 '영리한 실패'나 '포용성 팀 구축'처럼 상대적으로 애매한 문제를 다루기에는 준비가 미흡한 이들이 있었다. 그러나 기술이 중심인 새로운 경제에서 번창하는 기업들은 예측할 수 없는 환경에서 빠르게 움직이며 큰 꿈을 꾸기 위해 소규모 팀을 꾸려 역량을 발휘하게 하는 추세였다. HBS의 전통적인 교수법은 새로운 환경에서 성공하는 데 필요한 여러 역량을 길러내고 있었지만, 새로운 경제를 위한 인재를 기르기에는 다소 부족했다.

이런 현실은 HBS 역사상 가장 큰 커리큘럼 실험 중 하나를 탄생시키는 디딤돌이 됐다. 우리는 사례 제시법과 함께 '현장 제시법 field method'을 도입해보기로 했다. 현장 제시법에서는 학생들을 소그룹으로 묶은 뒤 리더십 계발, 협업, 창의성 등을 주제로 시험 삼아 업무를 경험하게 했다. 새로운 교수법에는 의미 있는 그룹 활동이 끝난 뒤 서로 솔직한 평가를 주고받는 피드백 연습과 자아 성찰 도구가 포함됐다. 교수들은 여러 해를 들여 이런 종류의 교수법을 테스트해왔지만 한 학년 규모에 적용해본 적은 없었다. 우리는 1학년 학생 전원을 대상으로 현장 제시법을 도입하여, 학생들이 자신의 행동 양식이 타인에게 미치는 영향을 인위적으로나마 끊임없이 돌아보게 하는 대범한 커리큘럼을 테스트해나갔다. 학생들은 이론의 세계에서 사례를 다루는 데 그치지 않고 이제 자신(그리고 자신이 아닌 사람들)을 현실의 다양한 맥락에서 책임져야 했다.

이런 실험적 변화에 힘입어 HBS에서는 현실의 직업 세계를 더 잘 반영한 경험이 제공됐다. 학생들은 더 다양하고 더 많은 성공 기회를 얻는 한편 포용성 문제에서도 진전을 보이기 시작했다. 학생들은 이제 공감과 자기 인식, 취약성과 관련된 불편함을 얼마나 잘 다루는가를 토대로 평가받았다. 불완전한 인간으로서 불완전한 인간을 이끌어야 할 때 필요한 점들이 중요해진 것이다. 학생들은 신뢰를 쌓고, 다른 사람들이 성공할 환경을 만들고, 다른 생각을 가진 사람과 팀에서 조화를 이루어야 하는 과제에 몰두했다. 이러한 능력은 모두 리더에게 변함없이 필요한 능력으로, 커리큘럼으로 모으면 여성만이 아니라 모든 사람의 발전에 도움이 될 수 있다. 새 커리큘럼은 이처럼 모든 학생에게 더 엄격하고도 긍정적인 해결책을 제시했다.

우리는 이 혁신이 생각지 못한 결과를 하나 더 만들어냈다고 생각한다. 학생들이 아주 사소한 부분에서조차 주변 사람들을 훨씬 더 인간적으로 대하게 된 것이다. 이제 이들은 서로 더 깊이 알게 됐다. 일대일로 얼굴을 맞대고 토론하고, 원하지 않은 사람과 팀이 되어 문제를 풀며 불편함을 마주하고, 어려운 문제를 함께 해결하며 좌절감을 같이 경험한 덕분이었다. 우리가 이러한 문화적 변신을 향해 발을 내디딘 계기가 됐던 문제들, 특히 학생과 교수들에 대한 차별과 괴롭힘 문제는 이제 이곳에서 거의 상상하기 어려울 정도다.

결과는 어땠을까? 남성과 여성의 성취도 격차는 딱 1년 만에 완전히 사라졌다. MBA 프로그램에 대한 만족도 격차도 좁혀졌다. 남성과 여성 사이에서만이 아니라 이성애자와 성소수자, 미국인 학생과 외국인 학생들(모두가 기억하는 한 불평등 문제가 워낙 두드러져 학교가 항상 고민하던 집단들) 사이에서도 격차는 같은 비율로 크게 줄어들었다. 1년 동안의 테스트가 끝나갈 무렵, MBA 생활에 아주 만족한다고 답한 학생은 50퍼센트에서 70퍼센트로 훌쩍 올라갔고, 그 후 몇 년 동안 이 숫자는 꾸준히 더 올라갔다. 잠시 학교를 떠났다가 돌아온 한 학생(비포-애프터를 직접 경험한 몇 안 되는 사람 중 하나)은 돌아와 보니 학교가 "180도 달라졌다"고 말하기도 했다.

4단계: 문제 해결 과정에 모두를 참여시킨다
그 후 몇 달, 몇 년에 걸쳐 학교가 이러한 변화를 제도화하는 동안 실제로 마법 같은 일이 벌어졌다. 교수들만이 아니라 학생들까지 모두 참여해서 생각지 못한 방향으로 아이디어를 개선해나간 것이다. 그 결과 FIELD 커리큘럼에서 흥미로운 혁신이 일어났고, 더 포용성 있는 알고리즘을 사용해 전반적인 학교 생활이 설계되었으며, 아이가 있는 MBA 학생들을 위한 보육 서비스가 개선됐다. 학생들은 과제를 수행하는 과정에서 더 엄격하게 자신을 돌아봤고, 주도적으로 명예 규율honor-code을 만들고 실천 운동을 펼쳤다. 높은 기준과 깊은 헌신으로 힘이 실린 공동체는 극적으로 추진력이 올라간다. 그리고 그럴 때 모두가 온전히 잠재력을 펼칠 수 있다.

직함에 '문화' 집어넣기

문화를 바꾸는 것은 중요하지만 급하지는 않은 일로 취급될 때가 많다. 일과를 마무리해야만 비로소 들여다볼 수 있는 고매한 부업쯤으로 말이다. 그러나 우리가 알기로 여러 조직의 가장 유능한 리더들은 문화를 업무의 핵심으로 삼는다. 그들은 내심 CEO의 'E(executive, 경영)'를 'C(culture, 문화)'로 바꿔서 자신을 최고경영책임자 이전에 최고문화책임자Chief Culture Officer로 여긴다. 공식 직함은 제품, 판매, 운영 담당 부사장일지 모르지만 머릿속에서는 거기에 '문화'가 덧붙어 있는 것이다. 이들은 어느 직책을 맡든 문화 역시 자신이 돌보는 영역임을 잊지 않는다.

사티아 나델라를 비롯한 마이크로소프트의 경영진은 이런 마음가짐 덕분에 회사에 큰 변화를 만들어냈다. 마이크로소프트처럼 거대한 규모의 조직(리더가 대다수 직원을 직접 만나거나 그들이 일하는 사무실에 직접 가볼 일이 드문)을 바꾸고 싶다면 직원과 멀리 떨어져서, 즉 문화를 통해서 그들을 이끄는 수밖에 없다. 나델라는 최고경영자가 된 2013년 '조직 문화 혁신'을 자신의 가장 큰 책임으로 밝히고, 곧장 자신과 동떨어져 일하는 13만 명 직원이 다르게 일할 방법을 찾아 나섰다.[16]

그는 우선 직원들이 공통적으로 머릿속에 담고 있는 전제를 바꾸는 데서부터 시작했다. 최고인사책임자 캐슬린 호건(4장에 나왔던 그 사람!)과 긴밀히 협력하며 가장 민감한 주제들에 관해 회사의 믿음을 바꾸는 데 회사의 미래를 걸었다. 승리, 패배, 경쟁, 다양성 관련 문제만이 아니라 이제 회사의 구성원이 된다는 것의 의미도 달라져야 했다. 두 사람은 다른 경영진들과 힘을 모아 캐럴 드웩의 '성장 마인드셋'을 적용하는 것을 우선순위로 삼고 이 새로운 사고방식을 통해 발현될 행동 양식(고객을 만족시키고, 효과적으로 협업하고, 온전한 포용성을 발휘하는 것)을 강조했다. 경영진은 우선 새로운 접근법을 자신들의 팀에서 테스트했고, 그런 다음 모든 직원을 동참시킬 엄격하고도 긍정적인 방법을 고민했다.

이 긴 얘기의 짧은 결론을 말하자면, 이 방법은 효과가 있었다. 나델라가 CEO 임기를 시작할 무렵 마이크로소프트는 침체기를 겪고 있었다. 그런데 5년이 지나자 문화를 바꾸는 것에 관해 이야기할 때마다 우리가 가장 흥분하곤 하는 일이 벌어졌다. 마이크로소프트는 그사이에 사상 최고치 주가를 기록했고, 우리가 이 글을 쓰는 지금은 전 세계 시가 총액 1위 회사가 되었다. 그동안 모든 직원이 전례 없는 방식으로 경쟁하며 혁신을 이뤘고, 회사의 전략상 성장하지 않은 '웨지'는 찾아볼 수 없었다. 대체 무엇이 달라졌느냐는 질문을 받으면 마이크로소프트 사람들은 하나같이 제일 먼저 '문화'를 떠올린다. 마이크로소프트의 리더들은 기록적으로 짧은 시간에 회사에서 실제로 일이 이뤄지는 방식을 바꿔냈다.

나델라는 처음부터 문화를 만들고 관리하는 것이 리더로서 자신이 해야 할 가장 중요한 일이라고 못을 박았다. 만일 당신이 그런 결정을 내린다면 어떤 일이 일어날 것 같은가? 당신은 어떤 리더가 되고 싶은가? 이렇게 말하면 선을 넘는 일이 될 수 있겠지만(여기서 멈추는 게 나을 수도 있겠지만) 그런 결정을 한다면, 당신은 이전에 가능하다고 생각하며 꿈꾸던 모습을 훨씬 넘어선 리더가 될 것이다. 개개인만이 아니라 조직 전체와 조직 너머 사람들까지 잠재력을 펼치게 할 방법을 아는 리더, 사람과 조직, 나아가 온 나라를 바꿀 힘을 가진 리더가 될 것이다. 우리는 그런 리더가 있는 세상에서 살고 싶다. 그리고 우리 아들들이 그런 세상에서 자라기를 바란다. 우리가 이 책을 쓰는 내내 간절히 바랐듯, 당신이 이 책의 안내를 따라 여정을 계속하여 마침내 그런 리더가 되기를, 그리고 주변 모두에게 힘을 실어줄 수 있기를 기원한다.

생각 쓰기

✓ 리더로서 현재 당신이 생각하는 여러 우선순위 가운데 문화는 어디쯤 있는가?

✓ 만일 당신이 회사의 문화를 바꿀 수 있다면 무엇을 바꾸겠는가? 어떤 행동 양식이 조직의 성공에 걸림돌이 되고 있는가?

✓ 회사의 가치나 약속이 무의미해지거나 '무기화'된 적이 있는가? 회사가 성공하는 데 꼭 필요하지만 빠져 있는 문화가 있는가?

✓ 지금까지 당신이 리더로서 성공하는 데 원동력이 됐던 믿음이나 행동 양식이 있다면 무엇인가? 미래에 당신이 조직에 미칠 영향력을 생각할 때 그런 믿음이나 행동 양식은 더 발전해야 하는가, 없애는 것이 좋은가?

✓ 리더로서 조직 문화를 가장 높은 우선순위로 삼으려 한다면 무엇을 바꾸고 싶은가? 그럴 때 더 관심을 쏟아야 할 대상(업무, 사람 등)은 무엇인가?

주석

1장

1 우리는 《하버드비즈니스리뷰》에 기고한 글(2011년 1~2월)에서 이 정의의 초기 버전을 소개했다. 그 당시 같이 일했던 로빈 일라이Robin Ely와 함께 쓴 이 글의 제목은 "Stop Holding Yourself Back(멈추지 말고 나아가세요)"였다. 로빈은 개인적으로도 직업적으로도 중요한 협업자로서 우리에게 영감을 주고 있다. 우리가 발전하고 있다면 로빈 덕분이다.

2 David Gelles, "Stacy Brown-Philpot of TaskRabbit on Being a Black Woman in Silicon Valley," *New York Times*, July 13, 2018, https://www.nytimes.com/2018/07/13/business/stacy-brown-philpot-taskrabbi-corner-office.html.

3 Dave Lee, "On the Record: TaskRabbit's Stacy Brown- Philpot," *BBC News*, September 15, 2019, https://www.bbc.com/news/technology-49684677.

4 Reid Hoffman, "Keep Humans in the Equation—with TaskRabbit's Stacy Brown-Philpot," *Masters of Scale*(podcast), October 9, 2019, https://mastersofscale.com/stacy-brown-philpot-keep-humans-in-the-equation-masters-of-scale-podcast/.

5 "The Reid Hoffman Story—Make Everyone a Hero," WaitWhat, *Masters of Scale*(podcast) October 23, 2019, https://mastersofscale.com/reid-hoffman-make-everyone a-hero/.

6 "Claire Hughes Johnson: How Stripe's COO Approaches Company Building," Lattice, YouTube, May 15, 2018, https://www.youtube.com/watch?v=vIHKzRub7ts .

7 Gen. Martin E. Dempsey, "Mission Command White Paper," Office of the

Chairman of the Joint Chiefs of Staff, Washington, DC, April 2012.

8   Gallup, *State of the Global Workforce*(New York: Gallup Press, 2017).

2장

1   Susan Fowler, "Reflecting on One Very, Very Strange Year at Uber," *Susan Fowler*(blog), February 19, 2017, https://www.susanjfowler.com/blog/2017/2/19/reflecting-on-one-very-strange-year-at-uber.

2   주목받는 기자이자 기업가, 양심 있는 기술인인 카라 스위서Kara Swisher는 업계에 더 강력한 리더십과 책임감이 절실하다는 점을 글에서 자주 강조한다.

3   프랜시스는 TED 강연에서 이 주제를 다룬 적이 있다. "How to Build (and Rebuild) Trust", TED2018, Vancouver, April 13, 2018

4   Ethan S. Bernstein and Stephen Turban, "The Impact of the 'Open' Workspace on Human Collaboration," *Philosophical Transactions of the Royal Society B: Biological Sciences*(2018), doi: 10.1098/rstb.2017.0239.

5   티엔 라슨Tien Karson의 도움으로 마침내 이 그래프가 제대로 완성됐다! 감사를 전한다.

6   Yvon Chouinard, *Let My People Go Surfing: The Education of a Reluctant Businessman—Including 10 More Years of Business Unusual*(New York: Penguin Books, 2016), 1(한국어판:《파타고니아, 파도가 칠 때는 서핑을》, 라이팅하우스, 2020).

7   Jeff Beer, "How Patagonia Grows Every Time It Amplifies Its Social Mission," *Fast Company*, February 21, 2018, https://www.fastcompany.com/40525452/how-patagonia-grows-every-time-it-amplifi es-its-social-mission.

8   Rose Marcario, "Patagonia CEO: This Is Why We're Suing President Trump," *Time*, December 6, 2017, https://time.com/5052617/patagonia-ceo-suing-donal-trump/.

9   Alana Semuels, "'Rampant Consumerism Is Not Attractive.' Patagonia Is Climbing to the Top—and Reimagining Capitalism Along the Way," *Time*, September 23, 2019, https://time.com/5684011/patagonia/.

10   Michael Corkery, "Walmart Says It Will Pay for Its Workers to Earn College Degrees," *New York Times*, May 30, 2018, https://www.nytimes.com/2018/05/30/business/walmart-college-tuition.html.

11   Paulo Freire, *Teachers as Cultural Workers: Letters to Those Who Dare to Teach*(Boulder, CO: Westview Press, 1998).

12 Victoria L. Brescoll and Eric Luis Uhlmann, "Can an Angry Woman Get Ahead? Status Conferral, Gender, and Expression of Emotion in the Workplace," *Psychological Science* 19, no. 3(2008): 268– 275, https://www.jstor. org/stable/40064922; Adia Harvey Wingfield, "The Modern Mammy and the Angry Black Man: African American Professionals' Experiences with Gendered Racism in the Workplace," *Race, Gender, & Class* 14, no. 1/2(2007): 196– 212, https://www.jstor.org/stable/41675204 .

13 Amy Edmondson, *The Fearless Organization*(Hoboken, NJ: John Wiley & Sons, Inc., 2018).

14 Ibid., 45.

15 David Gigone and Reid Hastie, "The Common Knowledge Effect: Information Sharing and Group Judgment," *Journal of Personality and Social Psychology* 65, no. 5 (1993): 959– 974, doi: 10.1037/0022-3514.65.5.959.

16 마음챙김을 다룬 많은 사람 가운데 우리가 가장 좋아하는 이는 ABC의 기자이자 작가인 댄 해리스Dan Harris다. 해리스의 저서는 다음과 같다. *10% Happier: How I Tamed the Voice in My Head, Reduced Stress without Losing My Edge, and Found Self- Help That Actually Works— A True Story*(New York: Harper Collins, 2014)(한국어판: 《10% 행복 플러스》, 이지북, 2014). 방송 도중에 공황 발작을 겪기도 한 그가 더는 부정적인 생각에 흔들리지 않게 되기까지의 힘겨운 여정을 다룬 아주 훌륭한 책이다.

17 Anne Morriss, Robin J. Ely, and Frances Frei, "Managing Yourself: Stop Holding Yourself Back," *Harvard Business Review*, January–February 2011.

18 Christina Pazzanese, "Teaching Uber instead of HBS Students," Business & Economy, *Harvard Gazette*, June 6, 2017, https://news.harvard.edu/gazette/story/2017/06/harvard-business-school-professo-to-tackle-uberscontroversial-internal-culture/.

19 Mike Isaac, "Inside Uber's Aggressive, Unrestrained Workplace Culture," Technology, *New York Times*, February 22, 2017, https://www.nytimes.com/2017/02/22/technology/uber-workplace-culture.html?smid=twnytimes-business&smtyp=cur&_r=0&referer=; Rani Molla, "Half of U.S. Uber drivers Make Less Than $10 an Hour after Vehicle Expenses, According to New Study," *Vox*, October 2, 2018, https://www.vox.com/2018/10/2/17924628/uber-drivers-make-hourly-expenses.

20 Leslie Hook, "Can Uber Ever Make Money?," Uber Technologies Inc., *Financial Time*, June 22, 2017, https://www.ft.com/content/09278d4e-579a-11e7-80b6-9bfa4c1f83d2.

21 Asma Khalid, "Uber Taps Havard Business School's Frances Frei to Turn

Company in Right Direction," WBUR, December 21, 2017, https://www.
wbur.org/bostonomix/2017/12/21/uber-hires-frances-frei.

22 Mike Isaac, "How Uber Deceives the Authorities Worldwide," Technology,
New York Times, March 3, 2017, https://www.nytimes.com/2017/03/03/
technology/uber-greyball-program-evade-authorities.html?_r=0.

23 Kara Swisher, "Uber CEO Travis Kalanick Says the Company Has Hired
Former Attorney General Eric Holder to Probe Allegations of Sexism,"
Vox, February 20, 2017, https://www.vox.com/2017/2/20/14677546/
uber-ceo-traviskalanick-eric-holder-memo.

24 Special Committee of the Board, "Covington Recommendations"(Google Doc,
2017), https://drive.google.com/file/d/0B1s08BdVqCgrUVM4UHBpTG-
ROLXM/view.

25 Sasha Lekach, "Uber Drivers Really Wanted In-app Tipping for a Reason:
$600 Million Made in First Year," Tech, Mashable, June 21, 2018, https://
mashable.com/article/uber-tipping-600-million-first-year/.

26 Johana Bhuiyan, "Uber's Sleek New Product? Your Safety," *Vox*, September
6, 2018, https://www.vox.com/2018/9/6/17824294/uber-safety-productfea-
tures.

27 Sheelah Kolhatkar, "At Uber, a New C.E.O. Shifts Gears," *New Yorker*,
March 30, 2018, https://www.newyorker.com/magazine/2018/04/09/at-
ubera-new-ceo-shifts-gears; Dara Khosrowshahi, "A New Future for Uber
and Grab in Southeast Asia," Uber Newsroom, March 26, 2018, https://
www.uber.com/newsroom/uber-grab/.

28 프랜시스는 이 일의 쟁점과, 이 방식을 다른 회사에 적용하는 법을 카라 스위셔
와 상세히 이야기한 적이 있다. 전체 대화록은 다음을 참조하라. https://www.
vox.com/2017/8/4/16092766/transcript-uber-svp-leadership-diversity-wom-
en-culture-frances-frei-liveonstage-recode-decode.

29 Leslie Hook, "Can Frances Frei Fix Uber?" Uber Technologies Inc., *Financial
Times*, September 10, 2017, https://www.ft.com/content/a64de182-93b2-
11e7-a9e6-11d2f0ebb7f0.

30 Kara Swisher, "Uber's Culture Fixer, Frances Frei, Is Leaving the Compa-
ny," *Vox*, February 27, 2018, https://www.vox.com/2018/2/27/17058348/
uber-culture-frances-frei-depart-travis-kalanick-dara-khosrowshahi-harvard-
business-school.

31 Mike Isaac, "Uber Sells Stake to SoftBank, Valuing Ride-Hailing Giant at
$48 Billion," Technology, *New York Times*, December 28, 2017, https://
www.nytimes.com/2017/12/28/technology/ uber-softbank-stake.htm .

3장

1 우리에게 발레리우스 막시무스를 소개해주신 하버드대학교의 에마 덴치Emma Dench 교수와 오래전 세상을 뜬 덴치 교수의 동료들께 깊이 감사드린다. 에마와 프랜시스는 2015년 가을에 MBA 학생들에게 "고대 로마에서 배우는 리더십 Leadership lessons from Ancient Rome"이란 제목으로 함께 강의를 맡아 진행했다. 우리는 그 일을 계기로 과거와 현재, 그리고 그 둘의 밀접한 관계에 관해 생각이 완전히 달라졌다. 이번 장은 그때 받은 선물을 기리는 의미이기도 하다.

2 Valerius Maximus, *Memorable Doings and Sayings, Volume II: Books 6–9*, ed. D. R. Shackleton Bailey(Cambridge, MA: Harvard University Press, 2000).

3 Ibid., 65.

4 Kevin Kelleher, "AMD's 50-Year Tug-of-War with Intel Just Took an Interesting Turn," *Fortune*, May 29, 2019, https://fortune.com/2019/05/28/amdintel-ryzen/.

5 Lydia Dishman, "How This CEO Avoided the Glass Cliff and Turned around an 'Uninvestable' Company," *Fast Company*, September 10, 2018, https://www.fastcompany.com/90229663/how-amds-ceo-lisa-su-managed-to-turn-the-tech-company-around.

6 우리는 지난 15년간 이 그림을 카드로 만들고 코팅해서 학생들에게 나눠주곤 했다. 그리고 세계 곳곳에서 이 카드를 꺼내 드는 사람들과 맞닥뜨리는 놀라운 순간도 여러 차례 경험했다. 여러 해 동안 지갑에 보관되어 누렇게 색이 바래고 해어진 카드를 보여주며, 이 그림 덕분에 삶이 달라졌다고 말하는 이들도 있었다. 이런 순간을 맛보려고 하루하루를 사는 것 같다.

7 우리 친구 에이미 에드먼슨도 비슷한 틀을 제시한다. 에드먼슨은 심리적 안정감을 다룬 획기적인 연구를 통해 이 틀을 제시했으며, 구체적인 내용은 다음 그의 저서에서 찾아볼 수 있다. *The Fearless Organization*(한국판:《두려움 없는 조직》, 다산북스, 2019) 높은 기준과 심리적 안정감이 보장되는 최적의 성과 환경을 구체적으로 설명한 책이다.

8 "Peru: Journey to Self-Reliance FY 2019 Country Roadmap," USAID, https://selfreliance.usaid.gov/country/peru, accessed April 24, 2019.

9 Maximus, *Memorable Doings and Sayings*, 82.

10 Ibid., 84.

11 Carol Dweck, *Mindset: The New Psychology of Success*(New York: Random House, 2006), 71–72(한국어판:《마인드셋》, 스몰빅라이프, 2017).

12 Marcus Buckingham and Ashley Goodall, "The Feedback Fallacy," *Developing Employees, Harvard Business Review*, March-April 2019.

13 Walter Isaacson, "The Real Leadership Lessons of Steve Jobs," *Harvard Business Review*, April 2012, https://hbr.org/2012/04/the-realleadership-lessons-of-steve-jobs.

14 Ibid.

15 Jolie Kerr, "How to Talk to People, According to Terry Gross," *New York Times*, November 17, 2018, https://www.nytimes.com/2018/11/17/style/self-care/terry-gross-conversation-advice.html, accessed April 23, 2019.

4장

1 이 분야에는 깊이 찬사받아 마땅한 훌륭한 연구가 정말 많다. 그중에서도 최근에 우리가 영향을 받은 사상가 및 학자들은 다음과 같다. 모두페 아키놀라 Modupe Akinola, 멀린다 게이츠 Melinda Gates, 보리스 그로이스버그 Boris Groysberg, 데니스 르윈 로이드 Denise Lewin Lloyd, 앤서니 메이오 Anthony Mayo, 로런 리베라 Lauren Rivera, 로라 모건 로버츠 Laura Morgan Roberts. 일생일대의 지적 모험을 꿈꾼다면 인종 평등과 젠더 평등을 주제로 한 이들의 연구를 먼저 찾아보기 바란다.

2 AnitaB.org, "Homepage," https://ghc.anitab.org, accessed August 8, 2019.

3 Pamella de Leon, "Entrepreneur Middle East's Achieving Women 2019: Cammie Dunaway, Chief Marketing Officer, Duolingo," *Entrepreneur*, September 22, 2019, https://www.entrepreneur.com/article/339699.

4 Maureen Farrell et al., "The Fall of WeWork: How a Startup Darling Came Unglued," *Wall Street Journal*, October 24, 2019, https://www.wsj.com/articles/the-fall-of-wework-how-a-startup-darling-came-unglued-11571946003, accessed December 27, 2019.

5 TED, "The TED Interview: Frances Frei's Three Pillars of Leadership," *A TED Original Podcast*, Podcast audio, November 2019, https://www.ted.com/talks/the_ ted_interview_frances_frei_s_three_pillars_of_leadership.

6 맷 저헨수스 Matt Jahansouz가 없었다면 이 일은 거의 불가능했을 것이다. 저헨수스는 고성장 기업의 속도에 맞게, 다양한 산업에 종사하며 다양한 삶을 경험하는 사람들을 모아 채용팀을 꾸렸다.

7 여성 경영진의 비율이 적절하게 유지되는 두 곳을 소개한다. 스탠퍼드대학교의 VM웨어 여성 리더십 혁신 연구소와 LeanIn.Org는 응용 연구와 기술 지원 두 부문에서 모두 여성이 활발하게 활동하고 있다. 여직원의 비율을 늘리는 실질적인 첫 단계는 이 두 곳의 소식지를 구독하는 것이다.

8 Alex Coop, "Leaders in Davos Stress Diversity and Inclusion of Women in

Tech," IT Business, January 26, 2018, https://www.itbusiness.ca/news/leaders-in-davos-stress-diversity-and-inclusion-of-women-in-tech/98784.

9 Alison M. Konrad, Vicki Kramer, and Sumru Erkut, "Critical Mass: The Impact of Three or More Women on Corporate Boards," *Organizational Dynamics* 37, no.2 (2008): 145-164, https://doi.org/10.1016/j.orgdyn.2008.02.005.

10 Paul Solman, "How Xerox Became a Leader in Diversity—and Why That's Good for Business," PBS News Hour, September 15, 2014, https://www.pbs.org/newshour/economy/xerox-employees-arent-carbon-copies.

11 Dave Itzkoff, "Samantha Bee Prepares to Debut 'Full Frontal,'" *New York Times*, January 6, 2016, https://www.nytimes.com/2016/01/10/arts/television/samantha-bee-prepares-to-break-up-late-night-tvs-boys-club.html.

12 Ibid.

13 National Public Radio(NPR), "Only 3 Minority Head Coaches Remain in the NFL Ahead of Post-Season Play," https://www.npr.org/2019/01/04/682350052/only-3-minority-head-coaches-remain-in-the-nfl-ahead-ofpost-season-play, accessed July 14, 2019.

14 Catherine E. Harnois and João L. Bastos, "Discrimination, Harassment, and Gendered Health Inequalities: Do Perceptions of Workplace Mistreatment Contribute to the Gender Gap in Self-reported Health?" *Journal of Health and Social Behavior* 59, no. 2(2018): 283- 299, doi: 10.1177/0022146518767407.

15 안전하고 건강한 일터를 만드는 데 도움이 될 자원은 정말 많다. 그 가운데서도 제일 먼저 읽어보면 좋을 자료는 평등고용기회위원회(EEOC)가 온라인 축약본으로 내놓은 "유망한 관행 promising practices"이다. https://www.eeoc.gov/eeoc/publications/promising-practices.cfm.

16 Amy Edmondson, *The Fearless Organization*(Hoboken, NJ: John Wiley & Sons, Inc., 2019), xvi(한국판: 《두려움 없는 조직》, 다산북스, 2019)

17 Amy Elisa Jackson, "Why Salesforce's New Equality Chief Is Thinking Beyond Diversity," *Fast Company*, March 20, 2017, https://www.fastcompany.com/3069082/why-salesforces-new-equality-chief-is-thinking-beyond-diversity.

18 Zing Tsjeng, "Teens These Days Are Queer AF, New Study Says," *Vice*, March 10, 2016, https://www.vice.com/en_us/article/kb4dvz/teens-these-days-are-queer-af-new-study-says, accessed December 27, 2019.

19 "Curriculum," The Safe Zone Project, https://thesafezoneproject.com/curriculum/, accessed December 27, 2019.

20 Shalayne Pulia, "Meet Deirdre O'Brien, the Apple Executive Bringing a Human Touch to the Tech Giant," *InStyle*, November 7, 2019, https://www.instyle.com/celebrity/deirdre-obrien-apple-badass-women.

21 지금은 스탠퍼드대학교 교수인 프랭크 플린 Frank Flynn은 컬럼비아대학교 재직 시절에 다음 자료를 바탕으로 이 실험을 고안했다. Kathleen L. McGinn and Nicole Tempest, "Heidi Roizen," Case 800-228 [Boston: Harvard Business School, 2000; revised 2010.].)

22 Shana Lebowitz, "Microsoft's HR Chief Reveals How CEO Satya Nadella Is Pushing to Make Company Culture a Priority, the Mindset She Looks for in Job Candidates, and Why Individual Success Doesn't Matter as Much as It Used To," Business Insider, August 16, 2019, https://www.businessinsider.com/microsoft-hrchief-kathleen-hogan-company-culture-change-satya-nadella-2019-8.

23 Rachel Bachman, "U.S. Women's Soccer Games Outearned Men's Games," *Wall Street Journal*, June 17, 2019, https://www.wsj.com/articles/u-s-womens-soccer-games-out-earned-mens-games-11560765600.

24 John A. Byrne, "Harvard B-school Dean Offers Unusual Apology," *Fortune*, January 29, 2014, https://fortune.com/2014/01/29/harvard-b-school-deanoffers-unusual-apology.

5장

1 우리는 전 세계에서 가장 내로라하는 전략가들과 나란히 일하는 특권도 누렸지만, 그 외에도 많은 경험을 거치며 전략을 깊이 있게 이해하게 됐다. 프랜시스는 HBS에서 필수 전략 과정을 가르치면서, 마이클 포터, 얀 리프킨, 바라트 아난드 등 HBS에서 전략을 가르치는 훌륭한 교수들의 연구를 지적 기반으로 삼았다. 앤은 글로벌 컨설팅 기업 OTF 그룹과 여러 해 동안 협업했는데, 이때 신흥 경제에서 경쟁력을 구축하고자 힘쓰면서 마이클 포터 교수의 아이디어와 기본 틀을 적용했다.

2 Frances Frei and Anne Morriss, *Uncommon Service: How to Win by Putting Customers at the Core of Your Business*(Boston: Harvard Business Review Press, 2012).

3 우선순위 지도는 우리 동료 얀 리프킨이 알려준 시각화 도구다. 이 지도를 사용하면 시장별로 제품의 특징에 따른 순위를 매겨 회사의 성과를 경쟁사의 성과와 비교할 수 있다.

4 James L. Heskett, "Southwest Airlines 2002: An Industry Under Siege," Case

803-133(Boston: Harvard Business School, 2003); and Frances X . Frei and Corey B. Hajim, "Rapid Rewards at Southwest Airlines," Case 602-065 (Boston: Harvard Business School, 2001; revised 2004.)

5   우리는 하버드경영대학원의 베이커재단에서 지원받는 얼 새서 Earl Sasser 교수에게서 2006년 12월에 이 이야기를 처음 들었고, 우리 책 *Uncommon Service*(《탁월한 서비스》)에서 더 자세히 다루었다.

6   Patty Azzarello, *Rise: 3 Practical Steps for Advencing Your Career, Standing out as a Leader, and Liking Your Life*(New York: Ten Speed Press, 2012).

7   여기 나오는 많은 아이디어는 프랜시스와 펠릭스 오버홀저-지의 공저 *Better, Simpler Strategy*(《더 좋고 단순한 전략》)에도 소개되었다. Frances X. Frei and Felix Oberholzer-Gee, "Better, Simpler Strategy," Baker Library, Boston, September 2017. 우리의 친구이자 동료인 펠릭스는 전략의 원리를 심도 있게 이해하고 명확하고 유려하게 설명할 줄 알며, 곧 멋진 저서가 출간될 예정이다 (*Value-based Strategy: A Guide to Understanding Exceptional Performance*).

8   이 틀은 가치 기반 전략을 그림으로 나타낸 것이다. 가치 기반 전략이란 마이클 포터, 아담 브란덴버거, 하본 스튜어트의 연구를 기반으로 하는 전략 관리 접근 방식이다.

9   David Yoffie and Eric Baldwin, "Apple Inc. in 2015," Case 715-456(Boston: Harvard Business School, 2015).

10   Tim O'Reilly, *WTF: What's the Future and Why It's Up to Us*(New York: Harper Business, 2017).

11   Tony Hsieh, *Delivering Happiness*(New York: G rand Central Publishing, 2010), 185-186.

12   Ibid., 187-188.

13   Zeynep Ton, *The Good Jobs Strategy: How the Smartest Companies Invest in Employees to Lower Costs and Boost Profits*(New York: Houghton Mifflin, 2014).

14   QuikTrip, " QuikTrip Opens 800th Store, Celebrates Huge Growth Milestone in Its 60-Year History," *QuikTrip News*, April 3, 2019, https://www.quiktrip.com/About/News/quiktrip-opens-800th-store-celebrates-huge-growth-milestone-in-its-60-year-history, accessed October 21, 2019.

15   Joe Nocera, "The Good Jobs Strategy," *New York Times*, July 7, 2015. https://www.nytimes.com/2015/07/07/opinion/joe-nocera-the-good-jobsstrategy.html.

16   Neil Irwin, "Maybe We're Not All Going to Be Gig Economy Workers After All," *New York Times*, September 15, 2019, https://www.nytimes.com/2019/09/15/upshot/gig-economy-limits-labor-market-uber-california.

html.

17 David Gelles, "Stacy Brown-Philpot of TaskRabbit on Being a Black Woman in Silicon Valley," *New York Times*, July 13, 2018, https://www.nytimes. com/2018/07/13/business/stacy-brown-philpot-taskrabbit-corner-office.html .

18 Lee, "On the Record: TaskRabbit's Stacy Brown-Philpot."

19 Casey Newton, "TaskRabbit is Blowing Up its Business Model and Becoming the Uber for Everything," *The Verge*, June 17, 2014, https://www. theverge.com/2014/6/17/5816254/taskrabbit-blows-up-its-auction-house-to-offer-services-on-demand.

20 Lee, "On the Record: TaskRabbit's Stacy Brown-Philpot."

21 James K. Willcox, "Cable TV Fees Continue to Climb," *Consumer Reports*, October 15, 2019, https://www.consumerreports.org/tv-service/cable-tv-fees/.

22 Steven J. Spear and H. Kent Bowen, "Decoding the DNA of the Toyota Production System," *Harvard Business Review*, September 1, 1999.

23 Shawn Achor et al., "9 Out of 10 People Are Willing to Earn Less Money to Do More-Meaningful Work," *Harvard Business Review*, November 6, 2018.

24 Brittain Ladd, "Amazon CEO Jeff Bezos Believes This Is the Best Way to Run Meetings," *Observer*, June 10, 2019, https://observer.com/2019/06/amazon-ceo-jeff-bezos-meetings-success-strategy/.

25 "Amazon CEO Jeff Bezos: It Is Always Day One," YouTube, 2018, https://www.youtube.com/watch?v=KPbKeNghRYE.

26 앤에게 글쓰기를 가르친 훌륭한 스승님인 로다 플랙스먼의 주장을 인용한 것이다. 브라운대학교에서 영미문학을 가르친 플랙스먼은 브라운대학교의 작문 교과 전반을 감독했고, 빅토리아 시대의 문학에 대한 저술을 남기기도 했다.

27 Jan Carlzon, *Moments of Truth*(New York: HarperBusiness, 1987)(한국어판: 《결정적 순간 15초》, 다산북스, 2006).

28 Ibid., 88.

29 Elizabeth Dunn, "Momofuku's Secret Sauce: A 30-Year-Old C.E.O.," *New York Times*, August 16, 2019, https://www.nytimes.com/2019/08/16/business/momofuku-ceo-marguerite-mariscal.html .

30 Tsedal Neeley, *The Language of Global Success: How a Common Tongue Transforms Multinational Organizations*(Princeton, NJ: Princeton University Press, 2017).

1   Michael Basch, *Customer Culture: How FedEx and Other Great Companies Put the Customer First Every Day*(Upper Saddle River, NJ: Prentice Hall PTR, 2003), 8.

2   Edgar H. Schein, *Organizational Culture and Leadership*(San Francisco: Jossey-Boss, 1991).

3   Norm Brodsky, "Learning from JetBlue," *Inc.*, March 1, 2004.

4   Schein, *Organizational Culture and Leadership*, 2.

5   매코드는 저서에서 이 이야기를 자세히 다뤘다. *Powerful: Building a Culture of Freedom and Responsibility*(USA: Silicon Guild, 2017)(한국어판: 《파워풀》, 한국경제신문, 2020).

6   Mike Isaac, *Super Pumped: The Battle for Uber*(New York: W.W. Norton & Company, Inc., 2019), 265(한국어판: 《슈퍼펌프드》, 인플루엔셜, 2020).

7   문화를 바로잡는 문제에 관심이 있는 사람이라면 수전 파울러의 저서를 꼭 읽어보기 바란다. *Whistleblower: My Journey to Silicon Valley and Fight for Justice at Uber*(New York: Viking, 2020)(한국어판: 《휘슬블로어》, 샘앤파커스, 2021).

8   Dara Khosrowshahi, "Uber's New Cultural Norms," LinkedIn(blog), November 7, 2017, https://www.linkedin.com/pulse/ubers-new-culturalnorms-dara-khosrowshahi/.

9   우리는 제리 콜로나Jerry Colonna 같은 세계적인 리더십 코치들이 그간 해온 일을 진심으로 존경한다. 제리 콜로나는 리더들이 개인적으로, 그리고 회사에서 겪은 어려움의 시간을 통째로 뒤집게 하는 데 평생을 바쳤고, 그 경험을 바탕으로 다음 책을 썼다. *Reboot: Leadership and the Art of Growing Up*(New York: Harper Business, 2019)(한국어판: 《리부트》, 어크로스, 2020).

10 Cecilia D'Anastasio, "Inside the Culture of Sexism at Riot Games," Kotaku, August 7, 2018, https://kotaku.com/inside-the-culture-of-sexism-at-atriot-games-1828165483, accessed November 13, 2019.

11 Riot Games, "Our First Steps Forward," News, Riot website, August 29, 2018, https://www.riotgames.com/en/who-we-are/our-first-steps-forward, accessed November 13, 2019.

12 라이엇게임즈가 2019년 11월에 수집한 내부 자료.

13 Jerry Useem, "Harvard Business School's 'Woman Problem,'" *Inc.*, June 1, 1998, https://www.inc.com/magazine/19980601/940.html .

14 문영미 교수가 MBA 학장, 톰 아이젠만이 MBA 선택 교육과정(2학년) 책임자, 로빈 일리가 문화 및 공동체 리더를 맡았다.

15 Satya Nadella, Greg Shaw, and Jill Tracie Nichols, *Hit Refresh: The Quest*

to Rediscover Microsoft's Soul and Imagine a Better Future for Everyone (New York: HarperBusiness, 2017)(한국어판:《히트 리프레시》, 흐름출판, 2018).

16 위의 책, 4-11, 80-95.

일러두기

이 책에 쓰인 많은 아이디어와 예시는 우리가 실제 조직들과 일하며 얻은 경험에 근거한다. 우리는 개인적으로나 우리가 만든 회사들(모리스그룹Morriss Group 등)을 통해 이 책에 등장하는 여러 회사(라이엇게임즈, 우버, 위워크 등)에 적극적으로 조언해왔다. 프랜시스는 하버드경영대학원의 경영 교육 프로그램과 경영을 다루는 여러 사설 교육 환경을 아우르며 교육자로 일하기도 하는데, 이 책에서 이야기한 리더 중에는 그때 만난 회사의 중역들도 다수 포함된다. 마지막으로, 이 책에 언급된 회사 중에는 우리 두 사람이 만든 조직인 리더십컨소시엄Leadership Consortium에 잠재력 높은 리더들을 파견했던 회사들도 몇 곳이 있다. 앤이 설립자로 있는 리더십컨소시엄에는 경영인을 꿈꾸는 여성과 유색인을 위한 리더십 프로그램이 마련되어 있다.

감사의 말

이 책을 마무리하는 지금 온갖 감정이 밀려듭니다. 마침내 끝을 보게 돼서 다행이고, 나중에는 꼭 더 많은 것을 해보고 싶습니다. 그리고 미처 다 다루지 못한 것들이 있어 아쉽기도 합니다. 하지만 무엇보다 이 책에 숨을 불어넣도록 도와주신 많은 분께 깊이 감사하는 마음이 가장 큽니다.

우선 케이티 볼랜드, 프랜시스카 엘리-스펜스를 중심으로 재능을 펼치며 열심히 노력해준 우리 용감한 연구팀, 정말 고맙습니다. 여러분이 정의로운 마음으로 진실을 알고자 한 덕분에 이 책은 더 나은 결과물이 되어 세상에 나왔습니다.

《하버드비즈니스리뷰》의 멋진 팀원들은 처음부터 이 책의 아이디어를 보듬고 자라게 해주었습니다. 앞을 내다볼 줄 아는 편집자 멀린다 메리노 씨, 특히 고맙습니다. 탁월한 솜씨와 명료한 눈, 참을성, 그리고 가능성을 알아보고 모두를 설득해내는 그 힘으로 이 모든 과정을 이끄셨습니다.

에미 버닝, 에마 덴치, 카를로스 플로레스, 세달 닐리, 세라 슈츠, 멀리사 스태타이어스, 리비 새커 씨, 무엇보다 우리가 스스로 도취되는 것을 조심해야 했던 초기 단계에 이 책을 읽어주셔서 고맙습니다. 데이비드 A. 프라이스 씨는 훌륭한 재능을 살려 이 책의 여러 그림 자료를 디자인해주셨습니다.

하버드경영대학원의 친구들과 동료들은 개인적으로나 직업적으로 수십 년 동안 우리와 더불어 이 모험을 이어왔습니다. 우정과 리더십, 그리고 지적인 용기를 보여준 에이미 에드먼슨, 로빈 엘리, 잰 패먼드, 문영미, 니틴 노리아에게 더없이 고마운 마음입니다. 여러분의 아이디어가 우리에게 미친 영향을 기회가 될 때마다 언급하려 했지만, 모두 더없이 큰일을 하셨기에 그 낱낱을 이야기하는 건 불가능함을 깨닫습니다. 문영미 교수님은 우리 둘의 삶과 우리가 몸담은 모든 곳에 지대한 영향을 주셨으나 이 책에는 그 이야기를 거의 담지 못했습니다. 특히 하버드경영대학원의 문화적 전환점에서 문 교수님이 보여주신 리더십을 본 뒤 그때까지 가능성에 관해 우리가 믿고 바라던 것들이 크게 달라졌습니다.

우리 멋진 아들 알렉과 벤, 이 책을 쓰는 동안 영감과 지지를 보내주고 엄마들을 참아주어 고마워. 우리가 너희를 정말 사랑한다는 걸 항상 기억하렴. 사랑하는 우리 가족과 친구들, 이 프로젝트를 위한 공간 마련에 힘을 보태주어서, 그리고 우리가 자리를 비워야만 했던 시간을 이해해주어서 고마워요. 집에 여러분같이 든든한 지원군이 있어서 엄마 역할을 하며 세상에서도 적극적으로 일할 수 있었어요. 여러분이 없었더라면 전부 불가능했을 거예요.

우리는 많은 작가들의 글과 비전에서도 영향을 받았습니다. 읽는 사람에게 끊임없이 무언가를 요구하는 이 거침없는 예술가들 가운데는 고인이 된 분들도 있습니다. 이 책을 쓰는 내내 그분들의 본보기와 영향력을 수없이 생각했습니다. 주제넘지만 그 많은 분 가운데 몇 분만 여기에 적어봅니다. 레이첼 헬드 에반스, 클라리시 리스펙토르, 토니 모리슨, 사랑하는 우리 친구 커티스 시튼펠드, 루시안 트루스콧, 지넷 윈터슨께 감사를 전합니다.

마지막으로 책에 다 싣지는 못했지만 우리가 공부하며 알게 된 모든 훌륭한 리더께 고마움을 전합니다. 이 책은 여러분을 위한 책인 동시에 여러분에 의한, 그리고 여러모로 여러분에 관한 책입니다. 여러분의 용기와 지혜, 그리고 리더의 길을 알려주고자 한 그 의지 덕분에 수많은 사람이 힘을 얻었습니다. 그들 중에 선 사람들로서 정말 고맙습니다.

임파워먼트 리더십

© 프랜시스 프라이, 앤 모리스 2022

초판 1쇄 인쇄 2022년 11월 16일
초판 1쇄 발행 2022년 11월 23일

지은이 프랜시스 프라이, 앤 모리스
옮긴이 김정아
펴낸이 이상훈
편집인 김수영
본부장 정진항
인문사회팀 권순범 김경훈
마케팅 김한성 조재성 박신영 김효진 김애린 오민정
경영지원 정혜진 엄세영

펴낸곳 (주)한겨레엔 www.hanibook.co.kr
등록 2006년 1월 4일 제313-2006-00003호
주소 서울시 마포구 창전로 70(신수동) 화수목빌딩 5층
전화 02) 6383-1602~3 **팩스** 02) 6383-1610
대표메일 book@hanien.co.kr

ISBN 979-11-6040-920-8 03320